가족을

끊어내기로

했다

가족을 끊어내기로 했다

셰리 캠벨 지음
제효영 옮김

시심

일러두기

- 단행본은 《 》로, 연구 프로젝트·단편 소설·예술 작품은 〈 〉로 묶었다.
- 의료인·학자·작가의 이름은 로마자로 병기했다.
- 본문에서 언급하는 매체의 제목은 국내에 출간·소개된 경우 번역된 제목을 따랐고, 국내에 소개되지 않은 경우 원어 제목을 우리말로 옮기고 원제를 병기했다.
- 본문에 쓰인 정신의학 용어는 《두산백과》, 《상담학 사전》, 한국심리학회의 〈심리학 용어 사전〉, 기타 의학계 논문의 표기를 참고해 표기했다.
- 본문에 수록된 인용문은 모두 옮긴이가 번역했다.
- 본문의 생존자survivor는 '학대를 당한 사람'을 뜻한다. 국내에서는 이를 '피해자'라고 칭하는 경우가 많으나, 본문에 저자가 수동적인 피해자victim 상태에 머무르지 말아야 한다는 의지를 분명히 드러내는 부분(354쪽)이 있어 원문을 살려 '생존자'로 표기했다. 본문에서 '피해자'라고 적었다면 이는 원문에서도 'victim'이라고 적은 것이다.

사랑스러운 내 딸, 런던에게.
넌 내가 살아가는 '이유'야. 사랑한다.

심리치료에서 다루는 여러 문제 중에서도 유독 까다로운 사례는 연인·부모·가족의 학대로 인한 해로운 영향과 괴로운 경험을 견뎌야 했던 사람이다. 그리 놀라운 사실은 아니리라 생각한다. 이런 경험이 남긴 정서적인 고통은 강렬하고 적절히 통제하기가 힘들며, 무기력감·우울감·불안과 끊임없는 걱정을 안긴다. 학대 생존자는 그런 환경에서 살아남으려다 자신을 불신하고 희생시키는 잘못된 적응 패턴이 생기기도 한다. 자신에게 필요한 것들을 확보하려고 하지 않고, 즐거움을 억누른다. 자신의 이익을 스스로 대변하려는 내면의 확고한 힘과 자신감을 잃고, 명백한 진심과도 타협한다.

《가족을 끊어내기로 했다》에는 캠벨 박사의 개인적인 경험과 그가 전문가로 활동하며 축적한 지혜가 담겨 있다. 캠벨 박사는 풍부한 표현과 사려 깊은 비유로 본인이 직접 겪었던 고된 시간을 진솔하고 품위 있게 들려준다. 우리는 그의 이야기에서 그가 얼마나 가슴 아픈 고통을 겪었고 마음을 결연하게 굳혔는지 느낄 수 있다.

캠벨 박사는 이 책에서 가족과 단절한 후 삶에 건강하게 적응하는 방법을 소개한다. 특히 상처로 남은 사건에 반복적으로 노출되며 사느라 마음 깊이 박혀버린 왜곡된 생각과 정서적으로 뒤틀린 생각의 패턴을 바로잡을 수 있는 대담하고 중요한 전략을 알려준다. 그는 완벽한 가족은 없음을, 가족 안에서 생긴 괴로운 문제는 아주 오랜 시간이 지난 뒤에도 사라지지 않고 남을 수 있음을 짚어준다. 그리고 갈등과 충돌은 인간이 상호작용하는 방식의 한 부분이지만, 타협이 가능한 일반적인 갈등과 결코 지속되어서는 안 되는 해로운 관계는 반드시 구분해야 하며 정서적인 건강과 행복을 위해서는 그 경계선을 확실히 그을 필요가 있다고 이야기한다.

이 책은 해로운 가족과 선을 긋는 기술, 즉 그들과의 접촉 빈도와 거리를 다시 생각해보고 정하는 방법을 알려준다. 캠벨 박사는 너무나 많은 이들이 살면서 고통스럽게 숨겨온 일, 평생 고통받고 견뎌온 그 비밀에 환한 조명을 켜고 생존자들이 문밖으로, 세상 밖으로 나오도록 이끈다. 저자가 안내하는 세상은 깊은 비통함을 보듬고, 모두의 마음을 세심하게 어루만지는 세상이다. 잃어버린 마음을 분실물처럼 계속 찾아다닐 필요가 없는 세상, 펜을 쥐고 자신의 인생을 직접 글로 쓰는 작가가 될 수 있는 세상이다.

이 책은 해로운 가족과의 관계를 이어가느라 지금도 계속 고통받는 사람들, 해로운 관계가 곪아 터진 후 그 여파에 시달리는 사람들 모두에게 귀중한 자원이 될 것이다. 나는 그런 사람들에게 이 책을 자신 있게 추천한다. 《가족을 끊어내기로 했다》는 당신에게 정서적인 해방과 자율성의 회복, 자율성의 새로운 확립으로 가는 길, 모두가 다시 숨 쉴 수 있는 길을 활짝 열어줄 것이다.

웬디 T. 비해리Wendy T. Behary

《나르시시스트에게 대응하기Disarming the Narcissist》 저자

그래도 된다

해로운 가족과 관계를 끊겠다는 결단을 내리려면 몸과 마음, 정신을 전부 쏟아야 한다. 가족과 더 이상 접촉할 수 없다는 경계선을 정하거나 아예 연락하지 않고 지내려면, 그들과 떨어져 지내야 지금보다 나아질 수 있다는 확신이 필요하다. '접촉하지 말라'는 건 사람이나 집단을 통한 직·간접적 접촉을 전부 금지한다는 의미다. 물리적인 접촉과 말로 하는 접촉, 모든 형태의 글을 통한 접촉도 포함된다. 가족 없이 살아가는 게 그냥 괜찮은 선택이 아니라 지금보다 나은 삶을 누리려면 꼭 필요하다는 확신이 있어야만 이러한 결정을 내릴 수 있다. 각자가 생각하는 '괜찮아진다'의 의미는 기대했던 수준이나 상상했던 것과는 다를 수 있다. 하지만 내가 보장할 수 있는 건, 그 모든 일을 겪었어도 얼마든지 건강하고 행복하게 살 수 있다는 것이다. 무조건 가능한 일이다.

나는 이 책을 통해 여러분이 해로운 가족의 접촉을 막는 경계선을 확립하고 유지하도록 도울 것이다. 가족과의 경계선을 정하면, 평생 원했던 정서적·정신적 안전을 확보할 수 있다. 가족의 압박에서 벗어나고 싶었던 오랜 소망이 이루어진다. 경계선은 가해자에게서 나를 보호하는 튼튼한 갑옷이 된다. 가해자와의 접촉을 막는 경계선이 확립되면, 해로운 가족 안에서 끝없이 일어나는 학대·검열·호들갑, 남을 조종하려는 게임에서 벗어나 자유롭게 살 수 있다.

가족과 연을 끊으면 두 가지 감정이 맞부딪힌다. 하나는 완전한 자유로움이다. 자신이 있는 그대로 사랑받을 수 있는 존재임을 깨닫고, 그 권리를 마침내 스스로 지켜냈다는 자부심도 생긴다. 그러나 자신에 대한 불신과 끔찍한 수치심이 그 감정의 밑바닥에 깔려 있다. 이런 감정은 혼자 앞으로 나아가려는 발걸음을 붙들고, 내가 뭔가 크게 잘못하고 있는 건 아닐까 하는 의구심을 갖게 만든다.

왜 그럴까? 상대가 가족이기 때문이다. 서로 아끼고 사랑해주는 가족이 필요하지 않거나 그런 가족을 원치 않는 사람이 있을까? 누구나 그런 가족을 원하고, 필요로 한다.

하지만 불행히도 심리적인 학대를 가하는 가족은 자신들이 옳다고 믿는 방식 외에 다른 건 받아들이려 하지 않는다. 해로운 가족이 살아가는 방식은 한 가지뿐으로, 이들 가족의 체계는 변화와 다른 의견, 유연한 생각과 유연한 사람을 받아들이지 않는다. 가족의 그런 방식을 참고 견디려면 그들이 가하는 학대를 묵인해야 한다. 이는 우리가 추구하고 누릴 권리가 있는 개성·자유·사랑·행복의 발달에 직접적으로 악영향을 준다.

구성원에게 해로운 영향을 주는 가족의 역학 관계는 대체로 '집단 사고'가 기반이 된다. 이러한 가족의 생각과 의사결정 방식은 구성원 개개인의 창의력과 독립성, 개인의 책임감을 크게 꺾어버린다. 이런 시스템이 효과를 발휘할 수 있는 이유는 가족이 개인보다 수적으로 우세하기에 떼 지어 한 사람을 겁주고 위협하는 힘이 강력하고, 그 대상이 아무것도 모르는 어린아이이기 때문이다. 학대 생존자는 아주 어린 시절부터 이런 식의 협박에 길든다.

의사이자 연구자로, 배우는 사람이자 다른 사람의 치유를 돕는 사람으로 살아온 내가 생각하기에, 개성과 개인의 책임 의식을 꺾는 환경에서는 누구도 진정한 깨달음을 얻을 수 없고 창의력과 포용력을 갖춘 사람이 될 수도 없다. 그런 환경에서는 자존감을 경험하고 찾으려고 아무리 노력해도 실패할 확률이 높다. 해로운 가족은 피해자를 꽉 붙들고, 그가 자연스럽게 독립하거나 개별적인 존재가 될 기회를 주지 않는다. 자존감은 한 개인으로 분리되어야 생긴다.

학대하는 가족에게서 벗어나 내 인생을 스스로 다독이며 살아갈 방법을 찾기 위해 참고한 여러 자료 중에 가족이 내게 해로운 존재라면 관계를 끊으라고 독려하거나 그런 방법을 알려준 내용은 거의 없었다. 해로운 영향이란 무엇인가, 해로운 사람들은 어떤 유형이 있는가, 해로운 가족이 발휘할 수 있는 다양한 영향은 무엇인가, 이러한 해로운 가족이 세상에서 제대로 기능하고 살아가야 할 사람에게 얼마나 큰 영향을 줄 수 있는지 설명한 내용이 대부분이었다. 그런 정보를 열심히 읽고 연구한 시간이 내 성장에 엄청나게 큰 보탬이 된 건 사실이다. 하지만 내게 꼭 필요했던 말, 즉 내 인생을 내가 알아서 살아갈 수 있고, 처음부터 끝까지 모든 걸 전부 혼자 할 수 있다는 내용은 없었다. 내가 안고 살아온 고통을 꺼내어 펼칠 때마다 떠오르던, 나 자신에게 향하는 질문의 답도 찾을 수 없었다. 문헌 자료는 하나같이 가족과 관계를 최소한 어느 정도는 유지해야 한다고, 그것이 고통의 해소에 중요한 기능을 한다고 이야기했다.

하지만 학대를 참고 견디면 계속해서 학대를 겪어야만 한다. 심리적 학대를 가하는 가족과 계속 연락하면서 지낼 수 있는 사람도 있겠지만, 많은 경우 그런 관계를 유지하면 성장할 수 없고 건강한 사람이 될 수도 없다.

나를 학대하는 가족과 관계를 유지하라는 건 겁에 질려서 마음을 닫고 학대를 꾹 참으며 계속 살라는 소리다. 한 사람이 인생을 살아가는 여러 모습 중에서 희생자의 모습으로 계속 살라는 의미다. 과연 그런 삶이 유익할까? 나는 오랫동안 그렇게 살아봤다. 하지만 문헌 자료가 제시하는 말들은 내 마음의 치유와 극복에 거의 아무런 도움이 되지 않았다. 아무리 해로운 가족이라도 그들과 어느 정도는 연락하고 지내는 '좋은 사람'이 되어야 한다고 확신했던 때도 있었다.

아마 여러분 중에도 그렇게 생각하는 사람이 있을 것이다. '좋은 사람'이 된다는 건 전적으로 가식일 뿐이며 자신에게 해가 되는 일이다. '좋은 사람'이 되려면 가족과 밀접한 관계를 유지해야 하는데 그러면 학대도 얼마든지 계속될 수 있기 때문이다.

해로운 가족과 단절하고 나면 자신과 삶에 무슨 일이 벌어질지 예측할 수 없다. 그래서 가족과 관계를 완전히 끊기까지 몇 년이 걸릴 수도 있다. 혼자서 불확실한 세상을 살아가야 한다고 생각하면 암울하고 겁이 난다. 나도 내 고통과 내적 갈등, 두려움을 진정으로 이해해주는 누군가가 있다면 치유의 길이 될 그곳으로 나를 밀고 나갈 용기를 얻을 수 있을 것 같았다. 나와 같은 처지에 있는 사람들이 가족과 단절하면서 어떤 기분을 느끼는지, 결단을 내린 후에 어떤 문제나 갈등을 겪는지 알고 싶었고, 알아야만 했다. 이 책에 내 개인적인 경험을 밝힌 이유도 그래서다. 홀가분하면서도 두려운 일이었다.

가족과 관계를 단절하고 치유의 길을 걷는 동안, 나는 없던 길을 혼자서 개척하는 사람이 된 기분이었다. 아무것도 모르는 채로, 눈을 감은 상태로 사는 기분이었지만 계속 걸어야 했다. 이제는 그 길이 어떤 길인지 잘 안다. 그렇게 얻은 지식은 나처럼 문헌 자료에서 빈틈을 느낀 모두에게 특별하고 귀중한 정보가 되리라 생각한다.

나는 학대를 참고 견디는 동시에 상처를 치유하는 건 절대 불가능하다고 확신한다. 나와 다른 수많은 이들이 해로운 가족과 단절하기로 선택한 이유기도 하다. 사람들은 '관계를 끊는다'거나 '단절한다'는 말을 들으면 그런 결단을 내린 사람은 화가 많고 억울한 것도 많고, 미성숙하고 앙심을 가득 품고 사는 사람이 분명하다고 생각한다. 멀쩡한 성인이 자기 가족에게 그토록 잔인하고 비이성적으로 대할 수는 없으니 질투심이 강한 사람일 것이라고 마음대로 추측한다. 하지만 이는 실상과는 전혀 맞지 않는 소리다. 가족과 관계를 단절하는 건 악의나 증오, 고집과 무관하다. 용서할 줄 모르는 사람이라서, 버르장머리가 없는 사람이라서 그런 결정을 내리는 게 아니다. 복수심 때문에 그러지도 않는다. 가족과의 단절은 전적으로 자기 자신을 돌보기 위한 결정이다.

나는 가족을 망가뜨리려고 이 책을 쓴 게 아니다. 이미 독처럼 해롭고 망가진 가족이라면 다른 사람 때문에 더 망가질 일도 없다. 이 중요한 주제가 관심을 얻는 것, 우리가 우리 자신을 잘 돌볼 수 있는 건강하고 현실적인 방법을 제공하는 것이 내 목표다. 다음 세대까지 고려하면, 장기적으로 볼 때 해로운 가족과의 관계 단절은 오히려 가족을 유지하는 길이다. 나와 같은 사람들이 결정을 내린 덕에 가족 안에서 일어나는 학대가 우리 선에서 끝나기 때문이다.

해로운 가족과 관계를 끊고 나면 희망이 생기고 삶이 명료해진다. 나는 이 책에서 단절 이후에 찾아오는 기회와 생존자가 해결해야 할 과제를 이야기하려고 한다. 해로운 가족 안에서 자라면, 어릴 때부터 자신에 대한 불신이 마음속에 뿌리내린다. 생존자가 자신을 믿지 못하면, 스스로를 지켜내기 위해 꼭 해야 하는 일을 할 때 심각한 걸림돌이 생긴다. 자신을 믿지 못하면 옳은 결정을 한 게 맞는지 의구심에 시달린다. 특히 가족과 연을 끊는 심각한 일은 있을 수 없다고 생각하는 사람들에게서 부당한 평가나 비난을 들을 때 더욱 그렇다. 이는 상처에서 피가 멈추지 않고 천천히 흘러내리는 것과 같다.

불안정하게 자랐고 그런 기분을 느끼며 살아온 사람은 자신이 너무 예민하게 구는 건 아닌지, 가족과의 경계선을 너무 엄격히 그으려는 건 아닌지 스스로 의심한다. 충만하고, 즐겁고, 사랑이 깃든 삶을 살기 위해서는 자신을 불신하는 이 굴레에서 벗어나 마음을 회복해야 한다. 그 모든 과정을 지나고 나면 자신이 느낀 혼란·죄책감·불안·외로움·서글픔을 이해할 수 있게 된다. 이 책에서 소개하는 사람들의 경험담과 다양한 대처법은 여러분이 새로운 경계선을 확립하고 새로운 사고방식을 받아들일 수 있도록 도와줄 것이다.

해로운 가족과 관계를 청산하면, 다른 이에게 방해받지 않고 내 마음속 가장 깊은 상처를 회복할 수 있는 시간과 여유를 얻게 된다. 삶에서 가장 커다란 선물을 받는 셈이다. 거기서부터 깊은, 진정한 회복이 시작된다. 인간에게는 태어나는 순간부터 반드시 충족되어야 하는 근원적인 욕구가 있다. 아이들은 누군가가 충분한 시간을 들여서 사랑과 관심을 베풀고, 자신에게 귀 기울여주고, 자신의 가치를 인정하고 이해해주기를 바란다. 어릴 때 이러한 욕구가 충족되지 않으면, 가족 외에 다른 사람들과 애정 관계를 맺고 그 부족한 근원적 욕구를 치유하거나 채워보려고 해도 그럴 수가 없다. 이미 지나버린 시간으로 되돌아갈 수 없기 때문이다. 그런데도 관련 연구 자료에서는 가족 외에 다른 관계에서 사랑, 수용, 정서적인 지지와 같은 기본적인 욕구를 채우라고 순진하게 제안한다. 물론 가족 관계 외 사랑도 인간의 전반적인 행복에 기반이 되고 꼭 필요하며 중요한 의미가 있다. 하지만 가족 안에서 얻지 못한 욕구를 다른 사람에게서 채우려는 노력은 부적절할 뿐만 아니라, 노력한다고 해서 욕구가 채워지는 것도 아니다. 세상에 태어나서 만난 가족, 그 가족만이 채워줄 수 있는 근원적인 욕구를 다른 사람이 채워줄 수 있으리라는 건 현명하지 못하고 정서적으로 위험한 생각이다. 이러한 추정에는 다른 사람이 내 상처를 낫게 해주고 근원적인 욕구도 다른 사람이 채워줄 수 있다는 잘못된 정보가 담겨 있다. 우리는 자신의 상처를 스스로 치유하고 자신의 욕구도 스스로 채우는 법을 배워야 한다.

자신이 과거에 어떤 삶을 살아왔고 어떻게 지금에 이르렀는지를 세밀하게 파악해야 치유로 가는 길이 열린다. 우리가 한 인간으로서 할 수 있는 일 중 자신만의 인생을 되찾는 일만큼 중요한 것은 없다. 나는 여러분의 치유에 가속도가 붙고 그것이 유지되도록 도와주고 싶다. 그게 내 유일한 목표이며 내 진심이다. 그래서 나를 비롯해 가족과 관계를 끊은 사람들이 단절 이후에 맞닥뜨린 예기치 못한 장애물에 관해서 이야기하고, 뒤돌아보지 말고 자신을 돌보는 일에 꾸준히 전념할 방법을 소개하려고 한다. 스스로 해내는 회복만큼 훌륭한 회복 방법은 없다. 여러분에게 '그래도 된다'는 말을 꼭 해주고 싶다. 필요하다고 느끼는 순간마다 이 말을 꼭 상기하길 바란다.

해로운 가족과는 관계를 끊어도 된다.

여러분의 행복에 계속해서 해가 되는 사람은 그게 누구든 관계를 정리해도 된다.

화가 나면 화내도 된다. 자신을 챙기고 필요한 것들을 얻어라. 상대가 용서해달라고 해도 순진하게 다 받아주지 않아도 된다.

내 인생은 내가 선택한 방식으로 돌봐도 된다. 나를 지키려면 그런 결정을 내려야만 했다고 일일이 이유를 설명할 필요는 없다.

차례

1부

관계 단절은 정당방위다

1

해로운 가족과 단절해야 하는 이유

해로운 가족과의 단절은 자신을 보호하고 해방하기 위한 결정이다. 가족에게 해를 입히거나, 상처를 주거나, 화를 돋우려는 의도로 내리는 결정이 아니다. 관계를 끊겠다는 결심은 가족을 어떻게 하려는 게 아니라 자기 자신에게 꼭 필요한 일이다. 하지만 이렇게 얻는 해방이 전적으로 즐겁고 신나게 느껴지진 않는다. 불쾌하고 힘든 상황도 불가피하게 겪게 된다. 그러므로 무엇보다 이 결정이 자신을 돌보고 챙기기 위한 것임을 기억해야 한다.

자신을 학대한 가족과 관계를 정리했거나, 그러길 원하는 사람들이 공통적으로 꼽는 이유가 있다. 여기서 관계를 끊는 대상은 부모·형제·성인 자녀, 더 넓은 범위의 가족과 친척까지 누구든 가능하다. 역설적인 건 해로운 가족과 단절해야만 하는 이유가 해로운 친구·연인·동료와 관계를 끊는 이유와 크게 다르지 않다는 것이다. 이들이 꼽은 공통적인 이유는 다음과 같다.

- 정서적 학대와 조종: 과거의 일을 엉뚱하게 바꿔서 이야기하는 것, 심리적 지배(가스라이팅), 거짓말, 비방, 투사, 삼각화(가족 안에서 두 구성원이 갈등 관계일 때 다른 가족을 자기편으로 끌어들이는 일. 부부 갈등에 자녀를 끌어들이는 경우가 대표적인 예다.―옮긴이), 편향, 비난, 수치심이나 죄책감을 주는 행위, 배척, 과장된 기분 표출, 애정 공세, 떠나지 못하도록 조종하는 행위, 염탐, 침범, 통제, 극단적으로 따지는 행위 등.
- 경제적 학대.
- 신체 학대.
- 성적 학대.
- 중독과 방임.
- 자신과 다른 가치나 상반되는 가치를 강요하는 행위.
- 사생활이 거의 없는 환경.
- 가족 구성원을 전반적으로 존중하지 않는 태도.
- 서로에 대한 믿음과 정직함이 없는 관계.
- 가족 전체가 한 사람을 배척하는 집단행동.
- 험담.

많은 사람이 위와 같은 이유로 가족과 관계를 끊기로 결심했다. 이 항목이 여러분에게 조금이나마 위안이 됐으면 좋겠다. 이를 보면 관계 단절의 과정이 여러분 혼자만 겪는 일이 아님을 알 수 있을 것이다. '왜' 그래야 하는지를 찾는 건 '어떻게' 헤쳐 나갈 것인지 파악하는 것에 비하면 훨씬 쉽다. 방법을 찾는 건 곧 이를 행동으로 옮겨야 한다는 것인데, 정서적인 부담이 큰 상황에서는 두렵고 불안할 수밖에 없다. 앞으로 연락하거나 접촉하지 않겠다는 경계선을 긋고 싶다는 뜻을 가족에게 전하고 싶다면, 아래와 같은 방법이 효과적이다.

- 대화로 전하기(별로 소용없을 것임을 잘 알더라도).
- 결심을 상세히 편지로 써서 전달하기.
- 설명하지 말고 돌아서기.
- 그냥 연락 끊기. 차단하고, 연락처를 지우고, 다 삭제하기.

깨달음의 순간

관계를 끊는 완벽한 방법 같은 건 없다. 필요하다는 판단이 들었을 때 스스로 관계를 끊는 것이 핵심이다.

해로운 사람들의 특성

해로운 가족을 더 확실하게 이해하려면 해로운 사람으로 정의할 수 있는 특징이 무엇인지 알아야 한다. 나는 《정신질환 진단·통계 편람 제5판 Diagnostic and Statistical Manual of Mental Disorders 5》(이하 DSM-5)에 나와 있는 용어나 진단명보다 '해롭다'는 표현을 즐겨 쓴다. 내가 쓰는 '해롭다'는 표현은 《DSM-5》에서 'B군 성격 장애'로 분류된 여러 특성이 나타나는 사람을 총체적으로 간략히 나타내는 말이다. 해로운 가족의 명확한 특성을 알면, 여러분이 상대하는 사람이 어떤 사람이고 그에게 어떻게 대처해야 하는지 파악할 수 있다. 또한 해로운 가족의 주장처럼 여러분이 상상력이 풍부하거나 예민해서 이유 없이 그렇게 느끼는 게 아니라, 해로움을 인정하는 엄연한 진단 기준이 있음을 알 수 있다. 해로운 사람은 다음 특성 중 몇 가지가 동시에 나타날 가능성이 크다.

- 자신에게 관심이 집중되지 않으면 불편한 기색을 보인다.
- 감정이 금방금방 변하고 감정 상태가 그대로 드러난다.
- 매우 과장된 행동을 보인다.
- 외모에 과도하게 신경 쓴다.
- 끊임없이 확인받거나 인정받으려 한다.
- 비판이나 자신을 인정해주지 않는 반응에 지나치게 민감하다.
- 사소한 일에도 쉽게 좌절한다.
- 경솔하게 결정한다.
- 대인관계를 잘 유지하지 못한다. 그 관계도 가식적이거나 얕은 경우가 많다.
- 관심을 끌기 위해 자살하겠다고 협박하거나 실제로 시도한다.
- 성취와 재능을 과장한다.
- 자신이 우월하다고 믿는다.
- 대화를 독점하려고 한다.

- 특별한 호의를 받으려 하고 자신의 기대가 무조건 충족되길 바란다.

- 다른 사람들을 이용한다.

- 질투가 많고 남을 하찮게 여긴다.

- 행동이 오만하거나 건방지다.

- 특별한 대접을 요구한다.

- 감정과 행동을 잘 조절하지 못한다.

- 스트레스에 대처할 줄 모르거나 변화에 적응하지 못한다. 이 두 가지 특성이 동시에 나타나기도 한다.

- 빈정대고 비꼰다.

- 행동이 소극적이고 무기력한 태도를 보이며 성인이면 마땅히 져야 할 책임을 회피한다.

- 버림받는 것을 극도로 두려워한다.

- 인생관이 비관적이거나 부정적이다.

- 혼자서는 잘 지내지 못한다.

- 옳고 그름을 가리는 일에 별로 신경 쓰지 않는다.

- 남을 이용하기 위해 계속 거짓말을 한다.

- 인정이 없고 냉소적이며 타인을 존중하지 않는다.

- 매력이나 말솜씨를 이용해서 개인적으로 얻고 싶은 걸 얻거나 즐거움을 위해 타인을 조종한다.

- 고집이 극도로 세다.

- 범죄 행동을 포함하여 법을 계속 위반한다.
- 협박과 속임수로 타인의 권리를 해치는 일을 반복한다.
- 다른 사람에게 공감하지 못하거나 남을 해치고도 자책하지 않는다.
- 자기 행동에 뒤따를 안 좋은 결과를 헤아릴 줄 모르거나 그런 결과가 초래된 후에도 교훈을 얻지 못한다.

해로운 가족과 단절하기로 한 사람들에게는 이 목록이 그 결심의 정당성을 확인하는 근거가 되기를, 아직 결단을 내리지 못한 사람들에게는 용기를 내는 계기가 되기를 바란다. 위 목록에 나온 내용을 토대로 자신이 겪어온 일들이 학대와 조종이 맞는지 확인할 수 있을 것이다.

결함이 있는 가족과 해로운 가족은 다르다

누구나 가끔 해로운 면을 드러내거나 남에게 해가 되는 행동을 한다. 완벽한 사람은 없다. 여기서는 부모에 초점을 맞추어 설명하겠지만 다른 가족 구성원에게도 적용할 수 있다.

모든 부모는 자기 아이에게 의도치 않게 고통을 준다. 인생은 쉽지 않고, 아무리 건강한 부모라도 아이가 원하는 모든 순간에 정서적인 도움을 줄 수는 없다. 부모라면 누구나 아이를 키우다가 깊이 후회하는 순간이 있게 마련이다. 하지만 양육 과정에서 일반적으로 생기는 실수를 했다고 해서 아이에게 해로운 부모라고 하지는 않는다.

부모가 스스로 생각해도 실망스러운 행동을 하는 건 인간적이고 평범한 일이다. 건강한 부모가 그렇지 않은 부모와 다른 점은 자녀에게 상처를 줬을 때 속상해한다는 것이다. 그런 일이 생기면 부모는 자연스레 죄책감을 느끼고 후회한다. 부모의 그러한 감정은 아이가 입은 피해를 바로잡으려고 노력하는 동기가 된다. 그런 감정을 느낀다는 사실을 수치스럽게 여기거나, 자녀 탓으로 돌려서 자기 잘못을 정당화하지 않는다.

하지만 해로운 가족은 다르다. 자존심이 약한 사람들은 기분 나쁜 순간을 남 탓으로 돌리는 것이 더 편하다고 느낀다. 해로운 부모는 자녀의 순수한 마음을 이용한다. 네가 더 착하거나 덜 보채는 아이였다면 자신도 부모 노릇을 더 잘했을 거라 주장하고, 아이도 그렇다고 믿게 만든다. 아이는 부모가 하는 말이 틀릴 수 있다고는 절대로 생각하지 못한다. 그래서 자기 행동과는 전혀 무관한 갈등이 생기고 자신이 엉뚱하게 비난받아도 모두 그대로 받아들이고 그게 사실이라고 생각한다. 비난의 화살이 쏟아질 때마다 아이는 자신이 '나쁜 아이'라고 믿게 된다.

나도 그랬듯이, 그런 가족 안에서 살아남은 생존자는 시간이 흐른 뒤에야 가족이 나를 진심으로 사랑한 적이 없었고 지금도 마찬가지라는 잔혹한 현실을 깨닫는다. 내가 뭘 잘못해서가 아니라 그 사람들이 가족 간의 사랑에 큰 가치를 두지 않았기 때문임을 알게 된다. 해로운 가족이 귀중하게 여기는 건 사랑이 아닌 권력이다.

내 어머니는 나를 거짓으로 사랑하는 척했다. 나는 어머니가 날 사랑한다고 생각했다. 어머니라면 딸을 사랑해야 하니까 내 어머니도 그렇다고 믿었다. 하지만 내 어머니의 사랑은 의무감에서 나온 것이었다. 어머니가 나를 업신여기고 다른 식구들과 다르게 대한다는 걸 느끼고서야 그런 사실을 알게 됐다. 어머니가 내게 간간이 친절을 베풀고 관심도 준 건 사실이다(남을 효과적으로 조종하려면 꼭 필요한 일이다). 나는 그 기억을 토대로 어머니가 날 사랑한다고 믿었고 거기에 속아 계속 그런 환경에 머물렀지만, 사실 마음 깊은 곳에선 늘 진실을 알고 있었다. 어머니의 얼굴에 드러나는 표정·몸짓·목소리 톤으로 알 수 있었다. 누군가 진심으로 나를 사랑하면 본능적으로 상대방이 그런 감정을 품었음을 느끼게 마련인데, 나는 어머니에게 그런 걸 느낀 적이 없었다.

🔆 **잠시 생각해볼 것**

가족이 나를 진심으로 사랑한다고 느낀 적이 한 번이라도 있었는지 떠올

가족에게 당연히 받아야 하는 사랑이 진심이 아니었거나 아예 사랑받은 적이 없다면, 학대에서 자신을 보호하기 위한 선택을 해야 한다.

깨달음의 순간

여러분은 해로운 가족과 관계를 끊고 변화하고, 자신을 치유하고 더 건강해질 수 있다. 하지만 해로운 가족은 예전 그대로일 것이다.

무엇이 가장 힘들까? 자신과 같은 선택을 해야만 했던 사람이 많다는 사실을 모르는 채로 결정을 내리려면 겁이 나게 마련이다. 내 경우와 비교할 본보기나 설명서 같은 것도 없고, 선택의 결과가 긍정적인지 부정적인지 확인할 방법도 없다. 인생을 변화시킬 중대한 결정을 내릴 때, 얼마나 많은 이가 나와 같은 길을 걸었는지 알면 엄청나게 큰 도움이 된다. 통계 자료에서 그러한 정보를 얻을 수 있다.

우리 중 40퍼센트는 가족과 한 번은 멀어진다

가족의 파괴적인 영향이 너무 커서 정상적인 방법으로는 심리적 학대를 견디고 가족 관계를 유지할 수 없는 지경에 이르는 사람이 많다. 2015년 미국의 한 연구에서는 응답자의 40퍼센트 이상이 일생 중 어느 시점에 가족과 관계가 소원해진 적이 있다고 밝혔다. 사이가 멀어지는 일은 친척까지 포함된 넓은 범위에서 일어나는 경우가 많지만 직계 가족에서도 흔히 일어난다. 이 연구에서는 자녀가 있는 어머니의 10퍼센트가 성인 자녀 중 관계가 멀어진 자녀가 최소 한 명 있다고 답했다.[1]

《나르시시스트 부모의 자녀에게 필요한 치유법Healing Adult Children of Narcissistics》을 쓴 샤히다 아라비Shahida Arabi는 총 700명의 자녀가 본인의 부모에 관해 밝힌 결과를 분석해 아래와 같은 결과를 얻었다.

- 어머니가 나르시시스트인 경우: 36퍼센트.
- 아버지가 나르시시스트인 경우: 22퍼센트.
- 부모 두 사람이 모두 해로운 영향을 준 경우: 14퍼센트.
- 부모 중 한 명의 공감 능력이 계속 부족한 경우: 86퍼센트.
- 부모 중 한 명에게서 자기중심적인 성향이 나타난 경우: 84퍼센트.
- 부모 중 한 명이 극단적인 특권의식을 가진 경우: 76퍼센트.

- 부모 중 한 명이 비난이나 사소한 모욕에 과하게 분개하는 경우: 74퍼센트.[2]

영국 케임브리지대학교 가족연구센터와 자선 단체 '스탠드 얼론Stand Alone(미신고 단체)'이 공동 진행한 연구 프로젝트 〈감춰진 목소리: 성인이 된 후 가족과의 단절〉에는 800명 이상이 참여했다. 참가자에는 자녀와 멀어진 부모들, 부모와 멀어진 자녀들이 모두 포함되었다. 연구진은 부모와 자녀 참가자 양쪽 관점에서 세대별 관계 단절의 현황을 조사하고 다음과 같은 결과를 도출했다.

- 부모와 멀어진 성인 자녀의 50퍼센트 이상이 자신이 먼저 연락을 끊었다고 답했다.
- 자녀와 멀어진 부모 중 자신이 먼저 관계를 끊었다고 답한 부모는 5~6퍼센트에 그쳤다.
- 부모와 관계가 소원해진 성인 자녀의 79퍼센트는 어머니와 앞으로도 적절한 관계를 유지할 수 없을 것이라고 밝혔다.
- 부모와 관계가 멀어진 성인 자녀의 71퍼센트는 아버지와 다시는 적절한 관계를 유지할 수 없을 것이라고 답했다.[3]

연구진은 부모에게 무엇을 바라느냐는 질문에 성인 자녀들이

다음과 같이 답했다고 전했다. "성인 자녀들은 더 친밀하고, 긍정적이고, 애정 어린 관계를 원했다. 어머니가 비판과 평가를 줄이고, 상처 주는 행동을 했을 때 그 사실을 인정하길 바란다고 밝혔다. 아버지가 자녀의 인생에 좀 더 관심을 보이고, 배우자나 연인을 포함한 다른 가족 구성원을 회피하지 말고 그들과 마주하길 바란다고 했다."[4]

아마 여러분도 응답자들의 생각과 기분에 공감할 것이다. 우리 주변 사람들 중 최대 40퍼센트가 살면서 한 번은 가족과 관계가 소원해진 경험이 있다는 결과가 여러분이 내릴 결정에 밑거름이 되기를 바란다. 가족과의 관계 단절을 고민하는 모두가 학대 경험을 밝힌다면 이 결과가 얼마나 달라질지 상상해보라. 40퍼센트는 훌쩍 넘길 것이다. 하지만 실제로는 학대당하고도 그런 사실을 밝히지 않는 사람들이 많다. 가족의 비밀은 남들에게 말하면 안 된다는 식의 통제가 공공연히, 또는 은밀히 이루어지는 경우가 너무나 많기 때문이다.

나를 보호하기 위한 결정이다

가족과 관계를 끊고 사는 게 어떤 경험인지 거의 알려지지 않은 이유는 자신이 겪은 고통에 침묵하기로 결심한 생존자가 많기 때문이다. 가족과 멀어지는 일이 대화 주제로 거의 다뤄지지 않고, 잘못된 사실만 널리 알려지는 이유도 마찬가지다. 괜히 말했다가 치욕적인 일을 당할까 두려워서 가족과 단절했다는 사실을 밝히지 않는 생존자도 있다. 어떻게 그렇게 냉정하게 구냐는 반응이 겁나서, 원치 않는 수치심을 느끼기 싫어서, 남들이 나를 평가하는 게 싫어서 가족 문제는 숨기는 편이 낫다고 생각하는 생존자도 있다.

이 책의 목적은 가족과 소원해진 후 살아남은 생존자의 한 사람으로서 내가 겪은 일들, 이 문제로 내게 상담받은 사람들, 소셜미디어를 통해 접한 많은 이들이 겪은 경험, 이 분야의 전문가로 활동하면서 쌓은 지식을 모아서, 좀 더 의미 있고 목적 있는 인생을 살기 위해 가족과 헤어지려는 사람들을 돕는 것이다. 여러분이 느끼는 수치심과 혼란을 어둠 속에서 끄집어내 밝은 곳에 놓고, 함께 대화하고, 살펴보고, 검증하고, 허용하고, 치유를 향해 나아가는 것이 내 목표다. 여러분을 괴롭혀온 것들을 막강한 영향력을 가진 멋진 무언가로 바꿀 수 있다는 사실을 나는 잘 알고 있다.

그렇게 되려면, 정신건강과 행복에 피해를 입힌 가족에게서 나를 보호하기 위해 결정을 내리고 내 손으로 현재의 위치를 만들어냈다는 사실을 자랑스럽게 여길 수 있어야 한다. 앞으로 가족과 무슨 일이 있든, 내 인생은 내가 책임질 것이고 그러기 위해 스스로 결단을 내렸다는 사실은 충분히 자랑스러워할 만한 일이다.

2

해로우면서 무고한 사람은 없다

해로운 가족이라도 관계를 끊으면 아프다. 가족과 연락하거나 대화하고 싶어서가 아니라, 가족 중 누군가를 일부러 안 보고 산다는 건 상상만으로도 힘든 일이기 때문이다. 부모·형제·성인 자녀·사촌·조부모가 자녀·손주·형제·사촌·부모 없이 사는 건 쉬운 일이 아니다. 해로운 가족의 학대에 맞서도 가해자가 사과하는 간단한 방법을 택하지 않고 오히려 자신에게 대든 사람과 그 자녀까지 모조리 앞으로 안보고 살겠다는 식으로 반응하면, 학대 생존자는 정신이 아득해진다. 가해자의 이런 반응은 맞서려는 결심이 흔들릴 정도로 생존자에게 큰 영향을 준다. 상대방이 죄책감을 전혀 느끼지 않는다는 현실을 깨닫고 받아들일 때 생존자는 모래를 씹어 삼키는 듯한 기분을 느낀다.

나는 해로운 가족과 관계를 끊기로 마음먹었을 때 앞으로 내 삶이 어떻게 될지 예측할 수 없었고 상상할 수도 없었다. 하지만 관계를 단절한 후에 얻게 될 자유나 즐거움과, 내가 내린 결정에 대한 의구심 사이에서 마음이 흔들리는 건 당연한 반응임을 알게 됐다. 여러분도 이를 알게 되길 바란다.

디즈니 애니메이션 〈라푼젤〉에는 그러한 내적 갈등이 생생하게 묘사되어 있다. 주인공인 라푼젤이 어머니 고델에게서 도망치는 극 중 상황은 해로운 가족과 관계를 끊으려는 여러분의 상황과 같다. 라푼젤은 자유를 얻기 위해 어머니를 배신해야만 했고, 탈출한 후에야 비로소 자아 발견이 시작된다.

감옥 같은 탑에서 빠져나온 라푼젤은 어머니가 절대 접근하면 안 된다고 말한 땅으로 내려간다. 마침내 발이 땅에 닿기 직전, 라푼젤은 두려움에 멈칫한다. 그러다 천천히, 조심스럽게 발가락을 풀밭에 내려놓고 괜찮은지 살핀다. 아무 일도 없음을 확인하자 기뻐서 노래를 부르며 풀밭을 뛰어다닌다. 양팔을 활짝 벌리고 깡충깡충 뛰며 "내가 해내다니, 믿을 수가 없어"라고 외친다. 새로 시작된 인생이 앞으로 얼마나 드넓게 펼쳐질지 생각하며 놀라기도 한다. 이제 라푼젤은 경계도, 올가미도, 압박도 없이 자유롭게, 완전히 새로운 시각으로 세상을 보게 되었다.

그런데 한창 즐거워하던 라푼젤은 갑자기 몸을 잔뜩 웅크리고 팔로 몸을 꽁꽁 끌어안으며 어머니가 이런 사실을 알면 어떻게 반응할까 극도로 두려워한다. 두려움이 감당하기 힘들 만큼 커져서 몸을 앞뒤로 마구 흔들기도 한다. 그러다 다시 들판을 달리며 크게 외친다. "너무 재미있잖아!" 그리고는 쌓인 나뭇잎 더미를 신나게 발로 차며 공기 중으로 날려 보낸다. 라푼젤의 기분은 급격히 오락가락한다. 나뭇가지에 앉아 "난 형편없는 딸이야. 돌아가야 해"라고 작게 읊조리다가도 2초 뒤에는 다시 언덕 위를 달리고 구르며 두 번 다시 돌아가지 않겠다며 신나게 고함치고, 곧 다시 절망에 휩싸여 얼굴을 땅에 박고 엎드려서 자신은 비열한 인간이라고 생각한다. 몇 초 후엔 또 풍성한 머리카락을 한껏 휘날리며 온 땅을 휘젓고 다니고 노래한다. 기쁨도 잠시, 또 무너진 라푼젤은 손에 얼굴을 묻고 눈물을 터뜨리며 어머니를 향한 자신의 이중적인 태도가 스스로를 무겁게 짓누르는 기분을 느낀다. 탑에서 나오도록 도와준 남자는 라푼젤이 자기 자신과 싸우는 그 모든 광경을 지켜보다가 가까이 다가간다.

감정이 급변하고 상반되는 기분이 맞부딪히는 라푼젤의 상황은 가족과 관계를 끊고 난 후에 생존자가 겪는 상황과 똑같다. 자유를 찾았다는 흥분감과 가족을 '배신'했다는 생각에서 비롯된 죄책감, 의구심이 동시에 솟구치고 그 모든 감정이 감옥이 되어 그 속에 갇힌 기분이 든다. 하지만 이런 질문을 던지면 모순을 직시할 수 있다. 상대방이 나를 학대하고 먼저 날 배신했는데, 어떻게 내가 한 일을 배신이라고 할 수 있을까? 배신자를 배신할 수 있을까? 그건 불가능하다. 라푼젤도 마찬가지였다. 하지만 가족과 헤어지면 내면에서 혼란스러운 감정이 계속 부딪히며 싸움을 벌인다.

이러한 내적 갈등은 스톡홀름증후군에 빗대면 정확히 이해할 수 있다. 스톡홀름증후군이란 붙잡힌 사람이 자신을 붙잡은 가해자를 신뢰하거나 그에게 애정을 느끼는 현상이다. 해로운 가족과 살아온 생존자는 그런 감정이 더 커질 수밖에 없다. 가족은 우리가 친근함을 느껴야 하는 대상인데, 그들에게 애정을 느끼는 동시에 달아나고 싶은 마음도 들기 때문이다.

감옥 같았던 가족 환경에서 벗어나 자유가 생기면 라푼젤이 그랬듯 자신감이 오르락내리락한다. 가족들이 주장해온 대로 자신이 끔찍하고 비열한 사람이 아닐까 하는 염려가 마음 깊은 곳에서 올라오다가, 다음 순간 가족을 '망신시켰으니' 벌을 받게 될지 모른다는 두려움이 엄습한다. 그러나 이와 동시에, 라푼젤처럼 내면에서 지금껏 한 번도 느껴본 적 없는 강력한 힘을 느낄 가능성이 크다. 비정상적인 가족과 자신을 분리하고 경계선을 확립함으로써 자신을 지키기로 결심할 때 바로 그러한 힘이 생긴다.

나와 내 내담자들, 그 밖에 생존자들 역시 가족과 단절 후 생기는 문제들을 피할 수는 없었지만, 삶의 질은 시간이 갈수록 나아졌다. 자신을 심리적으로 학대한 가족과 멀어진다고 해서 가족을 원하는 마음, 더 정확히는 자신에게도 있었으면 좋겠다고 소망해온 가족을 바라는 마음 자체가 사라지지는 않는다. 여러분도 그런 사실을 깨닫게 될 것이다.

가족은 서로에게 다른 어디에서도, 다른 누구와의 관계로도 온전히 대체할 수 없는 안전함과 안정감, 소속감을 주는 존재여야 한다. 가족 간에 그러한 관계가 잘 형성되면 개개인이 느끼는 전반적인 행복의 토대가 만들어진다. 그래서 가족의 익숙한 테두리에서 벗어나면 나를 둘러싸던 가림막이 사라진 것처럼 불안한 기분이 들 수 있다. 가족 환경이 그리 안전하지 않았더라도 가족은 모든 사람의 근본이자 필수 요소고, 세상에 속하게 하는 중요한 환경이다. 태어나서 지금까지 유일하게 아는 세계이기도 하다.

그러므로 가족과 관계를 단절하면 불확실한 것들로 가득한 세상에 뛰어들 대비를 해야 한다. 그건 엄청난 변화이므로 적응하려면 시간이 걸린다. 관계를 끊고 나면 유독 가족 생각이 많이 나는 날이 있고, 온종일 가족 생각을 한 번도 하지 않는 날도 있다. 생물학적인 가족이든 입양으로 형성된 관계든 우리는 가족과 정서적·정신적·영적으로 계속 연결되어 있다. 마음이 고요한 상태에서도 그렇다.

때로는 자신을 죽일 것만 같은 위협에서 벗어나야만 한다. 벗어나려면 죽음을 각오해야 하더라도 그래야 할 때가 있다.

단절 이후 찾아오는 변화

해로운 가족과 관계를 끊고 나서 얻는 가장 좋은 변화는 고요함이다. 반대로 고요함을 최악의 변화라고 생각하는 사람도 있는데, 늘 가족 문제로 정서적인 소음이 끊이지 않던 사람에게는 고요함이 낯설게 느껴질 수 있다. 학대하는 가족 안에서 침묵하며 살아온 경우, 가족은 자신들에게 문제가 있다고 느끼기보다는 입을 다문 사람에게 문제가 있다고 여긴다. 침묵을 자신들을 이기려는 전략이라 생각하고 억지로 침묵을 깨게 만들려고 하는 경우도 많다.

　나는 가족과 단절하고 찾아온 고요함에서 위안을 얻었다. 다른 여러 생존자와 마찬가지로 나 역시 전화기를 집어 들고 연락하고 싶은 마음은 추호도 들지 않았고 가족과 다시 만나는 건 생각조차 하지 않았다. 그러기엔 '돌아가자'고 결심했던 내 해묵은 습관이 더 큰 학대로 이어진 기억이 너무 많았다. 나는 가족과의 거리를 소중히 여기게 되었고, 그들과 연락하지 않을 때 찾아오는 안도감을 알게 됐다.

하지만 솔직히 이야기하면 고요함 속에서 외로움과 충격, 고통을 느낀 날도 있었고 앞으로도 그럴 가능성이 있다. 여러분도 그런 기분을 느낀다면, 여러분 혼자만 그런 게 아니다.

내 내담자인 지나도 비슷한 처지에 놓인 많은 이들과 같은 일을 겪었다. 명절이나 딸 생일에 언니가 자신에게는 일언반구도 없이 딸 앞으로 선물을 보냈고, 그런 일이 생길 때마다 지나는 크게 동요했다. 언니와 연락을 끊기로 결심한 건 지나였으므로 이런 반응이 위선적으로 보일 수도 있다. 하지만 가족의 접촉을 막는 경계선을 긋기로 했다면, 이 경계선은 자신의 자녀에게도 적용되어야 한다.

해로운 가족은 단절한 가족이 불쾌하지 않게 갈등을 푸는 방법 같은 건 고민하지 않는다. 지나의 언니도 지나가 불편감을 느끼지 않으면서 조카와 건강한 관계를 유지할 방법을 찾으려고 하지 않았다. 해로운 가족은 주체적으로 살거나 자기 행동을 바꾸려 하지 않는다. 자신과 단절한 사람과 그가 중요시하는 가치를 존중하지도 않는다. 그들은 사랑의 개념을 한쪽이 치면 다른 쪽도 받아치는 보복으로 변질시킨다. '네가 날 끊어내면 나도 널 끊어낸다, 하지만 네 아이는 내 조카/손자이기도 하니까 계속 괴롭힐 거다'라는 식이다. 경쟁적·독점적인 이런 감정싸움을 겪을수록, 가족과 관계를 단절해야 한다는 결심과 그들의 접촉을 막는 경계선은 더욱 공고해진다.

가족이 무고할 수도 있다는 생각이 드는가? 해로우면서 무고한 사람
은 없다.

잠시 생각해볼 것

가족이 일·여가·대인관계에 있어서, 여러분이나 다른 사람에게 안 좋은
영향을 주는 방식도 얼마든지 의도적으로 활용할 사람인지 아닌지 생각
해보자. 가족이 그런 사람임을 인지하는 건 여러분의 치유에 도움이 된
다. 왜 그런 방식을 택하는지를 아는 건 그다음 단계다.

혼란은 유익하고 당연한 반응이다

가족과의 관계를 자진해서 끊고 난 후 어떤 기분인지 막상 설명하려
고 하면 정확한 말을 찾기가 힘들다. 세상에서 가장 중요한 관계여야
하는 사람에게 아무렇지 않게 무시당하거나 아무것도 아닌 존재로
취급당하면 겁도 나고 고립감도 든다. 그런 느낌은 성장 과정에서 내
면에 형성되는, 자신에 대한 믿음에 깊은 자국을 남긴다. 그런 환경
에서 자란 후 가족과 관계를 끊은 사람들은 대체로 그런 감정의 소용
돌이에 대처하는 법을 차차 배워나간다. 성장 과정에서 자신에 대한

감정과 자신을 대하는 해로운 태도가 이미 굳어졌는데 이를 바꾸고 극복하는 건 힘든 일일 수밖에 없다. 하지만 분명 가능한 일이다.

과학적인 근거가 있는지는 잘 모르겠지만, 나는 유전자로 엮인 관계에는 고유한 감정이 존재한다고 생각한다. 가족의 연락을 차단하고 자신을 보호하기로 한 결정에 만족하는 사람도 마음 한편에서는 당연히 있어야 했던 관계를 한 번도 경험한 적 없다는 사실에 서글픔을 느낀다. 그리고 그 감정은 모든 문제의 원인이 정말로 '나'에게 있는 건 아닌지 의구심을 품게 만든다. 관계를 끊어도 해로운 가족의 조종과 학대에 계속 영향을 받는 부분은 잔존한다. 나이·지식·경험과 무관하게 해로운 가족의 자녀·형제·조카·손자·부모라는 이유로 그런 영향을 받게 된다. 그러다 정신적인 고통이 극에 달하면 자연히 가족에게 도움을 구하고 싶어진다. 가족을 향한 애정, 가족이 자신을 사랑해주길 바라는 이 자연스러운 욕구를 느끼면 혼란스러워진다. '내가 아직 가족의 사랑과 지지를 바란다면, 관계를 끊으려고 하는 게 과연 맞는 일일까?' 이런 의문이 들 수 있다.

깨달음의 순간

가족이기 때문에 자연히 그곳은 안정적이거나 안전하다는 잘못된 판단이 서고 마음이 기운다. 생존자 대다수가 예측할 수 없는 대안보다 익숙한 고통을 무의식적으로 선택한다.

가족과 관계를 끊겠다고 결정했다고 해서 모든 게 편하게 느껴질 순 없다. 그 과정을 거치는 동안 의구심이 계속 고개를 들었다가 사라지기를 반복한다. 이런 혼란은 유익하고 당연한 반응이다. 그만큼 여러분이 인정 많고 애정이 많은 사람이라는 뜻이기도 하다. 일단 해보기 전엔 알 수 없는 일들이 있게 마련이고, 가족과의 단절도 그런 일 중 하나다. 그러나 이런 혼란 때문에 여러분에게 고통을 준 학대와 조종에서 벗어나겠다는 결정을 없던 일로 만들어버리면 안 될 것이다.

자신감은 없어도 된다

한번은 인터뷰 중에, 해로운 가족과 관계를 끊을 자신감을 키우는 데 도움이 될 만한 방법이 있냐는 질문을 받았다. 나는 가족과 관계를 끊을 때 내게 특별한 방법이나 자신감 같은 건 전혀 없었다고 대답했다. 다른 수많은 생존자와 마찬가지로, 내가 가족과 연을 끊은 건 내 가족이 내게 지속적으로 가한 심리적인 피해가 너무나 커서 가족에게서 벗어나는 것 외에 유익한 선택지가 없었기 때문이다. 더 이상 그대로는 살아갈 수 없었다. 나는 가족과 관계를 유지하기 위해 45년이 넘는 세월 동안 내가 할 수 있는 모든 노력을 해봤지만, 전부 실패로 끝났다. 나는 질문한 분께 그 시간을 거치면서 마지막 결단이 내 안에 떠올라 형태를 갖추고, 점점 커졌다고 설명했다. 내게 남은 마지막 선택은 불길에 휩싸인 건물에 그냥 머무르거나 뛰어내리는 것, 둘 중 하나였다. 나는 더 행복하고 더 건강한 삶을 살아갈 기회를 얻고 싶어서 뛰어내리는 쪽을 택했다. 그때까지 내 인생을 통째로 집어삼킨 거짓말과 배신, 잔인함은 너무나 비열하고 계산적이라, 내가 할 수 있는 유일하게 합리적인 선택은 내가 나를 지키는 것뿐임을 깨달았다. 내가 '원해서' 관계를 끊은 게 아니었다. '끊어야만' 했다. 자신 있게 내린 결정이 아니라 살기 위한 결단이었다.

가족과 관계를 단절하려 해도 자신감이 생기지 않는 건 당연한 일이다. 그 결정이 정말로 자신에게 도움이 될지, 아니면 삶을 지금보다도 악화할지 판단할 근거도 없고 도움이 될 만한 경험도 없기 때문이다. 이런 회의감은 자신의 판단을 혹독히 의심하게 만든다. 현재 처해 있는 상황 속에서 확신을 줄 만한 무언가를 찾고 싶어지지만 그건 불가능한 일이다. 그럴 때는 가족과의 단절을 결심하게 된 이유, 즉 오랫동안 자신을 괴롭힌 해로운 가족에게 어떤 특성이 있는지 1장의 목록을 상기하면 도움이 될 수 있다. 목록을 살펴보면, 가족의 손바닥 안에서 견디는 동안 자신에게 어떤 피해가 쌓이고 또 쌓였는지 알 수 있다. 해로운 가족의 특징을 정리한 그 목록은 신뢰할 수 있는 자료이므로 여러분이 견뎌온 삶을 돌아볼 때 유용할 것이다.

답 없는 질문을 반복하고 있다면

샤론은 가족을 떠올릴 때면 끝이 없는 고리를 계속 빙글빙글 도는 기분이라고 설명했다. 생각과 감정이 휘몰아치는 그 고리 안에서 샤론은 가족이 대체 왜, 어떻게 그럴 수 있었을까 혼란에 빠졌다. 하지만 이런 의문이 해소된다고 해서 고통이 사라지진 않는다.

샤론은 이유를 밝히는 게 아무 위안도 되지 않는다는 사실을 깨닫고 감정이 주체할 수 없이 폭발했다. 그는 과거나 현재 자신이 부모와 형제들에게 그렇게까지 잘못하거나 나쁘게 대한 일이 있었는지 자문하기 시작했다. 이런 생각을 말로 뱉기도 했다. 그러면서 반대로 자신이 가족에게 잘한 일들을 목록으로 정리하고, 부모와 형제가 자신에게 저지른 통탄할 만한 일들도 쭉 써 보았다. 샤론의 세 형제 중 둘은 스스로 목숨을 끊었다. 이런 현실을 토대로, 샤론은 문제의 원인은 자신이 아님을 깨달았다. 그리고 지금까지 항상 자신과 자신이 소중하게 여기는 가치를 막연하게 계속 의심하며 살아왔다는 사실을 인지하게 되었다.

여러분도 샤론처럼 아래와 같은 답 없는 질문을 반복해서 던지고 있을지도 모른다.

- 내 부모·형제는 왜 내게 신경도 쓰지 않을까?

- 친척들은 왜 나서서 나를 도와주려고 하지 않을까?
- 가족들이 자신을 돌아보도록 아무리 강하게 말해도 알아듣지 못하는 이유가 뭘까?
- 난 부모에게 사랑받아야 하는데 왜 이런 희생을 겪어야 할까?

가족을 학대하는 가정에서는 이렇게 꼬리에 꼬리를 무는 생각이 나타나기 쉽다. 학대당한 당사자는 가족이 왜 미안하다고 진심으로 사과하지 않는지, 정상적인 건강한 사람이라면 관계를 회복하기 위해 행동을 적절히 바꾸려고 노력해야 하는데 내 가족은 왜 그렇게 하지 않는지 이유를 찾으려고 하지만 답을 쉽게 얻지 못한다.

소중한 가족인데 어째서 내게 저렇게 냉담할까?
괴롭겠지만, 답은 바로 여러분에게 신경 쓰지 않기 때문이다.
신경을 안 쓰는 게 정말로 가능한가?
이번 답도 역시 괴롭겠지만, 가능하다.

다른 사람에게 공감하지 못하고 남을 걱정할 줄 모르는 태도, 특히 혈연관계인 가족을 그렇게 대하는 태도는 누구나 가지고 있는 흠과는 차원이 다른, 남에게 해로운 영향을 주는 사람의 중요한 특징임을 이해해야 한다.

가해자도 멀쩡하게 굴 때가 있다. 그들도 바른 말과 행동을 하는 날이 있다. 안타깝게도 학대의 대상은 그런 기억 때문에 혼란을 느끼고 헛된 희망을 품게 된다.

깨달음의 순간

학대하는 사람이 괜찮은 말과 행동을 하는 날이 있다고 해서 그 사람이 학대자라는 사실이 변하지는 않는다.

가족과 멀어지기로 결심한 사람은 가족이라는 존재에 대한 자기 나름의 기준이 있다. 가족과 헤어지는 결단은 어떤 형태로든 학대나 조종은 용납할 수 없다는 기준에서 나온 것이다. 그런 상황이라면, 원래는 자신을 사랑해주고 힘껏 보호해야 하는 가족의 강요나 강압에 못 이겨서 혹사당하는 일을 두 번 다시 겪지 않겠다고 자신에게 맹세해야 한다.

가족이 내 결정을 존중해주길 기대하지 말자

가족과 관계를 끊을 때 의혹과 의심이 자꾸 생겨서 힘들어도 그건 이상한 게 아니다. 전부 치유의 과정이다. 서로 응원하고 사랑해주는 가족을 바라는 마음은 인간의 가장 기본적인 욕구이며 마음대로 없앨 수 없다. 학대한 가족에게서 떨어져 나왔고 그 결정에 진심으로 만족하더라도 공허함이 완전히 사라지지 않는 것 또한 자연스러운 일이다. 믿고 의지할 수 있는 테두리가 없어진 기분에 허전함을 느끼는 것도 당연하다. 건강한 가족이 서로에게 제공하는 것, 즉 마음이 편안해지는 기분과 다정함·연민·신뢰·안정감·안전함과 같은 기분을 느끼지 못해서 드는 허전함도 마찬가지다.

자유를 찾기 위해 단절이라는 결단을 내리고 그 결정을 확신하는 사람이라도, 무의식적으로 가족이 자신의 결정을 허락해주기를 간절히 바라게 된다. 또는 최소한 어떤 식으로든 그 결정을 받아들이겠다고 말해주길 바란다. 그러면서도 경험으로 봤을 때 가족이 "그동안 우리가 널 정말 못살게 굴었구나. 넌 행복과 사랑을 느끼고 경험할 자격이 있으니, 그 기회를 누리기 위해 우리와 떨어져 지내야겠다고 생각한다면 충분히 이해할 수 있다"고 말해준다거나, 내가 원하는 대로 가족이 관계를 끊고 순순히 거리를 둘 거란 기대는 전부 환상일 뿐이라는 사실도 잘 알고 있을 것이다. 이런 사실을 감안하면, 해로운 가족은 물론 그런 해묵은 갈망, 기대와 가족에게서 벗어나 앞으로 추구하려는 삶을 지킬 경계선이 필요하다는 것을 알 수 있다.

3

가족에게 선을 그어도 된다

사적인 경계선은 다른 사람과 타당하고, 안전하고, 자유롭게 관계를 맺는 방식에 관한 개인의 지침·규칙·한계를 의미한다. 누군가 그 경계선을 침범한다면 어떻게 반응할 것인지, 어떤 경우에 그렇게 반응할 것인지도 그 방식에 포함된다. 이 경계선을 그을 수 있는 대상에서 가족은 '제외'된다고 여겨지는 건 안타까운 일이다. 그게 이치에 맞는 일일까? 왜 사람들은 '가족'이 경계선을 그을 대상에서 제외된다고 생각할까?

사회에서는 키워준 사람이나 함께 자란 사람과의 관계에 경계선을 긋는 건 잔인한 일로 인식된다. 특히 성인이 된 이후에 가족에게 경계선을 긋는 경우 더더욱 그렇게 여겨진다. 이러한 사회 인식은 인생이 단단히 잘못됐다고 느낄 때 그 책임이 본인이 아니라 다른 사람에게 있을지 모른다는 생각을 아예 하지 못하는, 불건전한 사고 패턴의 원인이 된다. 그 결과 생존자는 자신이 뭘 잘못했는지 계속 반성하고, 자신을 비난하고, 자기 잘못만 무자비하게 찾아내려고 한다. 가족에게 어떠한 경계선도 긋지 못하는 환경에서 자라면 책임이 다른 누군가에게 있을 수 있다는 생각조차 하지 못할 수도 있다.

하지만 확고한 경계선이 생기면 해로운 가족과 관계를 끊고 거리를 유지하는 데 도움이 된다. 우리가 물리적인 경계선을 긋는 이유는 내 영역 안으로 들어와도 괜찮은 것들을, 들어오면 안 되는 것들에게서 지키기 위해서다. 정서적인 경계선은 물리적인 경계선만큼 눈에 명확히 보이지 않더라도 똑같이 중요하다. 특히 가족과의 관계에서는 정서적 경계선을 스스로 명확히 하지 않으면 경계선이 모호해지기에 더욱 눈여겨보아야 한다. 정서적 경계선이 있어야 자신의 감정과 다른 사람의 감정을 분리할 수 있다.

깨달음의 순간

경계선을 긋는 건 자신을 존중하겠다는 표현이다.

가족과의 관계에서 경계선을 그으려고 하면, 상대방은 무시당했다고 느낄 가능성이 크다. 하지만 그건 경계선을 긋는 사람의 잘못이 아니며 그런 감정은 그들이 알아서 해결해야 하는 일이다(해결 못하더라도 마찬가지로 그 사람들 일이다). 그들의 기분을 책임지고, 그 사람들 기분에 따라 내 기분이 좌우되고, 그들을 만족시키기 위해 정작 내게 필요한 것들을 희생하고, 자신들 문제를 다 네 탓이라고 나를 비난하는데도 내버려두고, 그 사람들 문제인데 내가 책임을 대신 떠안는다면 사적인 경계선을 그들이 마음대로 침범하도록 두는 것이다. 그럼 경계선이 필요한 상황인지는 어떻게 알 수 있을까? 자신이 느끼는 고통에 귀를 기울여보면 된다. 상처받은 기분이 들 때 참아도 되는 것과 참으면 안 되는 게 무엇인지 잘 생각해봐야 한다.

피도 눈물도 없고, 무감각하고, 다정하지 않은 사람이라서 가족과 관계를 끊는 게 아니다. 사실 정반대다. 경계선을 긋는 이유는 내가 입은 상처를 걱정하고 보호하기 위해, 그리고 다른 사람들을 지키기 위해서다.

학대하는 가족과의 관계에 경계선이 생기면 상처가 치유되고 내가 원하던 방향으로 나아갈 수 있는 다양한 선택지와 방법이 열린다. 가족의 해로운 영향에서 벗어나면 행복해질 수 있고, 있는 그대로의 자신으로 온전히 살 수 있다. 싫으면 싫다고 말할 수 있고, 의견을 밝힐 수 있고, 마음이 가는 대로 사랑할 수 있고, 하고 싶은 일을 하고, 꼭 해야 하는 말을 할 수 있게 된다. 이 모든 일들이 자유로워진다. 원래 누렸어야 했던 삶이 시작된다.

경계선을 긋는 이유는 공정함과 진정한 사랑의 의미를 중요하게 여기기 때문이다.

가족과 관계를 끊겠다는 결정에 다른 사람들의 지지를 받기 어려울 수 있다. 꼭 필요한 일인지 이해하지 못하는 사람도 많다. 아무리 자신에게 최선인 일이라도 한번쯤 다른 사람들의 이해와 허락을 받고 싶은 마음이 들 수 있다. 하지만 그게 필수 요건은 아니다.

허락은 자신에게만 구하면 된다

인생을 변화시킬 것이 분명한 일일수록 실천하기도 힘든 법이다. 내게 유해한 환경에 계속 머무른다면 마음을 치유할 수 없다는 사실을 깨닫고, 가족과 단절하려고 처음 경계선을 정할 때 그러한 변화가 시작된다. 가족과의 관계를 단절하는 건 장난이 아니다. 어마어마한 용기가 필요한 일이다. 가족의 테두리 안에서 살다가 그 안에서 스스로 벗어나려고 하면, 나이와 상관없이 그래도 '된다'는 허락을 구하고 싶고 도움도 받고 싶어진다. 그만큼 어렵고 고통스러운 일이다.

하지만 현재 우리가 살아가는 문화에서 그런 일을 허락할 사람이 몇이나 될지 의문이다. 헨리 클라우드Henry Cloud와 존 타운센드John Townsend는 저서 《경계선Boundaries》에서 경계선을 확립하고 유지할 때 가장 가까운 사람들의 지지를 받고 싶은 마음이 드는 건 그럴 만한 이유가 있어서라고 설명했다.

- 사랑과 소속감은 인간의 기본적인 욕구다. 사람들은 엄청난 고통을 느끼면서도 관계를 맺고 그 관계를 유지한다.

- 혼자가 되는 것이 두려워 비정상적인 가족에 오랜 세월 묶여 있는 경우가 많다. 가족과 관계를 끊으려는 사람을 지지하는 사람은 거의, 또는 전혀 없다. 교회도 마찬가지고 심리치료사도 대부분 그렇다. 심지어 친구들도 응원하지 않는다. 경계선을 그어야만 자신이 자유로워지더라도, 주변 사람의 지지를 얻지 못하면 그 경계선을 긋고 유지하는 게 두려워진다. 이게 옳은 선택이라면 사람들이 응원해줬을 거라는 잘못된 생각이 생기기 때문이다(자연스러운 반응이다).

- 올바르고 유익한 경계선이라도 그걸 가족에게 그으면 이제 평생 누구에게도 사랑받지 못하리란 두려움이 몰려오고, 그걸 이겨내려면 다른 사람들의 지지가 필요하다고 느낀다.[5]

가족에게 확실한 경계선을 그으려고 하면 불가피하게 이러지도 저러지도 못하는 상황에 직면한다. 여러분을 망가뜨리는 가족이

이 결정을 허락할 리 없고, 사람은 누구나 선한 면이 있다고 믿는 주변 사람들도 가족과 단절한다는 결정을 지지하지 않을 가능성이 크다. 여러분의 문제를 대신 해결해주겠다고 나서는 제삼자와 부딪히고 다투는 일도 일어난다. 그런 상황을 겪으면 의문이 생긴다. 왜 내 가족 문제에 다른 사람의 마음이 편한지 아닌지까지 신경 써야 하는가? 그들이 부적절하다고 느낀다고 해서 불편함을 그런 식으로 덜려는 게 맞는 일인가? 가족과 문제를 겪는 사람을 보면 도와주겠다고 나서는 사람들이 있다. 자신들이 옳다고 생각하는 평화로운 관계가 되도록 도와주겠다고 하지만, 이들이 손을 내미는 이유는 가족과 갈등을 겪는 사람 때문이 아니다. 자기 마음이 편해지기 위해서다. 나를 보호하기 위해 해로운 가족과의 관계에 경계선을 그어야 한다면, 다른 사람의 승인이나 허락은 필요 없다. 나를 안전하게 지켜야 한다고 알리는 내면의 느낌이 경계선을 그을 때 필요한 유일한 허락이다.

내가 겪고 있는 일에 관해서는 다른 사람보다 나 자신에게 더욱 귀를 기울이자. 허락받고 싶은 마음을 내려놓는 건 어려운 일이지만, 내게 필요한 경계선을 확립하려면 단호함이 필요하다. 그래도 된다고 자신에게 허락하는 걸로 충분하다. 여러분의 인생을 사는 사람은 다른 사람이 아닌 여러분 자신이다.

경계선를 긋는 일이 내게 얼마나 힘이 될지 의문스러울 수 있다. 그러나 경계선의 힘은 생각보다 강력하다.

자신들과 경계선을 그을 거라는 데 반길 가족은 없다. 해로운 가족은 경계선을 그으려는 사람이 자신들과의 관계를 어떻게 생각하는지는 관심이 없으므로, 당연히 자신들에게는 경계선을 넘어 안으로 들어갈 자격이 있다고 생각한다. 이제는 여러분을 위해 참을 일과 참지 않을 일을 결정해야 할 때다.

참을 수 있는 한계를 정하자

경계선을 그은 후에 얻게 되는 가장 큰 선물은, 다른 사람들에게는 종점이지만 자신에게는 시작점이 되는 지점이 생긴다는 것이다. 자신과 다른 사람을 확실하게 나누는 선이 생기고, 이 사적이고 정서적인 신성한 공간을 누군가 부적절하게 침범하면 본능적으로 경계하게 된다. 자신만의 신성한 공간을 지킬 경계선을 확립하면 그 선을 넘는 사람들로 인한 상처와 오해를 피하는 데 도움이 된다. 개인의 사적인 영역을 잠식하는 파괴적인 관계를 유지하면, 그 관계에서 발생하는 잘못된 일들과 그런 사람들까지 다 내가 책임져야 하기 때문이다.

또한, 경계선을 긋는다고 해서 양쪽이 흑백으로 완전하게 나뉘지는 않는다. 충분한 이유가 있다면 유동적인 부분도 남겨두어야 한다. 경계선을 정할 때 자신이 참을 수 있는 한계가 어디까지인지 판단하는 몇 가지 요령을 소개한다.

- 자신의 한계를 분명히 정하자. 앞으로 참을 일과 참지 않을 일을 정한다.
- 분노에 주의를 기울여야 한다. 동의하지도 않았고 관심도 없는데 누군가 본인의 개인적인 기대나 관점·요구·가치를 강요할 때 우리는 분노한다. 그러므로 분노는 내가 그런 상황에 놓였다는 걸 알아채는 신호가 될 수 있다.
- 직설적으로 알리거나 침묵하라. 경계선을 긋는 방법은 두 가지다. 하나는 선을 넘는 사람에게 그런 행동은 불편하다고 직접 알리는 것이다. 서로 존중하고 상대의 의견에 열려 있는 관계라면 이 방법이 가장 효과적이다. 하지만 해로운 사람에게는 대부분 두 번째 방법인 침묵이 가장 효과적이다. 해로운 사람은 상대방이 하는 일을 사사건건 가로막고 반대하기 때문이다.
- 여러분에겐 그럴 권리가 있다. 견딜 수 있는 일과 없는 일을 구분할 때 만나는 가장 큰 위험은 바로 두려움과 죄책감이다. 옳은 것을 직접 나서서 지키지 않는 한 자신의 인생, 또는 인생의 방향을 온전하

게 지킬 수 없다는 걸 기억하자. 성인이라면 더더욱 그렇다.

- **감정을 존중하라.** 자신의 감정에 더 귀를 기울이면 자신을 명확히 인식하게 되고, 인생을 스스로 잘 보살피는 데 필요한 올바른 경계선을 정하는 일도 더 수월해진다.

- **조언을 구하라.** 누군가의 말이나 행동에 과민하게 반응하는 건 아닌지 판단하기가 어렵거나 혹시라도 내가 오해하고 있는 건지 두렵다면, 나중에 후회하지 않도록 경계선을 긋기 전에 미리 조언을 구하자.

- **인내심을 갖자.** 경계선을 긋는 일에는 기술과 요령이 필요하다. 요구와 한계를 가족에게 명확히 전달하되 그들의 반발을 최소화할 소통 전략을 세워야 한다. 먼저 사소하게 경계선 긋기로 시작하는 것이 좋다. 예를 들어 이렇게 말하는 것이다. "아쉽지만 이번 주는 바빠서 이야기를 못 하겠네요." 작은 일을 성공하면 다음과 같이 더 중요한 일에도 한계를 확립할 자신감이 생긴다. "이렇게 절 형편없게 대하면 여기서 나갈 겁니다."

아무런 보호도 받지 못한 채로 지내면 피해망상적인 생각과 고립감, 두려움 속에서 원래 자신보다 훨씬 움츠러든 상태가 된다. 경계선은 인생을 온전하게 살아가기 위해 반드시 갖춰야 하는 정서적인 근육을 키워준다. 한계를 정하거나 그런 한계를 원하는 게 잘못처럼 느껴진다면, 그런 기분을 이겨낼 수 있도록 노력해야 한다.

다른 사람이 내 인생에 끌고 온 문제는 내 문제가 아니다.

관계 단절 후에 해야 할 일과 하지 말아야 할 일

관계를 끊고 나면 무슨 수를 써서라도 자신을 보살펴야 한다. 가족에게서 전화·이메일·편지가 와도 받지 말고 선물이나 카드, 그밖에 다른 어떤 형태의 접촉 시도에도 반응하지 말아야 한다. 정말 긴급한 일이 생기면 가족이 다른 사람을 통해 연락해올 가능성이 크다(이 주제에 관해서는 뒤에서 자세히 설명하겠다). 그런 연락은 받아도 되지만, 연락한 사람에게도 가족과의 관계에 선을 그었다고 알려야 한다. 걱정해주고 가족 대신 정보를 전달해줘서 고맙다고 인사하자. 하지만 딱 거기까지다. 여러분 자신을 돌보는 일이 가장 중요하다는 것, 신의를 지키고 가족과의 관계 단절 사실을 꼭 알려야 하는 대상은 여러분 자신과 가장 가까운 사람들뿐임을 기억하자.

제삼자가 일으키는 이중고

관계 단절 외에 다른 선택의 여지가 없었다는 사실을 다른 사람들에게 설명하려고 하면 일이 복잡해진다. 그건 철저히 잘못된 결정이라고 주장하면서 자신이 생각하는 터무니없는 이유를 밀어붙이는 사람이 많은데, 그럴수록 여러분 스스로 내린 결정이 옳았다는 사실을 굳게 믿어야 한다.

정상적인 기능을 하지 못하는 가족을 뜯어고칠 수 있는 사람은 아무도 없다. 그런데도 가족과 관계를 끊고 나면, 가족의 해로운 영향을 경험해본 적도 없는 사람들이 문제를 해결하겠다고 나설 때가 많다. 게다가 가족과 단절을 결심하고 경계선을 확고히 지키려고 할수록 해결사를 자처하는 사람들이 더 적극적으로 덤비는 경우가 많다. 그런 '해결사'들은 가족과 단절한 사람이 고집부리고 용서를 모르는 건 잘못이라는 주장을 펼치는데, 이는 투사(자기 생각·감정·충동을 자기 것이라고 받아들이지 못해 다른 사람 탓이라고 여기는 현상. 스스로를 보호하려는 방어기제로 많이 나타난다.—옮긴이)의 악순환이 시작되는 출발점이다. 가족과 다시 잘 지내면 학대도 없으리라 확신하는 그들의 주장대로 한다면 어떻게 될까? 모든 게 원점으로 돌아간다.

'해결사'를 자처하는 사람들은 터무니없고 비합리적인 사고의 흐름에 따라, 가족과 관계를 단절한 사람의 감정과 분별력에 이의를 제기한다. 가족과 관계를 끊겠다는 진지한 결심이 그 전에 할 수 있는 노력은 다 해봤고 고통을 겪을 만큼 겪었으며 필요한 부분은 전부 자문해본 다음에 나온 결론이라는 사실을 '해결사'들은 별로 중시하지 않는다. 사람들은 자녀가 부모에게, 또는 나이가 어린 가족 구성원이 자신보다 나이가 많은 가족에게 더 이상 접촉하지 말라고 선언하고 경계선을 긋는 건 부당하다고 한다. 그러면서 부모나 나이가 더 많은 가족이 성인 자녀·조카·손주 등 자신보다 어린 가족에게 선을 그으면 아주 훌륭한 부모·이모·삼촌·조부모라고 평가한다. 나는 왜 이런 모순이 존재할까 곰곰이 생각해보곤 한다. 말이 안 되는 소리 아닌가.

가족과 관계를 단절하고 나면 '가족'에 대한 일반적인 생각이나 정의, 가족 관계는 이러이러해야 한다는 의견에서 비롯된 맹목적인 위선과 맞서야 하는 일이 생긴다. 이런 위선적인 말을 들었다면, 모순을 잘 살펴야 혼란스러움을 이겨내고 직접 겪은 진실을 단단히 붙잡아 흔들림 없이 계속 앞으로 나아갈 수 있다.

🔅 잠시 생각해볼 것

가족의 위선적인 면을 생각해보자. 여러분에게는 엄격히 지키게 하면서 정작 본인들은 지키지 않는 규칙을 전부 써보자. 그 모순이 여러분에게 어떤 악영향을 미쳤는지 설명해보자. 예를 들어 사람을 사귈 때 스스로 원하는 마음보다 일방적인 요구가 큰 비중을 차지한다면 이 역시 그러한 영향일 수 있다.

가족에 관한 고정관념에 맞서자

사회 전반적으로 통하는 가족에 관한 고정관념이 있다. 이 고정관념은 학대자의 접촉을 막으려고 경계선을 그으려는 사람에게 큰 피해를 입힌다. 사람들은 가족을 중시하지 않는 사람이 되거나 그런 사람으로 보이는 걸 원치 않기에, 가족과 단절하려는 이를 응원하지 못한다고 이해해볼 수 있다. 이런 사람이 워낙 많아서, 생존자는 남들의 이해를 구하는 일이 끝이 보이지 않는 힘겨운 싸움 같다고 느낄 때가 있다. 하지만 이 싸움에 맞서겠다는 의지를 발휘하고, 가족과의 단절은 있을 수 없는 일이라는 견해를 노골적으로 드러내는 사람들 앞에서도 내 결정을 당당히 지켜나가자. 그럴수록 세상의 잣대를 억지로 받아들여 가족 곁에 머무르는 게 내게 얼마나 해로운 일인지 여실히 보여줄 수 있다. 문제는 그 정도로는 상황을 명확히 이해하지 못하는 사람도 있다는 것이다. 일반적인 가족관을 흔드는 건 그만큼 어려운 일이다. 가족의 통제와 착취를 겪으면서도 그 테두리 안에서 포로처럼 살아가는 사람이 너무나 많은 이유이기도 하다.

하지만 행동은 결과를 만든다. 세상일은 뿌린 대로 거두게 되어 있다. 앞서 말한 클라우드와 타운센드의 저서 《경계선》[6]에 따르면 인과응보의 법칙을 우습게 여기더라도 행동에는 결과가 반드시 따라오게 되어 있다. 의도적으로 남에게 해를 가하는 사람은 누구라도 엄중한 대가를 치른다. 행동에 따라올 결과로부터 그 사람을 구하거나 보호하는 일은 그를 무력한 존재로 만드는 것이다. 가족을 정서적으로 학대하고 조종하는 사람은 그런 행동에 자연적으로 따르는 결과를 얻게 된다. 가족을 형편없이 대한 사람이 얻는 자연적인 결과란 무엇일까? 바로 관계를 잃는 것이다.

따뜻하게 감싸줄 일과 결과에 책임져야 할 일에 대한 건강한 기준이 확립된 가족은 서로 사랑하고 존중하는 환경에서 함께 잘 지낼 수 있다. 그런 가족은 서로의 차이를 열린 마음으로 받아들이고 포용한다. 그와 같은 환경에서 자라지 못해 가족과 단절하려는 사람은, 자신을 학대한 가족이 그 행동에 대해 당연한 결과를 맞는 것에 죄책감을 느낄 필요가 없다. 대가를 치르지 않는다면 상대방은 깨달음의 기회를 얻지 못한다.

가족이라는 명칭 내려놓기

나는 내가 어엿한 성인이고 내게 해로운 영향을 준 가족들도 그저 나와 같은 한낱 사람일 뿐임을 깨달았을 때, 가족과의 경계선을 명확하게 그을 수 있었다. 가족이 특정한 권한을 가진 존재가 아니라는 이 깨달음은 여러분에게도 도움이 되고 치유에 보탬이 되리라 생각한다. 어린 시절의 대인관계에서는 부모나 나이가 더 많은 가족 구성원(형제자매·이모나 고모·삼촌·조부모·사촌)이 막강한 힘을 발휘한다. 아이에게는 그들이 세상 전부이지만, 그건 그들이 얻어낸 자격이 아니다. 아이는 자신보다 덩치가 더 크거나, 나이가 많거나, 독립적으로 살아갈 수 있는 사람을 따라 하고 그들이 하라는 대로 한다. 즉 가족은 아이의 본보기가 된다. 아이는 그들에게 사랑·수용·응원·가르침·시간·애정·관심을 바란다. 그들의 말이라면 입을 다물고 불만도 토로하지 않는다. 의문을 제기하지 않고 그들의 뜻을 거스르려고도 하지 않는다. 그저 하라는 대로 할 뿐이다. 그들이 기뻐하고 자랑스러워할 만한 행동을 자신이 열심히 하고 있음을 보여주려고 최선을 다한다.

하지만 이런 규칙은 그들과 한 지붕 아래 가족으로 살 때만 적용된다. 나는 내 형제와 부모가 더 이상 내 가족이 아니라는 생각이 들었던 날을 절대 잊지 못할 것이다. 오랜 시간 그들의 학대를 견뎌왔지만, 그들이 얼마나 잔혹한지 분명하게 드러난 결정적인 사건이 일어난 그날, 나는 그들이 내게 아무것도 아닌 '그냥 사람'임을 분명하게 깨달았다. '어머니', '아버지', '언니', '오빠'와 같은 명칭이 붙은 사람은 우리에게 중요한 사람, 리더, 인생에 영향력을 발휘하는 존재가 된다. 아이가 세상에 태어나면 그들은 가족으로서의 명칭을 얻고, 아이는 다른 선택 없이 그들을 존경한다. 성인이 되면 가족과 법적인 결별은 불가능할지 몰라도 정서적으로는 이별할 수 있다. 나는 성인이 된 후, 내 가족이 나를 얼마나 사악하게 대하는지를 받아들여야 했던 순간부터 더 이상 그런 명칭을 붙이지 않기로 했고 지금까지도 부를 일이 있으면 이름으로 부른다. 내게도 효과가 있었고, 내 내담자들도 그렇다고 말한 경우가 많았다. 이 방법이 여러분에게도 도움이 되길 바란다.

깨달음의 순간
가족이라는 이유로 붙는 특정한 명칭에 어울리는 자격이 내 가족에게 없다고 판단했다면, 그 명칭을 부여할 필요가 없다.

이 경계선은 단순하면서도 가족도 그저 평범한 사람임을 되짚어보게 한다. 그리고 그들이 어떤 존재인지 정확하게 받아들일 수 있게 된다. 내 인생에서 더 이상 가족도, 리더도 아니고 나와 어떤 관계를 맺는 존재가 아니라면, 한때는 누렸을지 몰라도 학대와 조종으로 자신들이 망가뜨린 명칭과 지위를 계속 부여할 필요가 없다. 《해리 포터》시리즈에 등장하는 현자 덤블도어도 이렇게 말했다. "볼드모트라고 불러라, 해리. 이름은 늘 적절하게 붙여야 하는 법이다. 이름을 두려워하면, 그 존재를 더 두려워하게 된다!"

다른 사람이 아닌 내게 힘을 불어넣자

정서적으로 힘든 상황에 놓인 사람은 과감한 행동보다는 회피를 택하는 경향이 있다. 나도 내 가족과의 일에서 오랜 세월 회피했다. 하지만 갈등을 피하고 싶은 마음을 거부하고 새로운 길로 들어서야 정상으로 향하는 더 아름다운 정상에 올라 전에 없던 가능성이 드넓게 펼쳐진 멋진 풍경을 볼 수 있다. 정상에 오르려면 스스로 질문을 던져야 한다. '나를 학대하는 관계에서 벗어나 자유로워질 수 있는 길을 회피하고도 정상에 오를 수 있을까?' 그건 불가능하다. 건강하게 잘 살려면 자신의 행복을 위해 필요한 일을 해야만 할 때가 있다.

현실을 회피하고, 미래가 나아지리란 희망도 없이 눈치 보고, 남의 비위를 맞추고, 갈등을 두려워하느라 내게 주어진 인생을 허비할 필요는 없다. 그런 두려움은 나를 망가뜨리는 사람들과 환경에 나 자신을 옭아매는 원인이 된다. 그 상태를 깨뜨리려면 어마어마한 용기와 자신을 존중하는 마음이 필요하다. '가족이 전부다'라는 확고한 믿음과 맞서려면 더더욱 그렇다. 정말로 가족이 전부인 사람도 있겠지만, '누구나' 그런 건 아니다. 학대하는 가족과 헤어지기로 한 이들의 결정은 건강한 가족을 가진 사람들이 가족을 영예롭게 여기고 가족과의 유대감을 소중히 여기는 것만큼 가치가 있다.

깨달음의 순간
누구나 고유한 의견을 가질 수 있지만, 다른 사람에게 어떤 결정이 옳다거나 이래야 한다, 그러면 안 된다고 말할 자격은 없다. 그건 당사자가 스스로 결정할 일이다.

잠시 생각해볼 것
나에 대한 다른 사람들의 생각에 더 이상 얽매이지 않게 된다면 스스로 얼마나 큰 힘을 느낄지 생각해보자. 나를 보호하기 위한 행동 중에서 또 어떤 행동으로 그와 같이 자율성을 키울 수 있을지 써 보자.

자율성은 꼭 필요하다. 파괴적인 가족 구조에서는 갈등이 생기면 '눈에는 눈, 이에는 이'라는 사고 체계를 적용해 안 좋은 일이 생기면 되갚아주려고 한다. 가족 안에서 학대하는 사람과 학대받는 사람의 관계가 맨 처음 끊어지는 순간은, 해로운 가족이 자신의 학대나 조종을 고분고분 따르지 않았다는 이유로 상대를 먼저 내칠 때 찾아오는 경우가 많다. 이렇게 학대받는 사람이 스스로 자신을 지키고, 자신과는 무관한 가해자의 잘못을 더 이상 대신 책임지지 않겠다는 결단을 내려야만 관계를 끊은 상태를 유지할 수 있다. 그리고 침묵해야 한다. 침묵하면 해로운 가족에게 자신이 망가뜨린 관계를 복구할 기회나 여지가 생기지만, 가해자는 심리적 특성상 복구보다는 보복을 선호한다. 보복하려는 그들의 시도에 어떻게 대처해야 하는지는 나중에 따로 설명할 것이다.

지금은 해로운 가족과의 관계에 경계선을 확립하는 일이 얼마나 중요한지에 집중하자. 경계선을 확립하면 남들이 자신을 어떤 사람이라고 여기는지는 더 이상 중요하지 않다. 그리고 정말 중요한 건 인생의 포식자와 같은 사람들에게서 자신을 지켜낼 용기와 정신력, 꾸준한 행동이라는 사실을 깨닫게 된다.

4

당신은 슬퍼할 자격이 있다

해로운 가족의 학대와 조종을 막기 위해 나를 보호할 경계선을 그어야만 하는 처지가 되면, 정서적으로 큰 고통을 느낀다. 그런 상황에 놓였다는 사실 자체가 끔찍하리만치 서글픈 일이다. 그 서글픔은 당연한 감정이다.

가족과 단절한다는 건 인생의 토대가 되는 요소를 잃는 것과 같다. 심리적인 건강과 안전을 위해, 다른 사람도 아닌 혈육과 관계를 끊는다는 결정을 스스로 원해서 택하는 사람은 거의 없다. 하지만 그토록 서글픈 감정을 느끼면서도, 경계선을 제대로 정해야 자신이 행복해질 가능성이 열린다는 사실을 생존자는 잘 알고 있다.

하지만 안타깝게도 그런 상황을 이해하지 못하는 사람이 많고,

그 결단이나 서글픔에 공감하는 사람은 소수에 불과하다. 가족과 단절하기로 한 건 본인의 선택 아니냐고, 그렇게까지 하지 않아도 될 일을 해서 고통을 자초한 것 아니냐고 쉽게 생각하고 비난하는 사람들도 있다. 이런 추측은 무지에서 나온다. 그런 말을 하는 사람들은 학대 생존자가 평생 어떻게 살아왔는지 전혀 알지 못한다.

내 결정을 지지하는 사람이 없고 내게 슬퍼할 자격도 없다는 생각이 들면, 극심한 분노와 거부당한 기분이 깊이 뿌리내리고 건강과 행복이 망가진다. 내가 처한 상황이 너무 슬프고 비통한데 주변에서 그런 감정마저 느끼면 안 된다고 반응하면 엄청나게 고통스럽다. 내적으로 고립된 기분마저 든다. 가족의 테두리 밖에 있는 사람들이 그 고통을 보지 못하는 이유는, 그들은 건강한 가족 체계의 기준에서 갈등이 생기면 호의적으로 교양 있고 성숙하게 대처해야 한다고 믿기 때문이다. 건강한 가족은 안 좋은 일이 생기면 가장 먼저 서로의 감정부터 다독인다. 상대방의 슬픔을 이해하고 연민을 느끼고 유대를 형성하려고 하지 보복하려고 하지 않는다. 건강한 가족은 개방적이고 안전한 기반에서 해결책을 찾아보려고 꾸준히 노력한다. 하지만 단절을 결심한 사람들의 가족은 그렇지 않았고, 앞으로도 그럴 가능성은 희박하다. 그러니 그런 현실에 슬퍼하고 비통함을 느끼는 건 당연하다.

슬퍼하는 것에서부터 치유가 시작된다.

나를 보호할 안전한 경계선을 긋고 해로운 가족이 그 바깥에 있다는 게 확실해진 후에야 비로소 제대로 슬퍼할 수 있다. 싸움에 집착하는 가족의 악영향이 미치지 않는 곳에서, 마침내 내 본모습을 발견할 수 있게 된다. 나는 그런 일을 겪는 사람들에게 적극적으로 슬퍼하라고 권한다. 나를 아끼고 내 자신과 긍정적인 유대를 형성하려는 내적인 노력에 집중하자.

마땅한 감정이다

가족이 꼭 필요하고 마땅히 받아야 하는 사랑을 내게 주지 않았다면, 당연히 그런 상황에 대처하고 슬퍼할 권리가 있다. 가족이 내게 거짓말을 했다면, 또는 내가 가족의 삶이나 이 세상에 중요하거나 필요한 존재가 아니라며 나를 평가 절하했다면 당연히 화내고 절망할 권리가 있다.

슬픔·분노·상심을 표현하는 건 꼭 필요한 일임에도 해로운 가족 안에서는 그런 감정을 표현하면 그만하라는 소리를 듣거나, 비난당하거나 무관심한 반응을 겪는다. 힘들 때 서로 이끌어주고 곁에 있어 주어야 하는 가족에게 보호도 사랑도 받지 못하고 제대로 된 가르침도 전혀 얻지 못한다. 이런 경우 대부분 혼란스러운 느낌과 자신이 무가치하다는 생각이 들고 절망감을 느낀다. 감정과 생각을 솔직하게 표현하면서 가족과 관계를 맺고 싶어도 어떻게 해야 하는지 명확한 방법을 찾을 수 없다. 아래와 같이 학대가 이루어지는 상황에서 자신을 잃지 않고 살기란 거의 불가능하다.

- 가족에게 과도하게 비난받고 정서적으로 상처를 입었는데도, 당연히 느낄 만한 불만을 토로하면 '완전히 정신 나간 소리'라는 반응이 돌아온다. 그로 인해 자기 자신을 믿지 못하고 심각한 혼란과 수치심을 느끼며 자기혐오가 깊어진다.

이런 가족 안에서는 가족이 나를 학대한다는 '끔찍한' 생각을 했다는 이유로 (그게 사실인데도) 벌을 받는다. 그래서 슬퍼도 감정을 온전히 느끼는 대신 감정을 밀어내는 법을 터득하게 된다.

- 성장 과정에서 다른 사람들과 유대를 형성하거나 슬픔을 나눌 기회가 없다. 혼자 슬픔을 느끼는 것도 허락되지 않는다. 마음이 무너질 때, 포근하게 감싸줄 누군가가 가장 필요할 때 가족이 나와 같은 공

동체라는 느낌을 전혀 받지 못한다.

- 가족은 사과하는 법이 없고, 문제를 함께 해결하려고 노력하지도 않는다. 자신이 외면당한 외톨이, 사랑받지 못하는 존재라는 느낌이 해소되지 않는다.

생존자는 가족의 감정을 건드리지 않으려고 자신이 느끼는 끔찍한 기분은 전부 억눌러야 한다는 압박감에 짓눌려 살게 된다. 이런 환경에서는 자신이 어떤 존재인지 현실적인 관점을 갖는 건 고사하고 제정신을 유지하는 일조차 사실상 불가능하다. 느껴지는 감정을 있는 그대로 느껴야 마음을 치유할 수 있다.

건강하게 슬퍼하는 방법

비통함을 이겨내는 몇 가지 효과적인 방법을 소개한다.

1 가족이 나를 학대하고 무시하면서 내 인격을 잘못된 방법으로 다루었다는 사실을 인정하고 슬퍼한다. 어떤 악행을 겪었는지 나열해보고, 인간이라면 기본적으로 베풀 수 있는 수준의 이해나 연민도 받지 못했다면 그 사실을 받아들인다. 그런 기억을 끄집어내는 좋은 방

법 중에 '꺼져버려' 목록을 쓰는 것이 있다. 내가 내담자에게 자주 권하는 방법이기도 하다. 고통스럽거나 화가 나거나 절망감을 느낀 기억을 '꺼져버려'가 들어가는 문장으로 써 보는 것은 희생자가 된 기분에만 머물지 않고 감정을 흘려 보내는 데 도움이 된다. 또한 책임져야 할 사람이 누구인지도 정확히 집어낼 수 있다. 가족의 지배력에 눌려 너무 오랫동안 수동적으로 굴거나 고분고분하게 복종했던 자기 자신에게 화가 난다면, 이 방법을 적용해 앞으로 어떤 부분을 어떻게 개선할지 확인할 수 있다.

2   속할 곳이 없다는 두려움에 학대하는 사람과의 관계를 붙잡으려 하거나 그런 관계를 믿고, 이해하고, 방어하고, 설명하고, 어떻게든 붙들어보려는 시도는 그만두자. 누구에게나 자신의 정당성을 인정받고 싶은 강한 욕구가 있다. 하지만 이 욕구는 세밀한 관리가 필요하다. 정당성을 인정받고 싶은 욕구는 강력한 힘을 발휘한다. 생존자는 당신들이 내게 하는 짓이 학대라는 걸 가족에게 분명하게 계속 이야기하면, 언젠가는 가족들이 정신 차리고 내가 그토록 원했던 것, 즉 내 말이 옳았음을 인정하는 날이 오리라는 확신을 품고 그 상태로 계속 지낸다. 문제는 그런 날은 오지 않는다는 것이다. 그런 가족은 앞으로도 자기주장을 내세우고, 여러분의 의견을 부인하고, 사실을 뒤집고, 정신 나간 소리라고 할 것이다. 그럼 어떻게 해야 벗어날 수 있을까? 자신의 정당성을 인정받고 싶은 그 충동에서 벗어나야 한다.

그런 충동이 느껴지면 일단 그 감정을 인정하고, 감정의 방향을 다른 곳으로 돌리려고 해야 한다. 밖에 나가서 정원을 손질하거나, 등산을 가거나, 힘껏 달리거나, 어떤 충동을 느끼는지 기록하거나, 상담사 또는 믿고 의지할 수 있는 친구에게 이야기하자. 조용히 기도하거나 그런 감정을 머나먼 우주로 날려 보내는 상상을 해보는 것도 좋은 방법이다. 가족의 부당한 행위에 집착하고 있다는 사실을 깨달을 때마다 그 생각과 에너지, 정신의 초점이 나와 내 인생으로 향하도록 만들자.

3 내가 충분히 노력하지 않아서 관계가 깨졌다는 생각을 바꾸자. 이건 자신에게 말을 거는 연습이다. 가족이라고 해서 무조건 진실하거나 완전한 건 아님을 스스로 계속 상기한다. 가족이 형편없이 구는 건 내 실제 가치와 무관하게 본인들의 무능함을 드러내는 것일 수도 있다. 이런 사실을 자주, 충분히 상기하자. 그러면 이것이 얼마나 중요한 진실인지 깨닫게 될 것이다.

4 지금까지 받은 상처와 모욕을 들여다보자. 자기 회의감과 자신을 비난하는 내면의 목소리를 살펴보자. 감정은 원한다고 해서 모른 척 지나칠 수 있는 게 아니다. 인간의 감정은 본질적으로 '거쳐 가는' 에너지와 같은 특징이 있다. 즉 왔다가 사라진다. 어떤 감정이 내게 찾아올 때는 그 감정을 느끼되 휘둘리지 않도록 마음을 훈련할 수 있다. 그게 가능해지면 자신의 감정을 능숙하게 다루게 된다. 느끼는 감정

을 전부 표현해야 하는 건 아니다. 감정을 느끼는 족족 반응한다고 해서 생산적으로 얻을 수 있는 건 아무것도 없다. 대부분 창피하고 무기력한 기분만 남는다. 따라서 좀 더 천천히, 더 깊이 있게 자신을 이해할 줄 알아야 한다. 감정을 스스로 통제할 수 있게 되면 가족의 해로운 영향도 힘을 잃고 내게 더 이상 해를 입히지 못한다.

5 울고, 흐느끼고, 슬퍼하라. 몸을 떨며 소리 지르고, 아파하고, 자신을 꼭 보듬어주자. 앞서 이야기한 조언과 어긋나는 말로 보일 수도 있지만, 상심이 너무 클 때는 사람들이 없는 곳에서 감정이 전부 흘러나오도록 두는 것이 유익하다. 눈물이 제멋대로 터져 나오면 그냥 울고, 신을 저주하고, 분노하고, 성질부리고, 흐느끼자. 두려움과 고통을 그대로 다 느끼자. 그건 건강한 표출이다. 서글픔은 마음속에 억눌려 있던 부정적이고 비생산적인 에너지를 발산할 수 있는 감정이다. 스스로 세운 방어벽에 갇혀 슬픈 감정이 막혀 있다면, 그 벽을 무너뜨리는 몇 가지 방법이 있다. 예를 들어 벽에 완충 패드나 두꺼운 솜이 붙어 있고 마음껏 던질 수 있는 물건들이 마련되어 있는 '분노의 방'을 이용하는 것도 괜찮은 방법이다. 부치지 않을 편지를 쓰거나 자신에게 상처를 준 가족과의 대화를 상상해보는 방법도 있다. 어떤 식으로든 감정을 있는 그대로 표출하면 긍정적인 변화가 일어난다. 가장 중요한 변화는, 자신이 느끼는 슬픔을 스스로 보듬어줌으로써 지금까지 가족에게 얻어야 한다고만 생각했던 다독임을, 필요할

때 자신에게 직접 줄 수 있게 된다는 것이다.

6   가족이 교활한 목적을 위해 만들어낸 생각과 자신의 진짜 생각을 구분하자. 자신을 불신하는 부정적인 생각이 계속 떠올라도, 서글픔을 느끼고 이겨내는 과정을 거치면 그런 생각이 힘을 잃고 사라진다. 가족이 여러분에 관해 던졌던 부정적인 말들이 떠오르면, 스스로 알고 가족 외 다른 사람들도 알고 있는 더 정확하고 긍정적인 말로 그 거짓말을 대체하자. 자신에 관한 긍정적이고 정확한 말은 불안하거나 확신이 없는 순간에 다시 힘을 내는 원료가 될 것이다.

7   충분한 시간과 애정, 관심을 들여서 서글픈 감정을 일으킨 고통을 살펴봐야 한다. 슬픔은 고통스러우므로 슬픔을 느끼면 얼른 그 감정을 없애고 싶은 마음이 생긴다. 자연스러운 반응이지만, 서두르면 서글픈 감정이 자꾸 되살아나는 결과가 초래될 수 있다. 슬프고, 화나고, 역겹고, 절망감을 느낀다면 그대로 둬라. 그냥 느껴라. 아무리 강렬하게 치솟는 감정도 결국에는 사라진다. 그냥 다가오도록 두면 된다. 시간을 갖고, 마음을 열고, 지금 느끼는 감정이 무슨 말을 하려고 하는지 들어보고, 배울 게 있다면 기억하면서 감정이 지나가도록 두자.

8   지금까지 붙들고 있었던 자신에 관한 잘못된 사실을 바로잡자. 해로운 가족 안에서는 두려움·망상·불안감으로 인해 부정적이고 체념하는 사고 패턴이 뿌리내리는 경우가 많다. 두려움에서 생겨난 부정적인 생각을 바꾸려면 인내를 갖고 자신과 다정하게 대화를 나눠야

한다. 1분간 마음속 두려움이 만들어낸 최악의 시나리오를 떠올려보자. 최대한 세세한 부분까지 상상해본다. 이어 최상의 시나리오를 그와 비슷하게 세세한 부분까지 상상해본다. 그런 다음 먼저 떠올렸던 최악의 시나리오를 다시 꺼내 보면, 처음만큼 두려움이 강렬하게 느껴지지 않을 것이다. 최악의 시나리오는 부정적 감정이 동력이 되어 떠오르는데, 감정은 늘 왔다가 흘러가기 때문에 함께 떠오른 생각도 자연히 사라진다. 최악의 시나리오가 합리적인 판단과 거리가 멀다는 사실을 인지할수록 최상의 시나리오는 더욱 선명해진다. 그리고 최상의 시나리오를 실현하려면 무엇을 해야 하는지도 그려진다.

9 **나를 내 아이처럼 사랑하자.** 슬픈 감정을 느끼는 과정에서 가장 중요한 단계는 자신에게 내 아이나 반려동물에게 느낄 법한 연민을 느끼고 너그럽게 대하는 것이다. 있는 그대로 온전하게 자신을 아끼자. 다정하고 참을성 있게 대하자. 스스로를 격려하자. 자신을 존중하고, 지금 애쓰고 있는 치유의 과정도 존중하자. 시간·애정·휴식·관심을 필요한 만큼, 원하는 만큼, 그리고 마땅히 누려야 하는 만큼 자신에게 제공하자.

슬픔을 느끼고 이겨내는 과정을 전부 거치고 이를 통해 성장하는 건 평생에 걸쳐 노력해야 하는 과제다. 일단 과정을 시작하면, 절대 사라지지 않을 것 같던 절망의 먹구름 사이에 빛이 살짝 비치는 게 보인다. 무력감 대신 희망을 느낀다. 그리고 희망을 느끼기 시작하면 자연히 인생을 더욱 긍정적으로 바라보게 된다.

슬퍼하는 과정을 거치고 나면 어떤 멋진 결실을 얻을 수 있는지 자세히 살펴보자.

깨달음의 순간
슬픔은 영혼을 바로잡고, 감정의 팔레트를 깨끗이 씻어내고, 자기 자신·인생·대인관계를 새로이 볼 수 있게 한다.

슬픔이 남기는 긍정적 영향

큰 상심과 고통을 준 가족에게서 벗어나려 하는 사람은 계속해서 슬픔을 느낀다. 슬픔은 고통에서 벗어나는 과정에 꼭 필요한 일이기도 하다. 슬픔을 통해 우리는 모든 관계를 건강하게 끝낼 수는 없음을 받아들인다. 그렇다고 자신을 위한 관계 단절이 불가능하다는 뜻은 아니다. 관계는 관계를 끊는 행위가 아니라, 이 관계는 이걸로 끝이라는 결정을 '스스로' 내릴 때 비로소 종료된다. 결심이 확고하기만 하면, 가족의 학대와 조종에서 벗어나 새로운 현실을 맞는 급진적인 변화도 가능해진다. 즉 파괴적인 가족과 그들이 인생에 끼치는 해로운 영향을 차단할 수 있게 된다. 현실을 충분히 슬퍼하고 나면 여러 긍정적인 영향이 내게 찾아온다.

- 마침내 가능성의 영역에서 살게 된다. 나를 끌어 내리던 가족의 강압에서 자유로워졌음을 깨닫는다.
- 내게, 그리고 나를 위한 멋진 일들이 항상 일어나고 있다는 사실을 알게 된다. 삶과 인간관계에서 성취감과 만족감을 느끼기 시작한다.
- 지켜야 할 경계선을 지키는 법을 터득한다. 나를 배려하지 않는 관계에서 자유로워지면 일이 뜻대로 안 되어도 남을 비난하지 않게 된다.
- 용감하고 겸손하게 하루하루를 살기 시작한다. 매일 내게서 환한 빛이 발산되는 기분이 든다.
- 사는 게 고역이 아니라 즐거운 일로 느껴진다.
- 충만한 삶의 기본인 자신을 사랑하는 법에 눈을 뜨면서 늘 갈망했던, 나를 응원하고 사랑해주는 사람들을 찾아 탄탄한 공동체를 형성한다.
- 인생이 선물로 느껴진다.

우리는 슬퍼하는 과정을 통해 다른 이에게 해를 가하고도 절대 사과하지 않는 사람도 있으며 그런 사람들은 그저 그렇게 살 뿐이라는 사실에 눈을 뜬다. 사과할 줄 '모르는' 게 아니라 사과하지 '않는'

것이다. 받아들이기 어려울 수 있지만, 가족이 그랬다면 그들은 자기 자존심을 꺾는 일은 절대 못 한다는 사실을 드러낸 것이다. 그런 사람들은 자신이 무엇을 해야 서로의 관계가 복구되는지를 아는 정서지능도 부족하다. 이들은 자신이 사과해야 하는 상황임에도 사과는 모욕적인 일이라고 생각한다. 해로운 사람은 사과를 패배라고 여기지만, 사과는 관계 회복으로 가는 길이고 궁극적으로는 이기는 길이다.

깨달음의 순간
순수한 마음을 가진 사람은 마음에 아무리 큰 구멍이 생겼더라도 결국에는 반드시 이긴다.

해로운 가족 때문에 겪은 일을 슬퍼하는 과정은 꼭 필요하다. 상실을 슬퍼하면서 교훈을 얻을 기회를 자신에게 허락한다면, 이 과정을 통해 회복력을 키울 수 있다. 가족을 상실하면 마음에 큰 구멍이 생긴다. 그 구멍은 때때로 자극을 받는다. 특히 사회생활을 하다 보면 그런 일이 생길 수 있다. 구멍이 열려 있는 채로 허전함을 계속 느끼고, 슬퍼하고, 치유해야 한다.

슬픔을 온전히 느끼면서 자신에게 도움이 되는 게 무엇인지 깊이 깨달을수록, 정서적으로 미성숙한 가족을 변화시킬 수 없다는 사실이 분명해진다. 가족이 바뀌어야 한다는 생각이 들고 그런 확신이 들어도 소용없는 생각임을 알게 된다. 이런 사실을 깨달으면, 가족에서 벗어나 자신의 인생을 돌보는 일에 집중할 수 있다. 필요한 경계선을 확립하고 앞으로 나아가겠다는 열망이 있다면 이제 막 깨어나기 시작한 자기 인식을 토대로 자신을 아끼고 돌보면서 인생의 여정을 계속 걸어갈 수 있다. 그렇게 되면 늘 경험해보길 원했던, 사람들과의 건강한 유대가 형성되는 길도 열린다.

누구나 다른 사람과 건강한 유대 관계를 형성하고 이를 누릴 자격이 있다. 가족은 꼭 필요한 존재지만, 그 가족이 내게 해를 끼친다라면 가족과 먼저 분리되어야 건강한 유대 관계를 형성할 수 있다. 다음 장에선 가족과 분리 후 느껴지는 빈자리에 관해서 살펴보자.

5

가족의 빈자리를 채우는 것은
내면의 힘이다

가족과 확실하게 선을 긋고 자신을 보호한다고 해서 내면의 허전함이 저절로 채워지는 건 아니다. 나는 여러분이 이 책을 통해 그 점을 알게 되길 바란다. 허전함은 가족이 사라져서 생긴 구멍이고, 그 빈자리를 채워줄 가족은 없다. 해로운 가족과 단절하고 경계선을 긋고 나면 그 빈자리는 영구히 남는다. 그래서 생존자는 자유로운 동시에 상실감을 느끼게 된다. 슬퍼하고, 마음을 치유하고, 자신의 고통을 이해하려는 노력은 누구와도 나눌 수 없는 짐이다. 오직 혼자서 짊어져야 한다. 가족과 단절한 후 학대가 줄어도, 또 가족에게 느껴야 했던 소속감을 끝내 얻지 못한 고통을 해소하려고 노력하더라도 삶에서 느끼는 빈자리는 더욱 커진다. 슬퍼하고 이겨내는 과정은 이런 이

중적인 현실을 받아들이는 데 도움이 된다. 하지만 현실을 아무리 받아들여도 어느 정도의 상실감은 영원히 사라지지 않는다.

가족의 상실은 삶에 커다랗고 깊은 빈자리를 남긴다.

가족의 빈자리는 9.11 테러로 무너진 미국 세계무역센터 쌍둥이 빌딩에 비유할 수 있다. 무엇으로도 파괴할 수 없을 것처럼 튼튼하고 안정적인 높은 빌딩 두 채가 부모라면, 우리는 누구나 태어날 때부터 그 건물을 가질 권리가 있다. 자녀와 가족 전체를 안전하게 지키고, 보호하고, 공정하게 대하는 것이 부모의 역할이다. 하지만 그 역할을 다하지 않는 부모도 있다. 부모가 혼돈과 격정적인 감정 변화, 가족 전체를 붕괴시키는 고통의 원천이 되기도 한다.

쌍둥이 빌딩이 있던 자리에는 추모 공원과 분수가 들어섰다. 가족이 오랜 세월 자신을 조종하고, 계속해서 따돌리고, 감정을 말살하는 지옥과도 같았다면 그 자리를 그냥 비워두고 분수처럼 시원한 물줄기와 차분한 물소리가 가득한 곳으로 바꾸는 편이 나을 수도 있다. 나나 다른 많은 이들 역시 그렇게 느낀다.

9.11 추모 공원을 보러 갔을 때, 테러 사망자들을 기리기 위해 만든 분수를 내려다보는 사람들도 있지만 대다수는 시선이 위로 향

해 있었다. 마치 거대하고 놀랍도록 멋있었던 빌딩이 아직 그 자리에서 있다는 듯했다. 하지만 이제 빌딩은 없다. 눈길을 사로잡던 그 건물들이 무너진 일은 오랜 시간이 흘러도 아직 믿기지 않는다. 인간이 이해할 수 있는 범위를 벗어난 일처럼 느껴지기도 한다. 해로운 가족 안에서 순수한 마음을 잃는 아이들의 심정도 그와 같다. 아이는 누구나 탄탄하고, 훌륭하고, 안정적이고, 무너지지 않고, 사랑을 주는 부모와 평생 자신을 지지해줄 가족을 가질 자격이 있으며 그런 가족을 필요로 한다.

💡 잠시 생각해볼 것

여러분의 인생에 생긴 빈 구멍을 생각해보자. 그것이 개인적·사회적·정서적으로 어떻게 느껴지는지 써보자.

험담과 조종, 형제·부모·다른 가족 간의 경쟁적인 싸움으로 찌든 가족은 언제든 반드시 무너진다. 밖에서 다른 사람들이 보기에는 멀쩡하고 단단해 보일 수도 있지만, 이런 가족은 구조가 너무 허술해서 영원할 수 없다. 제 기능을 못 하는 가족이 마침내 무너지면 그 안에서 살던 사람은 벌거벗은 채로 세상에 노출될 뿐만 아니라 안타깝게도 다른 사람들 눈에 띄는 존재가 된다. 꼭 필요해서 가족과 단절한 사람들이 평화롭고 자신감 있게 살아가지 못하게 되는 문제가 몇

있는데, 그중 하나가 원치 않는 대인·사회관계가 끼어들어서 인생에 영향을 주는 일이다. 침입자를 기껏 해결했더니 다른 침입자가 그 자리를 대신하는 격이다. 생존자가 대인·사회관계에 관해 잘 모르는 일이 많고, 언뜻 처음 봤을 때 침입자가 맞는지 판단하기 애매하다고 여길 때 그 틈을 타 침입자가 불쑥 발을 들이면 그런 일이 일어날 수 있다.

여러분이 실제로 그러한 상황에 놓였을 때 겪을지도 모르는 일을 미리 알 수 있도록, 다른 사람들이 구체적으로 어떤 일을 겪었는지 소개하겠다. 치유를 위해서는 반드시 또 다른 침입에 대비하고 대처해야 한다.

깨달음의 순간

해로운 가족과 단절한 사람들은 술이나 마약에 중독된 적이 있는 사람 같은 취급을 받는 경우가 많다. 사람들은 생존자가 정말로 멀쩡하게 살고 있는지 의심하는 눈초리를 던진다. 따라서 생존자는 누군가 진심으로 자신을 믿어주고 이해해준다는 기분을 느끼기가 정말 힘들다.

사람들의 오해에서 나를 보호하기

자유를 찾으려고 하면 대가가 따른다. 자기 가족이 얼마나 파괴적인지 터놓고 이야기하는 사람은 흔치 않다. 대부분은 누가 가족과 연락을 아예 끊거나 거의 하지 않는다고 하면 이해하지 못한다. 처음 만난 어떤 사람이 비교적 건강하고, 평범하고, 성공한 사람 같다는 인상을 받으면 분명 힘이 되어 주는 든든한 가족이 있고 그 안에서 사랑받으며 자란 사람이리라 생각한다. 그래서 그 사람의 현실이 자신의 그런 추정과 전혀 다르다는 사실을 알면 큰 충격을 받는다.

　가족과 단절한 사람이 그 일에 관해 이야기하면, 대다수가 자신이 겪은 비슷한 이야기를 들려주면서 그래도 가족 중에 최소한 '한 명'과는 연락하고 지내라고 설득한다. 그래야 나중에 더 나이가 들어서 '후회'하지 않는다는 충고도 흔히 한다. 이러한 충고에는 가족과의 사이에 경계선을 그은 건 근본적으로 잘못된 일이라는 그들의 확신이 깔려 있다. 심지어 남에게 해로운 영향을 주는 사람들을 조사하고 연구해온 상담사들도 해로운 가족의 영향에 심하게 시달린 경험이 없는 경우 그런 충고를 한다. 심리 전문가나 연구자라고 해서 가족과의 단절이 어떤 경험인지 잘 아는 건 아니다. 해로운 가족과 분리된 심리적 스트레스와 평생 남을 가족의 빈자리를 견디고 살아남는 방법을 알고 싶다면, 같은 고통을 겪은 사람들의 이야기에 귀 기울이고 그들의 발자국을 따라가는 것이 더 유익하다.

깨달음의 순간
가족과의 단절이 어떤 경험인지 가장 깊이 이해하는 사람은 같은 일을 겪은 생존자다.

자신의 사회관계망에 속한 사람들이 가족과의 단절을 이해하지 못하면, 의도가 아무리 순수하다고 해도 내가 원치 않는 침해가 일어나고 가족에게 입은 상처의 고통이 되살아나는 경우가 많다. 이런 일을 겪으면 고통스러울 뿐만 아니라 좌절감까지 느끼고 서글픔은 더욱 깊어진다. 누가 아래와 같은 말들로 구한 적도 없는 의견을 제시한다면 그냥 무시해도 좋다.

- "가족들이 일부러 그런 건 아닐 거야."
- "가족들은 아마 널 그렇게 힘들게 했다는 것도 모를걸."
- "그냥 용서하고 잊어버려."
- "가족(의 행동)을 오해하면 안 돼."
- "네가 너무 예민해서 그래."

사람들은 이런 잘못된 추정과 상투적인 말로 당사자가 아는 진실과 고통의 깊이를 면전에서 무시한다. 신중하게 고민하고 내린 확고한 결정인데도 다시 생각해보라고 하는 태도는 일부러 시비를 거는 것과 같다. 그런 말을 하는 사람은, 해로운 가족이 어떤 결정이 마음에 안 든다고 자기가 원하는 방향으로 바꾸고 싶어서 심리전을 벌이는 것과 자신의 행동이 별반 다르지 않다는 사실도 알지 못한다. 이렇듯 부신경하고 쓸데없이 참견하려는 사람을 상대하면, 자신이 가족과 단절할 수밖에 없는 이례적인 상황에 놓였다는 걸 아무도 이해하지 못한다는 기분이 들고 큰 고립감을 느끼게 된다.

 잠시 생각해볼 것

내가 직접 자각한 것을 믿어야 할까, 나를 말리려는 사람의 생각을 믿어야 할까? 반대 의견과 맞닥뜨렸을 때 내가 어떻게 반응했는지 써보자. 그리고 학대를 가한 사람들에 관해서는 학대당한 당사자보다 잘 아는 사람은 없다는 사실을 상기하자. 내가 남몰래 겪은 학대에 관해 누구에게든, 무슨 이유로든 설명하거나 변명할 필요가 없다.

자신의 상처를 경솔하게 평가하는 사람들과 만나면 자연히 세상과 멀어지고 싶은 마음이 들게 마련이다. 나를 오해하는 말들을 자꾸 듣다 보면 다른 사람에게 마음을 털어놓을 필요가 있나, 하는 생각이 드는 것 또한 자연스러운 반응이다. 사정을 말해봤자 가족을 버리고 떠나야 하는 상황과 전혀 비슷하지도 않은 자기 경험을 예로

드는데 굳이 이야기해야 할까? 이런 생각까지 들면 사람들을 점점 믿지 못하게 되고 사람들과 가까이 지내고 싶은 마음도 사라진다.

사회적인 평가는 사람들과 깊은 친밀감을 나누는 걸 방해한다. 자신이 겪은 일을 사람들이 이해해주거나 공감해주지 않으면, 가족과 단절 후 삶을 평화롭게 만들려는 노력이 힘들게 느껴진다. 우리에게는 과연 그런 말을 하는 사람들이 내 인생에 꼭 필요한 존재인지 생각해볼 권리가 있다. 나와 내가 만난 생존자들은 가족과 단절하고 그들을 인생에서 몰아낸 후, 인생에 보탬이 되기보다 도움이 안 되는 사람들이 얼마나 많은지 확실히 깨달았다. 그 사람들이 가족이든, 가족이 아니든 말이다. 그런 사실을 깨닫는 게 두려울 수도 있다. 대인관계를 대청소하고 나면 건질 만한 관계가 거의 없을 수도 있기 때문이다. 이런 식으로 다 쳐내다가 내 편으로 남는 사람이 한 명도 없으면 어쩌나, 하고 걱정될 수도 있다. 가족과 관계를 끊고 나면 다른 관계도 정리되는 경우가 많으니, 그런 기분이 드는 건 당연하다.

가족 안에서 얼마나 큰 고통을 겪었는지 아무리 자세히 설명하고 증거를 내밀어도, 다른 사람들에게는 그런 내용이 여러분을 이해하고 그 심정에 공감할 만큼 뚜렷하게 와 닿지 않을 수 있다. 그런 반응 때문에 가족에게서 입은 상처가 새로 생긴 상처처럼 생생해지고 고립감을 느낄 수도 있다. 자신이 어딘가 문제가 있는 건지도 모른다는 생각, 너무 별나게 구는 건 아닐까 하는 생각도 들고 사람들이 나를 나쁘게 평가한다고 느낀다. 나를 이해하지 못하는 사람들과 나 사이에 균열이 생긴 기분도 든다. 대인관계가 이러한 상황에 놓이면, 해로운 가족 안에서 채우지 못한 결핍이 더욱 깊어진다. 이런 기분이 들 때는 다음 사실을 기억하자.

- 내 가족에 대해 내가 내린 결정은 기본적인 사실 외에는 다른 사람들에게 일일이 설명할 필요가 없다.
- 내 선택을 남들이 인정해야만 상처가 치유되는 건 아니다.
- 사람들이 내 이야기에 완벽히 공감하고 이해하지 못하더라도, 그들이 나를 아끼는 마음은 받아들이고 소중하게 여길 수 있다.
- 해로운 가족에서 내 평화를 지키기 위해 힘든 결정을 내린 건 자랑스러워해도 되는 일이다.
- 가족과 살면서 경험한 그 고통스러운 일들만 봐도 가족과 단절하기로 한 건 타당한 결정이다.

여러분을 안타깝다고 여기는 사람은 많아도 공감하는 사람은 거의 없을 것임을 알아둘 필요가 있다. 그래서 어느 정도는 외로운 게 당연하다. 누가 얼마나 애정을 갖고 아껴주더라도 여러분이 지금까지 겪은 일들은 오직 당사자만, 또는 아주 드물게 같은 경험을 하고 처지가 비슷한 사람만 이해할 수 있다.

사생활 침해

가족과 단절한 사람들이 가족에 관해 잘 언급하지 않으면, 그 사실을 감지한 이가 호기심 섞인 반응을 보일 때가 많다. 그런 호기심이 클수록 심각한 침해가 일어난다. 가족에 관한 이야기가 나오면 입을 다물거나 사생활이니 건드리지 말라고 직접적으로 아무리 분명하게 선을 그어도, 서로 안 지 얼마 안 된 사람은 오히려 더 흥미를 느끼곤 한다.

이런 호기심에 두려움을 느끼는 건 당연하다. 캐묻길 좋아하는 사람은 남의 취약점을 드러내려 한다. 나는 대화를 나누다가 상대방이 사생활을 지키고 싶어 한다는 느낌이 들면 늘 상대를 존중하려고 한다. 불편하게 느낄 만한 일은 절대로 묻지 않는다. 하지만 가족에게 받은 상처를 사생활로 지키고 싶어도, 내가 불편해한다는 걸 알면서도 존중해주지 않는 사람이 너무 많다. 오히려 꺼리는 걸 알면서도 질문을 던지는 사람도 있다. 그런 사람은 대체로 피해를 줄 '의도'는 없었다고 하지만, 의도가 없다고 해서 그런 추궁이 피해를 주지 않는 건 아니다.

이러한 침해는 해로운 가족 안에서 자라며 겪은 침해와 비슷한 불편함과 분노를 일으킨다. 해로운 가족은 구성원의 사생활을 존중하지 않는다. 그래서 해로운 가족을 경험한 사람은 자연히 다른 사람들과 그들의 호기심으로부터 자신을 더 강하게 보호하려고 한다. 이는 건강한 반응이다.

자신이 겪은 일을 사생활로 지킬 권리는 당사자에게 있다. 같은 입장이 되어본 적이 없는 사람들은 남의 사정을 멋대로 평가할 뿐이다.

사람들이 자꾸 내게 참견하고 그로 인해 내면의 빈자리가 새삼 느껴질 때는, 어린 시절과 가족에 관해 피상적인 정보만 주는 것이 유용한 대처 전략이 될 수 있다. 관심의 초점을 다른 방향으로 돌리고 싶다면, 대다수가 자기 이야기를 들려주는 걸 무척 좋아한다는 사실을 기억하자. 상대방의 가족이나 개인적인 이야기를 자세히 물어보면 대화의 중심을 쉽게 그쪽으로 돌릴 수 있다. 평정심을 지키고 사생활을 보호하면서 대화의 주제와 방향을 바꿀 수 있는 손쉬운 방법이다. 만약 상대방이 호기심을 주체하지 못하고 계속 꼬치꼬치 캐물으면 가볍게 대응하자. "글쎄요, 너무 옛날이야기라서요." 꼭 필요한 순간에는 이런 말을 해야 할 수도 있다. "별로 유쾌한 이야기가 아니라서 말하고 싶지 않아요. 그래도 물어봐 주셔서 감사합니다." 내가 처한 상황에 남이 느끼는 감정과 의견까지 책임질 필요는 없다.

사교 활동이나 모임에서 받는 상처

명절·결혼식·생일 파티·기념일·가족 모임과 같은 사교적인 행사에서는 해로운 가족이 남긴 마음속 빈자리와 상처를 생생하게 느끼기 쉽다. 그런 자극을 주는 대상은 내 가족일 수도 있고 친구나 연인의 가족이 될 수도 있다. 가족의 학대를 겪고 살아남은 사람들은 이런 행사와 모임에서 가족이 얼마나 당연하게 필요한 존재인지를 새삼 느낀다.

새로 사귄 사람들, 그리고 그 사람들의 가족과 친구는 함께 어울리는 시간이 많아질수록 내게 더 흥미를 갖고 나를 더 알고 싶어 한다. 가족이 준 상처가 가장 아프게 느껴지는 행사에서 가족에 관한 질문도 가장 많이 받게 된다는 건 참 비극적인 일이다. 이런 일이 생기면 명절이든 다른 어떤 행사든, 누구의 가족과도 만나고 싶지 않고 아무것도 함께 하고 싶지 않다는 마음이 들 수 있다. 하지만 이런 반응은 스스로 다잡을 필요가 있다. 새로 사귄 사람들이 나에 대해 알고 싶어 하는 건 자연스러운 일이다. 보통 큰 행사는 대화를 트기에 아주 좋은 기회다. 대다수는 상대가 괴로워할 주제를 일부러 꺼내는 게 아니라는 사실을 명심하자.

우리에게는 상처가 자극받지 않도록 마음을 지키고, 과거의 아픔이 더 깊어지지 않도록 보호할 권리가 있다.

그러므로 자극받기 쉬운 시기에는 어떤 식으로든 자신을 보호할 방법을 찾을 필요가 있다. 예를 들어, 나는 매년 어머니의 날을 내 딸과 단둘이서만 보내기로 결심했다. 다른 사람들이나 그 사람들의 어머니와 만나 함께 시간을 보내지 않는다. 그날만은 내 어머니에 관한 질문을 받거나, 내 어머니이자 내 딸의 할머니인 그 사람이 내 등 뒤에서 저지른 끊임없는 학대와 조종, 헛소문을 떠올리고 싶지 않기 때문이다. 어머니의 날은 어머니이자 한 여성인 나와 내 딸의 멋지고 친밀한 관계를, 그리고 놀랍도록 훌륭한 사람으로 자란 내 딸을 축하하며 보내기로 했다. 이 선택은 어머니의 날이라는 이유로 상처받는 대신 내 내면의 공허함을 채우는 데 도움이 된다.

여러분도 중요한 행사나 모임이 있을 때 각자의 필요에 맞게 이 방법을 활용해보길 바란다. 사회적인 활동이 인생의 취약점과 가족의 빈자리를 도드라지게 만드는 건 분명한 사실이다. 그러나 새로운 방식으로 빈자리를 채우는 법을 터득해야 한다.

잠시 생각해볼 것

사교 모임이나 명절에 나 자신을 좀 더 잘 보호하려면 어떤 변화가 필요
할지 써보자.

새로 친구를 사귀거나 연인이 생기고 관계가 점점 발전하기 시작하면, 가족의 빈자리가 또렷해지기 전까지는 전혀 생각하지 못했던 어떤 조각이 자신에게는 없다는 사실을 깨닫게 된다. 그리고 그로 인해 큰 고통을 느끼게 되고, 해로운 가족이 남긴 마음의 빈자리는 더욱 커진다.

예를 들어 가족과 단절한 생존자들은, 개인적으로 또는 사회에서 만난 사람들이 가족이 애지중지하는 존재로 자라지 않은 사람을 살면서 한 번도 만나본 적이 없다는 사실을 인식하게 된다. 새로 사귄 친구나 연인이 자기 가족들에게 사랑받고, 존중받고, 귀하게 여겨지는 모습을 보면, 그러한 모습이 그들의 가치나 그들에 관한 내 생각, 내가 그들에게 느끼는 애정에 덧붙여진다. 내가 좋아하는 사람을 다른 사람들이 아끼는 모습을 많이 볼수록 그들을 바라보는 내 시선에도 더욱 사랑이 깊어진다는 건 참 마법 같은 일이다.

친구나 연인이 사랑을 듬뿍 받는 모습을 보게 되면, 내가 정말 좋은 사람과 함께 하고 있음을 자각하고 내 내적·사회적 판단력을

신뢰하게 된다. 하지만 안타깝게도, 내가 사랑하게 된 그 사람은 나의 가장 큰 지지자이자 가장 가까운 친구여야 할 내 가족에게 내가 그러한 대접을 받는 모습을 절대로 볼 수 없다. 어려서부터 함께 살면서 자연스레 생기는 가족끼리의 농담이나 재미있는 장난, 애정 어린 놀림, 의미 있는 대화를 그 사람들은 접할 일이 없다. 해로운 가족의 생존자에게는 서로를 향한 애정을 바탕으로 형성되고 돈독해지는, 인생에서 가장 중요하고 큰 만족감을 주는 관계가 빠져 있다. 생존자와 새롭게 만난 사람들은 그 빠진 관계를 누리지 못하게 된다.

다른 사람들과 맺는 사회적 관계에서 나라는 사람의 가치를 가족만큼 깊고 확실하게 입증해 줄 수 있는 사람은 없다. 가족과 단절한 사람들에게는 그런 존재가 없다. 자신에게 그런 조각이 없다는 사실을 인지하면, 고통스러운 허전함을 느끼고 마음속 빈자리는 더 깊어진다. 그러나 그 빈자리를 앞으로 계속해서 관계를 맺고 살아가야 하는 새로운 부모라고 여기는 것도 가능하다. 진짜 부모가 있어야 할 자리가 비어 있지만, 그 자리를 빈 채로 두고 평화롭게 지낼 수 있는 방법은 여러 가지가 있다. 자신이 놓인 사회적인 환경을 파악하면 자신에게 어떤 조각이 빠져 있는지 보이고, 그 공간이 비어 있다는 건 슬퍼할 일이란 사실도 깨닫는다. 그리고 그 틈을 새로 얻게 된 치유의 힘으로 채울 수 있다는 사실도 알게 된다. 남의 경험을 별것 아닌 일로 치부하는 사람들도 있겠지만, 그런 의견은 당사자가 실제로 겪은 진실과 아무 상관이 없다. 우리는 자신이 아는 진실에 따라 살아가는 법을 배울 수 있다.

남의 경험을 얕보는 사람들

사회생활로 만난 사람들이 가족과 관계가 소원해지는 고통을 잘 알지도 못하면서 우습게 여기는 것보다 최악의 경험은 없다. 가족 이야기를 꺼내서 마음 상하게 할 의도가 그들에게 없었더라도 그런 일은 일어난다. 어떻게 안 그럴 수 있겠는가? 사람들은 희한하게도 가족을 잃고 가족의 빈자리를 느끼며 사는 사람의 겉모습만 보고, 그 빈자리가 더 이상 매일 영향을 줄 만큼 큰 문제는 아니라고 추측한다. 생존자가 그 문제를 인생에서 분리하기 위해 적절한 안전장치를 마련하면, 사람들은 생존자가 정서적으로 그 일을 다 이겨냈다고 생각한다. 더욱이 가족과 관계를 '먼저' 끊은 사람이니 당연히 그럴 거라고 판단한다.

이런 무신경하고 무지한 사람들은 생존자가 거의 익사할 뻔한 물에 발도 담가본 적이 없다. 가족과 단절한 사람은 평생, 매일 그 일을 생각하고 고통스러운 감정을 처리해야 한다. 사회관계망에 속한 사람들은 이런 사실을 정확히 인지하지 못한다. 그래서 의도치 않게 남의 아픔을 얕보는 반응을 보인다. 해로운 가족이 생존자의 인생에 끼어들어 학대할 기회를 계속 엿보고 있음을, 그로 인한 고통이 지금도 지속되고 있음을 그들은 모를 수도 있다.

"다 이겨낸 것 아니었어?" 혹은 "가족이 그런다고 아직도 놀라면 안 되지"와 같은 말을 들으면 의혹의 화살표가 자신에게 향한다. 생존자는 해로운 가족 안에서 스스로 깨우친 현실을 의심하도록 조종당하며 살아왔기에, 이런 반응을 마주하면 과거의 고통이 깨어난다. 인간의 뇌는 긍정적인 생각보다 부정적인 생각을 더 쉽게 믿는 특성이 있다. 부정적인 생각은 덩어리가 크고 분해하기도 어려워 긍정적인 생각과는 전혀 다른 영역에서 처리된다. 따라서 스스로 판단한 생각이 정당하다는 걸 확신하려면 더 치열하게 맞서야 한다. 그러느라 해로운 가족에서 왜 떨어져 나올 수밖에 없었는지 지나치게 세세한 부분까지 설명하기도 한다.

사회적인 관점에서 가족은 한 사람을 정의하는 중요한 요소이므로 이와 비슷한 일을 피하기는 힘들다. 자신이 놓인 사회 환경과 감정 상태를 잘 지켜보고, 다른 사람의 의견과 판단, 나를 얕보는 생각에 붙들려 허우적대지 않을 방법을 익히는 것이 가장 좋다. 내가 가족 '간판'이라고 이름 붙인 개념을 이해하면 여러분의 내면을 무사히 지키는 데 도움이 될 것이다.

가족이라는 간판은 버려라

사회에서는 가족과 연락하고 지내기만 하면, 그게 최소 수준이더라도(연락하는 사람이 딱 한 명인 경우처럼) 앞서 설명한 냉혹한 평가를 피할 수 있다. '나는 가족에 속해 있다'고 적힌 간판을 계속 내건 상태라고 여겨지기 때문이다. 해로운 가족은 자신들이 지극히 건강하고 평범한 가족이라는 간판을 만들어서 사람들의 시선을 단번에 사로잡도록 걸어둔다. 그래야 구성원을 조종하고 있다는 사실이 가족 내부에서만 보이고 외부인은 이를 보지 못하도록 만들 수 있기 때문이다. 가족과 계속 연락하고 지내면, 심리적으로는 끔찍하게 괴로워도 이 간판은 남아 있으므로 사회적으로는 일종의 보호를 받는다. 이 간판을 계속 걸어두려면 가식을 떨고, 가짜 미소를 머금고, 가족이 진짜인 것처럼 이야기하는 허위 광고도 해야 한다. 바로 이 가식이 사회의 엄격한 평가를 피하게 해준다. 이런 상황을 과연 건강하다고 할 수 있을까?

허위 광고가 유지되면 사회적으로 안전한 기분이 든다는 이유로 자신을 학대한 사람들과 계속 연락하고 지내는 사람들도 있다. 충분히 이해할 수 있다. 사회 전체의 부정적인 평가와 반발을 마주하는 것보다는 아무 일 없는 척 거짓된 모습으로 사는 게 여러 면에서 편리하다고 생각할 수 있다. 하지만 나는 진실하게 살고 옳은 일을 선택하는 능력을 누구나 갖고 태어난다고 믿는다. 건강한 사람은 진실함과 고결함, 정확함이 바탕이 되는 삶에 강하게 끌린다.

가족과 단절하고 가족 간판을 버리고 나면, 자신의 처지가 부끄럽게 느껴질 수도 있다. 스스로 수치심을 느낀다고 해서 다른 사람들까지 그렇게 생각한다고 장담할 수는 없다. 가족 간판을 내리면 가족에서 분리되어 자신이 속한 적 없는 길을 홀로 나아가야 하지만, 가족의 강요와 조종에서 벗어날 수 있다는 점에서 도전해볼 가치가 있다. 파괴적인 가족 안에서 살아남은 사람은 가족과 거짓 속에서 아무 의미 없이 고통스럽게 사는 것보다는, 남들이 호기심과 순진한 생각으로 내리는 평가나 다른 사람의 경험을 얕보는 생각에 대처하는 편이 훨씬 낫다는 사실을 알고 있다.

깨달음의 순간
의지가 있으면 반드시 길이 있다.

순응하라는 압박에 맞서자

사람들은 보편에 어긋나는 걸 보면 평가하려고 한다. 나는 여러분이 해로운 가족 안에서 감정의 노예로 살아가는 삶에 타당성은 있을 수 없다는 사실을 기억하고 대담하게 걸어 나오길 바란다. 시인 랠프 월도 에머슨Ralph Waldo Emerson은 "위대한 일을 하면 오해의 대상이 된다"고 말했다. 내가 참 좋아하는 말이다. 같은 고통을 겪어본 적이 없는 사람들은 가족과 관계를 끊고 경계선을 그을 필요가 없다고 생각하므로 경계선의 필요성을 받아들이지 못하기도 한다. 그런 사실을 포용하는 것도 치유의 과정이다. 그렇다고 그들의 잘못된 평가까지 수용할 필요는 없다. 그 의견에 휘둘린다면, 멍청한 사람들 손에 놀아나는 바보가 되기를 자처하는 것이다. 사람들의 평가에 맞서는 건 힘들 수 있지만 내가 경험해본 결과 불가능한 일은 아니다.

깨달음의 순간

남들의 오해로 생긴 상처는 이해받아야만 낫는 게 아니다. 모든 악조건 속에서도 꿋꿋하게 버티는 용기가 있다면 상처도 치유된다.

작가 브레네 브라운Brené Brown은 저서 《나를 바꾸는 용기The Call to Courage》[7]에서 넓은 범위의 문화에는 항상 순응해야 한다는 압력이 존재하며, 그 압박을 밀어내고 자신이 믿는 것을 위해 싸우려는 의지를 갖지 않는 한 결핍 속에서 살아갈 수밖에 없다고 했다. 원하는 걸 자진해서 포기하고 자신이 본질적으로 더 많은 걸 누릴 만한 사람이 아니라고, 즉 독립적인 자아감을 느끼거나 자신을 통제하고 조종하려는 가족과 분리되기를 바랄 만한 존재가 아니라고 스스로를 평가 절하하면 결핍 속에 살 수밖에 없다는 뜻이다. 브라운은 대담하게 맞설 줄 아는 사람은 압박을 주는 상위문화를 밀어낼 수 있다고 설명했다.

 잠시 생각해볼 것

대담하게 맞선다면 인생이 어떻게 달라질지 생각해보자. 여러분에게 대담하게 맞선다는 건 어떤 의미인가?

해로운 가족과 단절하는 것도 대담하게 맞서는 일이다. 더욱 충만한 삶을 살기 위해 불확실해도 일단 결정을 내리고 시작하는 것, 정서적인 위험 부담을 안는 것, 인생을 변화시켜 나답게 사는 것, 자신이 이런 일들을 충분히 해낼 수 있다고 믿는 것이다. 다른 사람들이 자신을 어떻게 보든 상관없이, 스스로 충분하다고 생각하는 만큼 용기를 내보기로 결심하면 자존감이 향상된다. 사람들이 생각하는 내 모습, 사회가 사회적·도덕적으로 올바르다고 간주하는 것들은 덜 중요해지고 내면에서부터 만족감을 느끼는 것을 더 중시하게 된다. 이것이야말로 용맹한 변화다.

새롭게 살아가겠다는 용기

누구와 만나든 대화하다 보면 거의 예외 없이 가족 이야기가 나오는 이유는 무엇일까? 다른 사람들에게 자신이 어떤 사람인지 보여줄 때 가족이 그만큼 강력한 영향력을 발휘하기 때문이다. 가족과 단절한 사람도 다른 모든 사람과 마찬가지로 각자의 가족 환경에서 나온 일종의 결과물이다. 심리사회적 관점에서는 가족이 한 사람의 특징을 좌우하고 그 사람을 정의한다고 본다. 사람들은 상대방을 더 넓게 이해하고 더 깊이 파악하기 위해 어떤 가족 안에서 자란 사람인지 알고 싶어 한다. 가족에 관한 정보가 그 사람을 이해하는 데 도움이 되는 건 사실이다.

가족과 단절한 사람은 '생존자'다. 해로운 가족의 학대로부터 살아남은 강인하고, 용감하고, 대단한 생존자다. 인생을 용감하게 살아보기로 결심할 때, 자신이 택한 길을 스스로 당당하게 여기기로 마음먹을 때, 가족 간판에서 벗어날 때 마침내 활기와 다시 살아난 기분을 느낄 수 있다. 그런 모습을 지켜보는 사람들은 자신도 자연히 최상의 모습으로 살아야겠다는 의지를 얻는다. 생존자가 치유되는 모습은, 아직 학대에 갇혀 있는 사람들에게 꼭 필요한 허락과 승인을 그들의 손에 쥐여주고, 그들도 자신을 챙기는 방법을 고심할 기회를 준다. 즉 생존자는 희망을 품을 수 있는 본보기이자 부정적으로 말하는 사람들과 맞닥뜨릴 때 힘이 되는 존재가 된다. 인생을 회복하기 위한 생존자들의 선택에 동의하지 않는 사람들도 많다. 그렇다고 해서 생존자가 본보기로 삼기에 적절치 않은 존재가 되는 건 아니다.

부당한 평가와 오해는 좌절감을 주지만, 그 덕에 뜻밖의 이점도 생긴다. 인생이 더 흥미로워지고, 더 크게 성장할 수 있는 잠재력도 자라나며, 무엇보다도 회복력이 발달한다. 가만히 있어도 다 이해받고 안정적인 인생을 사는 게 무조건 좋은 건 아니다. 부정적인 평가는 극복할 수 있는 장애물이다. 여러분도 할 수 있다!

아이를 낳는 건 정말 힘든 일이지만, 분만 과정을 거쳐야 위대한 존재가 탄생한다. 아기가 컴컴한 자궁에서 벗어나지 못하면 세상의 빛과 축복을 절대로 누릴 수 없다. 비정상적인 가족과 관계를 끊는 것도 마찬가지다. 가족과의 단절은 새로 태어나는 것과 같다. 나는 사람들에게 오해받은 경험 덕분에 책을 쓰게 되었고, 학대 생존자의 한 사람이자 심리 전문가로서 생존자가 걸어가는 길을 전부 이해하는, 살아 있는 예시가 되기로 결심할 용기를 냈다. 이 책에 담은 내용은 내가 이 문제에 임상학적인 관심이 생겨서 공부한 부분도 있지만, 모두 내가 직접 겪고 지금도 계속 경험하며 살아가고 있는 일들이다.

용감한 나로 다시 태어날 방법은 다음과 같다.

- 두려움을 밖으로 드러내라. 어떤 감정이든, 특히 감추고 싶은 감정

일수록 더 철저히 들여다봐야 한다. 글이나 그림으로 표현하거나, 그 감정에 대해 명상하거나, 믿을 수 있는 친구·상담사와 이야기하면서 감정을 드러내자. 감정은 비춰줄 거울(다른 사람)이나 배출구가 있을 때 더 쉽게 이해할 수 있다.

- 최악의 상황을 예상하려는 충동을 가라앉히고 감정을 조절하라. 최악의 상황을 상상하면 정신건강은 쑥대밭이 된다. 특정한 상황에서 감정이 필요한 수준보다 강렬해지면 정서적으로 과도하게 반응하기 쉽다. 새로운 나로 태어나기 위한 여정을 서두를 필요는 없음을 기억해야 한다. 감정을 도저히 제어할 수 없다고 느낄 때는 다른 사람들과 거리를 두자. 대화는 기다렸다가 해도 된다. 필요하다면 그래야 한다.

- 두려움의 정체를 밝히고 이름을 붙이자. 두려울 때는 그 감정이 어디에서 시작됐는지 찾아보자. 그리고 그 두려움이 실제와 얼마나 가까운지, 얼마나 이성적인 생각인지 생각해보고 문제를 해결하거나 마음을 진정시키려면 꼭 해야 하는 일이 있는지 확인한다.

- 두려움과 마주하면 얻게 될 좋은 결과를 상상해보자. 너무 두려워서 아무것도 할 수 없는 느낌이 든다면, 어떤 결과를 얻고 싶은지 긍정적인 상상을 하고 자꾸 떠오르는 부정적인 생각을 바꿔보자. 긍정적인 상상이 현실이 될 때까지 반복해서 마음속에 떠올려보자.

- 두려운 감정은 얼마든지 제압할 수 있다고 굳게 믿어보자. 감당할 수

없을 만큼 겁이 날 때는 자신이 그 두려움을 무찌르는 모습을 상상해 보자. 두려워하는 일과 마주하면 어떤 기분이 드는가? 나를 잔뜩 움츠러들게 만드는 상황을 성공적으로 이겨낸다면 기분이 어떨지 상상해보자. 꿈꿀 수 있다면 이룰 수 있다.

· 한 걸음 성큼 다가가서 두려움과 정면으로 맞서자. 마음속으로 연습했던 상황이 현실로 다가오면, 이제 연습한 대로 실행할 차례다. 머릿속으로 연습해보면 실제 상황에서 무엇을 할 수 있는지 알 수 있으므로 연습은 실전만큼 효과적이다. 두려움은 영웅이 될 기회를 준다.

· 매일 두려움과 아주 조금씩 마주하면서 내성을 키워보자. 두려움과 마주하는 연습은 매일 해야 한다. 내키지 않는 초대를 거절하는 일처럼 사소하지만 두려운 일을 무사히 해내면, 인생에 해가 되는 사람들에게 경계선을 긋는 일처럼 더 큰 두려움과 마주할 용기가 생긴다. 인생을 두려움 없이 사는 건 불가능하다. 두려움이 없다면 성장할 수도 없다.

나를 학대하는 사람에게는 관심을 기울이거나, 신의를 지키거나, 사랑을 베풀어야 한다는 부담을 느낄 필요가 없다. 가족도 그 대상에 포함되며, 더 넓은 범위에서는 사회적 관계도 마찬가지다. 나를 모욕하고, 구박하고, 사회적 수치심을 유발하는 사람들에게 의리를 지키거나 사랑을 베풀어야 할 이유는 없다. 그런 사람들이 내 감정이

나 내게 꼭 필요해서 정한 경계선을 계속 무시한다면 더욱 그렇다. 내게 해를 가하면서 말로만 도와주려는 사람이라면, 더더욱 그런 핑계 때문에 예외로 둘 수는 없다. 필요하다면 더 광범위한 사회적 관계에 경계선을 긋고, 스스로 옳다고 판단한 선을 지키겠다고 모두에게 알릴 수 있어야 한다. 그런 나를 받아들이거나 떠나는 건 사람들이 알아서 할 일이다. 이러한 조치가 내가 가진 권리라는 사실을 받아들여야 치유가 시작된다.

2부

치유는 나를 알아가는 과정이다

6

근원적인 상처와 애착 문제

해로운 가족의 부정적인 영향에서 벗어나면 자신이 부족한 존재라는 비생산적인 생각에 빠지게 된 시점이 언제인지, 그런 상태가 얼마나 심각한지를 파악할 만한 심리적인 여유가 생긴다. 해로운 가족은 학대하는 대상이 하는 모든 일과 생각·행동·행위·반응·감정에 스스로 의구심을 품게 만든다. 그들의 조종은 과거에도 앞으로도 사람을 쥐고 흔들 만큼 강력하다. 그래서 그런 두려움이 절대 사라지지 않을 것 같다고 느낄 수도 있다. 자신을 믿지 못하면서도, 자신이 사랑이나 인정을 받을 수 없는 존재라고 믿는 정반대의 두 가지 확신은 상처를 치유하려는 노력을 가로막는다.

'증후군'이란 사라지지 않고 끈질기게 나타나는 패턴을 말한다.

해로운 가족으로부터 살아남은 사람들은 자기 회의감에서 비롯된, 자신은 '불충분한 존재'라고 느끼는 증후군에 시달린다. 오로지 다른 사람들을 만족시키고 평화를 유지하는 일에만 가치를 두고, 자신이 문제의 원인으로 지목받아 비난받을 때조차도 그 목표를 중시하며 살아온 이들이다. 이런 사람은 자신에 대한 부정적인 생각을 철석같이 믿으면서 살아간다. 그래서 잘못한 게 없는데도 사과하는 일에 익숙한 경우가 많다. 그러면서도 자신은 사랑하는 사람들을 기쁘게 하거나 그들에게 칭찬받을 만큼 괜찮은 사람이 될 수 없다고 느낀다. 자신은 불충분한 존재라는 결론을 내리는 것이다.

깨달음의 순간
남들의 비위를 맞추는 데 익숙한 사람은 부모나 가족의 비위를 맞추려고 애쓰던 것이 굳어진 경우가 많다.

어린 시절에 어떻게 해도 가족에게 애정을 얻지 못하거나 안전함을 느끼지 못한 탓에 마땅히 누려야 하고 꼭 필요한 가족 간의 유대감을 느끼지 못하면, 마음속 깊이 상처가 생긴다. 자신이 얼마나 나쁜 아이이기에 나를 사랑해야 할 사람들이 사랑해주지 않는지 의구심이 들기 시작한다. 그것이 근원적인 상처가 된다.

근원적인 상처 이해하기

가족과 분리되면 정신은 자유로워지지만, 영원히 지워지지 않는 흉터가 남는다. 바로 근원적인 상처다. 근원적인 상처는 가족처럼 가장 가까운 사람의 행위로 영혼까지 상처 입을 만큼 정서적으로 엄청난 고통을 느낄 때 생긴다. 이러한 상처는 다음과 같은 생각으로 이어진다.

- 나는 별로 좋은 사람이 아니다.
- 나는 부모와 다른 가족의 사랑을 받을 수 없는 존재다.
- 나는 달갑지 않고, 이상하고, 멍청하고, 짐이 되고, 외롭고, 못생긴(여기에 들어가는 말은 그 밖에도 많다) 존재다.
- 나는 정말 나쁜 사람이다.

마음속에 생긴 근원적인 상처가 정확히 어떤 것이든, 분명한 사실은 그러한 상처가 한 사람의 특성과 그가 매일 하는 행동 하나하나에 영향을 준다는 것이다.

- -

잠시 생각해볼 것

자신의 근원적인 상처를 글로 써보자. 어떻게 느껴지는지 묘사해보고 그것이 일상생활에 어떤 영향을 주는지 예를 들어서 설명해보자. 글로 써보면 한 걸음 물러나 상처가 내게 여전히 영향력을 발휘하고 있다는 사실과, 그것이 자신의 실제 모습과는 무관하다는 걸 깨닫는 데 도움이 된다. 자기 불신은 내가 느끼고 믿고 이루고 싶은 것들을 제대로 느끼고, 믿지고, 이루지도 못하게 만들 정도로 생각을 마비시킨다. 그래서 가족에게 계속 의존하게 된다. 해로운 가족은 구성원 중 누구도 비정상적인 굴레에서 벗어나지 못하게 만드는 것을 일차적인 목표로 삼고 이를 위해 일부러 불안감을 조장한다.

아이들은 본래 약한 존재다. 뇌가 계속 발달 중이고, 경험이 없고, 가족에 의존해서 살아가므로 해로운 수치심과 의구심이 쉽게 생길 수 있다. 나는 개인적인 치유 과정을 거치면서 해로운 가족이 '나쁜 행동'이라고 부르는 아이들의 행동은 사실 적대적인 감정싸움을 겪을 때 나타나는 건강하고 자연스러운 반응임을 깨달았다. 하지만 어릴 때는 그런 사실을 알 수가 없다. 해로운 가족은 아이가 건강하게 안전함을 느끼며 살아가는 데 필요한 시간·애정·관심·양육·유대감을 쏟는 대신 감정싸움을 활용한다. 그 결과 아이는 극심한 불안을 느끼며 사랑이 아닌 두려움을 경험하고, 자기 자신에게 깊은 수치심을 느끼면서도 그 이유를 알지 못한 채로 어린 시절을 보낸다. 그러므로 자신이 현재와 같은 사람이 된 이유가 뭔지 근원적인 상처를 짚어보아야 한다.

**근원적인 상처의 치유는 자기 자신에 관한 생각과 감정을 바꾸려는
노력에서 시작된다.**

치유에는 심리적 학대로 새겨진 생각을 지우는 과정이 꼭 필요
하다. 이 단계가 제대로 이루어지지 않으면 학대한 사람들과 분리 후
오랜 시간이 흘러도, 어릴 때 들었던 자신에 관한 거짓말과 그로 인
해 생긴 감정을 계속 붙들고 불안감을 느끼며 살게 된다. 잘못된 생
각을 지우려면 근원적인 상처를 만든 트라우마를 들여다보아야 한
다. 학대한 사람이 누구인지 찾고, 그들이 주입한 자신에 대한 거짓
말이 무엇인지 알아야 자신을 정확하게 이해할 수 있다.

해로운 가족은 대부분 가족 구조의 맨 꼭대기에 있는 부모의 양
육에서부터 문제가 있다. 보통 해로운 영향은 집단의 리더에서부터
시작한다. 남에게 해로운 영향을 주는 사람이 전부 해로운 부모 손
에 자란 건 아니다. 양육 방식에 아무 문제가 없었더라도 중독·정신
질환·유전학적인 요인 등이 작용하여 해를 끼치는 사람이 될 수 있
다. 하지만 남을 학대하고 조종하는 사람은 대부분 해로운 부모나 보
호자 손에서 자란다. 아래 목록은 여러 세대에 걸쳐 근원적인 상처를
만드는 가족의 특성이다.

- 부모가 자녀 중 한 명을 더 좋아하고, 그로 인해 갈등이 생긴다.

- 부모가 분할통치 방식으로 구성원 간 불안감을 조장한다. 핵가족·대가족과 상관없이 가족 전체를 조종하고 통제한다.

- 부모가 자녀를 과도하게 옭아매고 자녀에게서 대리 만족을 느낀다.

- 부모가 자녀를 지나치게 통제하고 비판한다.

- 부모가 자녀를 학대하고, 소홀히 여기고, 방임하고, 부모가 책임져야 하는 일에 자녀를 원망한다.

- 부모가 자녀를 원치 않은 경쟁자로 여기고 질투한다.

- 부모가 모든 것에 '빚진' 기분을 느끼도록 자녀를 세뇌한다. 심지어 성인 자녀가 부모와의 관계에 경계선을 그어도, 자신이 '자녀와 자녀의 아이들이 누리는 사생활에 끼어들 권리가 있다'는 터무니없는 주장을 펼치기도 한다(부모는 자식이 원하는 대로 살도록 키워야 한다. 성인 자녀가 부모의 요구에 얽매여 살도록 키우면 안 된다).

- 부모에 따라 위와 같은 특징 중 일부가 조금씩 나타날 수도 있고 전부 나타날 수도 있다.

위와 같은 이유와 그 밖에 더 많은 이유로, 해로운 가족에게서 살아남은 사람들은 어린 시절이 먼 과거가 된 후에도 사랑을 고통스럽고 혼란스럽다고 느낀다. 자신의 성장 환경과 양육 방식을 잘 살펴보면 가족의 비정상적인 특징이 자신에게 어떤 영향을 주었는지, 그로 인해 자기 자신에 대한 불안정한 인식이 어떻게 형성되었는지 알 수 있다. 또한 가족과 자신이 갈등 관계였는지도 파악할 수 있다.

심리사회적인 발달 과정은 개인의 자존감에 영향을 준다. 수전 포워드Susan Forward는 저서 《독이 되는 부모》[8]에서 가족이 아이에게 준 정서적 피해는 화학물질로 된 독처럼 아이의 존재 전체에 퍼지며, 아이가 자라면 정서적인 고통으로 번진다고 설명했다. 아동이 정서적·사회적으로 어떤 발달 과정을 거치는지 살펴보면 이러한 피해가 어떤 고통을 주고 그 영향이 얼마나 오랜 세월 남는지 분명하게 이해할 수 있다. 에릭 에릭슨Erik Erikson이 밝힌 심리사회적 발달 이론[9]을 참고하면, 자신에 대한 극심한 의구심이 어떻게, 언제, 왜 생겨났는지 알 수 있다. 이 이론은 정서적인 피해가 당사자에게 평생에 걸쳐 어떤 영향을 주며 그 이유가 무엇인지 말한다. 내 경험상 자신이 입은 피해가 어떻게, 언제, 왜, 어디에서 생겨났는지 알면 회복으로 가는 길이 더욱 분명해진다.

신뢰감은 영아기부터 발달한다

태어나 생후 18개월까지인 영아기는 생애 첫 발달 단계다. 아기는 이 시기에 부모나 양육자, 더 넓은 주변 세상을 신뢰할 수 있는지를 배운다. 양육 방식에 일관성이 있고, 예측이 가능하고, 믿음직하고, 아기에게 꼭 필요한 것들(배를 채워주고, 깨끗하게 씻기고, 안아주고, 달래주고, 보호해주는 것)이 채워지면 아이의 내면에는 신뢰감이 발달한다. 영아기에 신뢰감이 발달하면 희망이라는 덕목도 함께 자라난다(에릭슨은 더 오래전에 제시된 이론에서 긍정적인 속성이라고 보았던 개념적 범위를 넘어서는 더 많은 속성을 '덕목'이라고 칭했다). 새로운 문제에 맞닥뜨려도 누군가 도와줄 가능성이 있다는 믿음이 있으면 희망이 생겨난다.

반대로 일관성 없고, 예측할 수 없고, 믿음직하지 못한 방식으로 양육된 아기의 내면에는 불신이 형성된다. 심리적 환경이 비정상적인 가정에서 자란 아기는 신뢰감이 발달하지 못하므로 중요한 덕목인 희망도 생기지 않을 가능성이 크다. 희망이 발달하지 못하면 그 자리는 두려움이 채운다.

위 내용을 통해 생애 첫 단계에 자기 회의감의 씨앗이 어떻게 생기는지 쉽게 이해할 수 있다. 영아기 아이가 필수적이고 기본적인 욕구를 채울 수 있는 유일한 수단은 목소리다. 보살펴달라고 울어도 필요한 욕구가 거의 채워지지 않거나, 채워지긴 하지만 양육자가 자신을 보살피는 데 들이는 시간과 노력 때문에 절망하는 기색을 노골적으로 보이면, 아기는 자신의 목소리에 아무 영향력이 없다고 여긴다. 따라서 목소리가 기본적인 욕구를 안전하게, 예측할 수 있는 방식으로 얻는 수단이 될 수 없다고 생각한다. 이렇게 영아기 전반에 형성된 불신은 불안감을 낳는다. 인생에서 가장 약한 시기에 불안정한 느낌에 매이는 것이다. 이는 만성적인 초조함과 걱정의 시초가 된다.

영아기는 아직 말을 하지 못하고 인지 기능도 발달하지 않은 시기라 기억이 남지는 않지만, 그렇다고 이 시기에 '아무것도 느끼지 못하는' 건 아니다. 다음 질문을 통해 영아기를 얼마나 잘 보냈는지, 또는 얼마나 잘 보내지 못했는지 확인할 수 있다.

 잠시 생각해볼 것

아래 질문을 보고 답을 써보자. 그렇다/아니다로 짧게 답하지 말고 그 경험이 내 인생에 어떤 식으로 영향을 주었는지 설명해보자.

- 마음 깊은 곳에서 사랑과 대인관계는 불확실하다고 느끼는 편인가?
- 힘들 때 다른 사람들에게 기댈 수 있다고 생각하는가? 아니면 필요한 건 혼자 알아서 해결해야 한다고 여기는가?
- 두려움과 불안감을 가라앉히려고 자신이 해야 하는 것보다 더 많은 것을 하려고 하는 편인가?
- 자신이 하는 말이 다른 사람들에게 영향을 줄 수 있다고 생각하는가?
- 긍정적인 희망을 느끼는 편인가, 아니면 두려움을 느끼는 편인가?

안정형 애착과 불안정형 애착

부모가 다른 일에 정신이 팔려 아이와 적절히 또는 건강하게 관계를 형성하지 못하는 경우, 아이는 정서적 단절을 경험하고 부모와 유대감이나 애착을 형성하지 못할 가능성이 크다. 아동기 초기에 부모(생물학적인 부모가 아이를 키우지 않은 경우라면 주 양육자)의 보살핌과 관심을 받지 못하거나 부모와 정상적이고 건강하면서 끈끈한 관계를 형성하지 못한 아이는 기분과 행동, 사회적 관계에 문제가 생길 수 있다. 심리학자들은 이러한 문제를 '애착장애'라고 칭한다. 애착장애는 생애 첫 단계에 시작되며 성장 과정에서 계속 진행된다. 생애 첫 단계는 건강한 애착 관계의 필수 요소인 신뢰의 기반이 확립되는 시기이므로 애착장애가 왜 이때 시작되는지 충분히 이해할 수 있다. 아래에 소개한 다양한 애착 유형을 자세히 살펴보고, 어떤 유형이 여러분과 가장 관련이 깊은지 찾아보자. 자신의 애착 유형을 알면, 성인이 된 지금 건강하고 안정적인 애착 관계를 형성하기 위해 무엇이 필요한지 파악할 수 있다.

안정형 애착

운 좋게 부모와 정서적으로 친밀한 관계를 형성한 아이는 생애 첫 단계를 부모에게 안정적인 애착을 느끼면서 보낸다. 아이가 필요로 하는 기본적인 것들을 부모가 충족해주면 아이는 이를 토대로 자신이 독립적으로 행동할 수 있다는 내적인 확신을 갖게 된다. 또한 사람들이 자신을 도와줄 것이며, 자신이 필요로 할 때 그런 사람이 나타날 것이고 자신 역시 그를 신뢰할 수 있다는 생각을 품고 인생을 시작하게 된다. 한 가지 기억할 점은 부모 중 한 명만 아이에게 필요한 것을 충족시켜도 아이가 안정적인 애착을 형성할 수 있다는 것이다. 한부모가족의 아이들도 안정적으로 애착 관계를 형성하는 경우가 많다.

안정적으로 애착을 형성한 아이는 자연스럽게, 그리고 거짓 없이 진짜 자신감이 있는 성인으로 자란다. 이러한 자신감은 살면서 힘든 일을 겪을 때 아무리 극단적인 문제와 맞닥뜨리더라도 쉽게 변하지 않는다. 물론 자신감이 커질 때도 있고 떨어질 때도 있지만, 상황이나 환경이 바뀌어도 대체로 안정적으로 유지된다. 오로지 자신의 정서에만 몰두하는 부모에게서 자란 아이들과의 차이점이다.

이와 다른 것이 불안정형 애착이다. 불안정형 애착의 주요 유형을 살펴보자.

혼란 또는 혼돈형 애착

혼란형 애착은 어린 시절에 학대를 당한 사람에게 주로 나타나는 애착 유형이다. 가령 큰 괴로움을 느낀 중대한 순간에 아무 도움을 받지 못하거나, 주 양육자가 벌을 주려고 또는 아이가 착하게 행동하도록 만들겠다고 신체적·정서적 폭력을 가하고 협박하는 경우가 이에 해당한다. 이러한 양육자는 아이에게 사랑을 보이지 않고 무심하거나 좌절한 태도로 아이를 대한다. 그래서 아이는 양육자가 자신을 어딘가로 보내버리거나 떠날 수도 있음을 감지하고, 자신을 원하지 않는다고 느낀다.

내 아버지는 전형적인 지킬과 하이드 같은 성격이었다. 나는 아버지 기분이 쭉 좋을지, 갑자기 기분이 나빠져서 물리적·정서적 폭력을 행사할지 정확히 예측할 수가 없었다. 지금 생각해도 감을 잡을 수가 없다. 아버지와 함께 있을 때 마음이 편했던 기억보다 걱정스러웠던 기억이 더 많다. 아버지는 우리를 때리고, 소리 지르고, 불편하다고 느낄 만큼 과도하게 재미를 강요하다가(간지럽히거나 레슬링을 걸어서) 난데없이 벌컥 화를 냈다. 그뿐만 아니라 이상한 자연 건강 이론을 신봉해서 내 몸과 마음, 감정을 위태로울 정도로 조종하고 통제하려고 했다. 내가 아주 어릴 때, 분명하지도 않은 건강 효과를 얻을 수 있다면서 삼키지도 못할 만큼 큰, 설사를 유발하는 알약을 억지로 먹이는 학대를 가한 적도 있다. 나는 그 약을 먹고 화장실에서 출혈까지 했지만, 너무 무서워서 아무에게도 말하지 못했다. 아버지에게는 더더욱 말할 수 없었다. 그 일로 소화 기능의 균형이 깨지고 극심한 복통으로 학교도 여러 날 결석해야 했다. 학교에서 거의 모든 과목에 성적이 뚝 떨어지자 아버지는 내게 아주 제대로 망쳐놨다고 말했다. 나는 아버지가 하는 말을 다 믿었다.

깨달음의 순간

아이는 자신에게 일어난 일을 이해하지 못하거나 답을 찾지 못하면 모두 자기 잘못이라고 믿는다.

카리나는 어릴 때 나이 차가 크게 나는 남동생과 둘이서만 집을 지킨 날이 너무 많았다. 어머니는 둘만 집에 남겨두고 친구를 만나고, 파티에 가고, 여러 남자와 데이트했다. 카리나는 집에 남아 어른 역할을 해야 했다. 한밤중에 어머니가 아직 집에 오지 않은 걸 깨닫고 혹시 어머니가 잘못되었을까 봐 너무 무섭고 겁이 나서 아버지에게 연락한 적도 있었다. 하지만 그때 어머니는 만취해서 다른 사람 집에 있었다. 아버지가 집에 와서 카리나와 남동생을 자기 집으로 데려갔고, 나중에 어머니는 왜 아빠에게 연락했냐며 카리나를 혼냈다.

 잠시 생각해볼 것

어린 시절에 학대당하거나 혼란, 두려움을 느낀 일, 또는 방치당한 경험을 떠올려보자. 그 기억을 글로 써보면서 혼란형 애착과 관련이 있는지

불안-양면형 애착

모순적인 부모는 불안-양면형 애착의 근원이 된다. 그런 부모에게 양육된 아이들은 당장 무슨 일이 벌어질지 전혀 예상할 수 없다. 내 어머니와 아버지는 결혼과 이혼을 여러 번 했고 그 사이사이에 연애도 많이 했다. 나와 형제들은 부모님이 만나는 사람들을 대부분 만났다. 아버지는 따로 나가서 산 기간이 우리와 함께 산 기간보다 길었고, 함께 살 때는 늘 극적인 사건과 갈등을 몰고 와서 거센 폭풍이 한바탕 몰아치는 듯했다. 자신은 마음 내키는 대로 집을 나갔다가 들어오면서도 우리에게는 항상 변함없이 아버지 대접을 받고 싶어 했다.

아버지는 자신이 믿는 기이한 신앙과 '해독'에 좋다는 자연 건강법을 끊임없이 우리에게 강요했다. 어느 날은 '영적인 해석'을 받고 와서는 내게 전생에 자신과 내가 연인 사이였다고 말했다. 끔찍할 정도로 폭력적이고, 혼란스럽고, 절대 자기 딸에게 해서는 안 되는 말이었다. 아버지는 어머니가 이번 생애에서 날 좋아하지 않는 이유는 전생에 자신이 어머니가 아닌 나를 연인으로 선택했기에 질투가 나서 그런 거라고 했다. 이 비뚤어진 자기도취를 들은 나는 아버지가 너무 두렵고 어떻게 해야 할지 마음이 오락가락했다. 그리고 끔찍할 정도로 불편했다. 아버지가 나를 사랑하는지, 어떤 마음으로 사랑하는지, 아니면 나를 전혀 신경 쓰지 않아서 그러는 건지 도무지 알 수가 없었다. 정말로 아버지가 전생에 어머니가 아닌 나를 택해서 지금 어머니가 날 미워하나, 하는 생각이 들어서 마음이 혼란스러웠다. 너무 어릴 때라 이 모든 일의 의미를 이해할 수도 없었고, 전부 다 지어낸 이야기일 가능성도 떠올리지 못했다.

어머니는 자식들보다 자기 연애가 늘 우선이었다. 그러면서 내가 외로워하면 이런 말로 무마하려고 했다. "엄마가 지미니 크리켓(이탈리아 소설 〈피노키오〉에 등장하는 귀뚜라미. 이를 바탕으로 만든 디즈니 애니메이션에서는 피노키오의 모험을 함께하는 친구이자 조언자로 그려졌다.—옮긴이)처럼 늘 네 어깨에 앉아서 함께 할 거야." 하지만 지미니 크리켓인 척하는 것으로는 어머니의 빈자리가 채워지지 않았다. 어머니는 따뜻하고 활기찬 사람일 때도 있었지만 대체로 냉정하고, 심술부리고, 애정을 갈구하고, 불평을 늘어놓고, 아프고, 격분했다. 그래서 나는 어머니와 함께 있으면 불안하고 초조했다. 어머니는 자신에게만 온통 신경을 쏟는 생활에 잠식되어 있었다.

잭은 아버지가 가족을 독재하는 것이나 다름없었던 가정에서 자랐다. 아버지는 집이 늘 깨끗하고 완벽하게 잘 정돈된 상태로 조용히 유지되어야 한다고 했다. 건강하고 활달한 보통 어린아이가 사는 집에서는 불가능한 일이었다. 잭은 자신이 뭔가 잘못해서 아버지가 어린 자신은 이해할 수 없을 정도로 심하게, 온몸으로 화를 분출하는 순간이 언제 찾아올지 몰라 항상 마음 졸였다. 눈에 띄는 곳에 머물되 소리는 내지 말라는 명령을 따라야 했다. 그럴 때마다 너무 두려웠다. 아버지 근처에 가지 않는 방법도 터득했다. 가까이 가지 않아야 예측할 수 없는 아버지의 반응과 언제 몰아칠지 모르는 정서적인 폭력으로부터 자신을 안전하게 지킬 수 있었기 때문이다. 잭은 지금도 아버지와 가까이 있으면 어쩔 줄 모르는 기분이 든다고 이야기한다. 그는 아버지 앞에서 반사적으로 몸이 굳고 입을 다물게 되는 반응을 보였다. 발소리도 내지 않으려고 극히 조심하게 되었다.

 잠시 생각해볼 것

어린 시절에 어쩔 줄 모르겠다거나 예측할 수 없다고 느낀 경험을 떠올려보자. 글로 쓰면서 불안-양면형 애착과 관련이 있는지 생각해보자.

위의 사례를 통해 여러분도 처음에는 가족에게, 커서는 다른 사람들에게도 불안감과 어찌할 바를 모르는 기분을 느낀 이유를 알 수 있다. 모든 면에서 모순되고, 상처가 되고, 불안정한 가정에서 자라면 희망이나 신뢰보다는 깊은 두려움과 혼란, 불안을 느끼며 살게 된다.

불안-회피형 애착

불안-회피형 애착은 주로 양육자와 아이의 사이가 멀고 아이가 정서적으로 필요로 할 때 양육자가 곁에 없을 경우에 해당된다. 이러한 부모는 자녀가 되도록 빨리 독립적이고 책임감 있게 자랄 수 있도록 일부러 거리를 두는 것이라며 육아 방식의 문제를 정당화한다. 이런 환경에서 자란 아이는 다른 아이들보다 독립심이 강해 보일 수도 있지만, 누군가 정서적으로 너무 친밀하게 다가오면 속으로 극도의 불안감을 느낀다. 또한 양육자와 정서적 유대감을 거의 형성하지 못했고, 올바른 말과 행동을 보고 따라 하면서 배우는 '거울 반응'을 경험할 기회가 없었으므로 자신의 감정을 잘 인지하지 못한다. 누가 설명해보라고 해도 자신의 감정을 전달하고 표현하기를 힘들어한다.

이러한 애착 유형에 해당하는 두 가지 예시를 살펴보자. 경찰인 리처드와 은퇴한 소방관 리사의 이야기다. 리처드와 리사는 둘 다 아이의 독립심을 키우려면 부모 역할은 최소만 해야 한다고 생각하는 부모에게서 자랐다. 어른이 된 후 둘 다 해로운 배우자를 여럿 만나 결혼하고 이혼하는 일을 반복했다. 두 사람의 또 다른 공통점은 정신적·정서적으로 엉망이라는 기분이 들고, 자기 생각·감정·의견을 설명하거나 표현할 수 없다고 느낀다는 점이다. 어떤 감정을 느낄 때 그것이 옳은지, 그른지, 정신 나간 감정인지, 이해할 수 있거나 합당한 감정인지 아무리 스스로 해석해보려고 해도 혼란스럽기만 했다. 리처드와 리사는 둘 다 독서광이고 탐구적인 편이라 내면에서 벌어지는 일들의 정체를 밝히고 이유를 찾는 데 도움이 될 만한 자료를 열심히 뒤졌다. 이들은 성장기에 양육자가 곁에 없었던 적이 너무 많아서 심리적인 '거울 반응'의 기회가 거의, 또는 아예 없었고, 그래서 사람들을 두려워하고 다른 사람의 감정 전반에 대한 자신의 판단을 확신하지 못하게 되었다. 타인과 건강하게 관계를 맺는 과정에는 자연스레 위험하거나 판단하기에 애매모호한 일들이 생기는데, 두 사람은 그러한 상황에 노출되느니 혼자 있는 게 낫다고 생각했다.

 잠시 생각해볼 것

어린 시절에 양육자에게 거리감을 느끼거나 정서적으로 필요할 때 양육자가 곁에 없었던 경험을 떠올려보자. 이를 글로 쓰면서 불안–회피형 애착과 관련이 있는지 생각해보자.

위와 같은 불안정한 애착 유형은 트라우마의 한 부분이 되어서 평생 다른 사람들과 관계를 맺으려고 할 때마다 깊은 불안과 불신을 일으킨다. 이 트라우마는 살면서 맺는 모든 관계, 또는 관계를 맺으려는 모든 시도에 영향을 준다.

건강한 사랑의 경험은 왜 중요한가

정상적인 기능을 수행하지 못하는 가족은 서로 건강하게 사랑을 주지도, 받지도 않는다. 건강한 사랑을 경험하지 못하면 사랑을 대하는 방식에 문제가 생기는 경우가 많다. 성인이 된 이후의 사랑은 어린 시절에 필요했지만 누리지 못한 사랑의 형태를 띠는 경우가 대부분이다. 사랑받기 위해서 사랑하거나, 영혼 깊이 느끼는 허전함을 채우려고 사랑을 이용할 수도 있다. 반대로 사랑을 아예 피하려고 할 수도 있다.

우리가 애착 관계를 맺는 방식을 알면 왜 이런 반응이 나타나는지 이해할 수 있다. 누군가를 사랑하는 감정은 안정감이 아닌 상처에서 나올 수도 있다. 근원적인 상처가 있는 사람은 사랑을 잃으면 어쩌나 두려워하면서 살게 된다. 자신이 사랑받는다고 느끼면 자신감이 넘치고 행복하지만, 사랑이 사라질 수 있다고 느끼거나 실제로 그런 일이 벌어지면 금세 혼란에 빠져 자신은 사랑받을 수 없는 존재라고 생각하며 무너진다. 사랑이 끝날 때마다, 심지어 자신이 먼저 끝내기로 한 경우에도 가장 두려워하던 일이 일어났다는 잘못된 결론을 내린다. 그리고 가장 두려워했던 일, 즉 자신에게 '사랑받을 수 없는 존재'라고 했던 해로운 가족의 말이 어쩌면 사실일지도 모른다는 생각마저 하게 된다. 또는 상대방이 자신과 관계를 꾸준히 유지하려고 더 노력할 만큼 강하고 깊게 자신을 사랑하지 않는다거나, 상대방이 자신과의 사랑에 큰 의미를 두지 않는다고 결론 내린다.

깨달음의 순간
불안정 애착 유형에 해당하는 사람은 자신이 다른 사람이 시간과 노력을 들이고 고민하고 헌신하는 사랑의 대상이 될 자격이 없다는 생각에 두려워한다.

인생의 모든 면에 영향을 주는 이런 불안정함을 안고 살아가기란 너무나 힘든 일이다. 사랑과 애착의 문제가 아니라도 이 세상은 예측하기 힘든 곳이다. 공동체의 일원임을 느끼는 건 행복과 긍정적인 상관관계가 있는 중요한 일이다. 그런데 사랑과 애착을 두려워한다면 어떻게 다른 사람들과 친밀해질 수 있을까? 강하고 지속적인 불안이 어디에서 비롯됐는지 알면, 마음을 치유하는 데에도 도움이 될 것이다.

근본적인 불안은 마음속 깊이 남는다

자신을 조종하고 학대하는 가족 안에서 자란 사람은 불안감을 안고 산다. 안전함은 느낄 수 없고 스스로 예측할 수 없는 일들이 가득한 환경·불안정함·불확실함·혼란이 넘치는 환경에서 생겨나는 불안감은 무의식에 계속 남아, 성장 과정 내내 마음속에 자리한다.

나는 내가 느낀 불안의 종류가 무엇인지 찾아보려고 했지만 《DSM-5》나 심리학 분야의 문헌 자료에서는 답을 찾을 수가 없었다. 불안을 다룬 연구나 진단 자료에 불안의 기준이 나와 있긴 하지만 내 경험을 모두 포괄하는 명확한 기준은 없었다. 그래서 나와 비슷한 다른 사람들에게 도움이 되기를 바라는 마음으로 이러한 불안에 직접 이름을 붙이기로 했다. 바로 '근본적인 불안'이다.

근본적인 불안은 뇌의 화학물질이 아닌 애착 관계와 관련이 있다. 중추적이고 기본적인 애착 관계가 불안정하게 형성되면 불안정한 사람이 된다. 수전 포워드는 이렇게 설명했다. "예측할 수 없는 부모는 아이의 눈에 무시무시한 신처럼 보인다. 어린아이는 자기 눈에 신과 같은 부모 손에 휘둘린다. 자신에게 소홀한 태도, 학대, 조종이 언제 또다시 벼락처럼 떨어질지 알 수 없는 환경이기에 아이는 공포 속에서 살게 된다. 벼락이 떨어지리라는 두려움, 그런 일이 언제 일어날지 몰라서 생기는 불안은 마음속 깊이 각인되고, 아이가 성장하면 불안도 함께 자란다."[10] 발달 과정에서 겪은 이러한 불안은 아이가 상황을 스스로 이해할 수 있을 만큼 성장하기도 전에 수치심과 자기 회의감을 키우는 바탕이 된다.

"어릴 때 학대를 경험하고 성인이 된 사람은 모두 마음속에 무력감과 두려움을 느끼는 어린아이가 남아 있다. 커서 큰 성취를 이루었다고 해도 마찬가지다."[11]

트라우마는 뇌에 어떻게 자리 잡는가

애착의 작용에 관한 과학적 근거가 없다면 생존자들의 말이 주관적인 이야기에만 머무르고 그들의 경험이 더 넓은 사회적 관점에서 입증할 수 있을 만큼 타당하지 않다고 여겨질 수 있다. 그러므로 애착에 관해 심리학 이론을 넘어 과학적 이론도 간략히 설명하고자 한다.

자신이 겪은 일과 관련된 이론을 뒷받침하는 과학적인 근거가 있으면 내면에서 일어나는 일들이 모두 진짜라는 확신도 커진다.

〈사랑과 두려움: 애착과 학대, 발달 단계의 뇌〉라는 제목으로 실시된 연구에서는[12] 어린 시절에 입은 상처와 정신적 외상의 경험이 어린이의 뇌에 영향을 준다는 사실을 입증했다. 이 연구에서 부모와 아이의 정서적 단절은 아이의 뇌가 발달하는 과정에서 유전 정보를 읽고 활용하는 방식에 영향을 끼치는 것으로 밝혀졌다. 어린 시절의 경험이 뇌에 어떻게 변화를 일으키는지는 명확히 알 수 없지만, 뇌가 그러한 경험에 반응하며 뇌 구조와 유전자의 발현, 유전자의 기능에 변화가 생긴다는 사실을 알 수 있는 결과다.

정신과 의사 베셀 반 데어 콜크Bessel van der Kolk는 저서《몸은 기억한다》에서 아이에게는 애착을 형성하려는 생물학적 본능이 있다는 이론에 동의했다.[13] 부모나 양육자가 사랑을 듬뿍 주고 아이를 잘 보살피는지, 아니면 아이와 사이가 멀고, 무감각하고, 아이를 거부하고, 학대하는지는 그 본능 자체에 큰 영향을 주지 못한다. 아이는 필요한 것을 일부분이나마 얻기 위해 제 나름의 대처 전략을 찾으려고 애쓴다. 다른 사람과 애착 관계를 형성하려는 유전학적인 반응은 아이가 마음대로 통제할 수 없다. 반 데어 콜크는 다음과 같이 설명했다. "편안함의 근원이 되는 대상이 두려움을 주더라도, 공포는 애착 관계에 대한 욕구를 증대시킨다."[14] 그래서 아이들은 양육자에게서 얻는 게 거의 없거나 아예 거부를 당해도 양육자에게 애착을 느낀다.

반 데어 콜크의 연구에 따르면 불확실성을 안고 살면 몸의 스트레스 기능에 두드러지는 영향을 미친다. 자신을 지켜주는 사람이 아무도 없다면 아이가 어떻게 안심하고 안전하다는 기분을 느낄 수 있겠는가? 그런 환경에서 자라면 아동기가 지나고 시간이 한참 흐른 뒤에도, 아주 작은 위험의 기미만 느껴도 금세 스트레스 반응이 활성화된다. 이와 같은 스트레스 반응은 뇌 회로의 기능에 악영향을 주고, 그 여파로 몸에는 엄청난 양의 스트레스 호르몬이 분비된다. 그 결과 불쾌하고 고통스러운 느낌과 함께 구역질, 메슥거림과 같은 강한 신체 감각 변화와 호흡 곤란, 혈압 상승과 같은 반응이 일어난다. 공격적이거나 충동적인 행동을 하는 경우도 많다. 동시에 자신의 이런 반응에 혼란을 느낀다. 인생도, 사랑도 도무지 이해할 수 없고 감당할 수도 없다는 생각, 통제력을 상실하고 무력해진 기분에 빠진다.

이처럼 뇌가 트라우마에 시달릴 때 나타나는 반응은 근본적인 불안의 바탕이 된다. 트라우마는 감당하기 힘든 스트레스를 겪는 환경이나 상황이 스스로 대처할 수 있는 범위를 벗어날 때 생긴다. 원래 감정은 분해되고 흡수되어 마음의 회복을 돕는 재료 역할을 하지만, 이 감정이 트라우마로 남으면 그러지 못한다. 분해되고 흡수되지 못한 감정은 평생 근원적인 상처로 남는다. 트라우마는 뇌의 깊은 구석에 영원히 각인된다. 트라우마가 쉽게 자극받고 본인의 의지와 상관없이 깨어나는 이유이기도 하다.

아래 표는 이러한 정신적 충격이 남아 있는 뇌와 회복된 뇌의 주요 특성을 비교한 것이다.

트라우마에 시달리는 뇌	회복된 뇌
항상 경계하고 겁을 낸다.	느긋하며 상대를 믿는다.
냉소적으로 전망한다.	낙관적으로 전망한다.
고정관념이 강하다.	마음이 열려 있다.
관점에 흑백논리가 강하다.	관점에 분별력이 있다.
자신이 부족하다고 생각한다.	가능성을 중시하며 생각한다.
다른 사람들의 평가를 두려워한다.	자신감이 있다.
무고함이 증명될 때까지 죄책감을 느낀다.	죄가 증명될 때까지는 무고하다고 믿는다.
공격부터 한 다음에 질문한다.	추측은 피하고 먼저 물어본다.

위의 목록을 보면 심각한 트라우마에 시달리는 뇌가 건강한 뇌와 얼마나 큰 차이가 있는지 알 수 있을 것이다. 다행스러운 사실은 성장 과정에서 트라우마를 겪었더라도 평생 그 영향에 시달려야 하는 건 아니라는 것이다. 다양한 방법으로 뇌를 회복할 수 있다.

트라우마를 겪으면 뇌에 변화가 생긴다는 사실은 절망적이지만, 치유 역시 뇌를 변화시킬 수 있다는 사실을 기억하자.

정서적 트라우마를 치유하고 싶다면, 트라우마와 관련된 어린 시절의 기억을 떠올려서 그 일들의 의미를 짚어보고 스트레스 반응을 어떻게 일으키는지 확인하는 것으로 시작할 수 있다. 기억은 마음에 계속해서 영향을 주는 '정서적 촉발 요인trigger'이다. 어떤 기억이 떠오를 때 두려움과 수치심이 느껴지고 자신에 대한 의구심이 든다면, 이는 정서적 트라우마와 관련 있는 기억일 수 있다. 경험, 사건, 갈등, 현재 기분과 상관없이 강하게 드는 불안감도 그러한 정서적 촉발 요인으로 작용할 수 있다. 이번 장과 다음 장에 나온 자가 설문용 질문을 활용하면, 여러분 각자의 정서적 촉발 요인을 찾을 수 있을 것이다. 다음 장에서 그러한 요인을 바로잡을 방법도 설명하겠다.

7

학대가 발달 과정에 미치는 영향

해로운 수치심은 트라우마를 견디는 과정에서 발생하는 파괴적인 결과다. 생애 두 번째 단계(아래에서 설명하겠다)부터 형성되기 시작하며 나이가 들어도 사라지지 않는다.

나는 내 가족에게 따돌림을 받았다. 아주 어릴 때부터 가족들이 나를 좋아하지 않는다는 느낌을 받았고, 특히 어머니에게서 그런 감정을 느꼈다. 나를 골칫거리로 여기고 무시하는 어머니의 태도는 다른 가족들에게도 금세 번졌고 다들 한 치의 의심도 없이 나를 '문제가 있는 아이'라고 결론 내렸다(이런 상황은 어릴 때는 물론 그 이후로도 계속됐다. 나는 성인이 된 후에도 가족에게 마녀사냥을 당하는 삶을 살았다). 나는 수시로 이용당하고, 학대당하고, 희생양이 되었다.

그런 일들이 남긴 고통은 내 자존감과 대인관계, 인생과 사람들을 바라보는 나의 전반적인 시각에 엄청난 악영향을 주었다. 나는 내가 나쁜 사람이고 망가져서 남에게 짐이 되는 존재이며 '문제가 있는' 사람이라고 믿었다. 그게 내 가족이 내게 꾸준히 심은 생각이었기 때문이다. 나는 내가 부끄러웠다.

해로운 수치심은 자신은 아무런 가치가 없는 존재라는 비이성적인 생각과 굴욕감, 자기혐오를 지속시키는 것으로 나타난다. 이러한 수치심은 한 사람의 영혼을 깊숙이 도려내 합리적인 사고 능력을 마비시킬 만큼 강력하다. 또한 아주 사소한 자극에도 예고 없이 깨어나서 마음이 무언가에 사로잡힌 것 같은 기분을 느끼게 하고 감정과 반응을 통제하지 못하게 만든다. 자신을 다잡지 못하면 수치심은 더욱 깊어진다.

해로운 수치심을 느낀다고 해서 세상이 다 끝나는 건 아니다. 건드려봐야 괜히 고통스럽고 힘들어지기만 하는 문제 아닐까? 그건 맞다. 하지만 뚜껑을 열어야 거짓에 감춰진 진실을 들여다볼 수 있다. 그래서 나는 여러분이 해로운 수치심의 뚜껑을 열고 그 속으로 뛰어들 것을 권한다. 그 안에 진실이 있고, 치유와 평온함도 있다. 그러면 더 이상 수치심에 붙들리지 않고, 인생을 훨씬 나은 방향으로 바꿀 수 있다.

자율성 대신 수치심을 심는다

에릭슨이 규정한 심리사회적 발달 단계의 두 번째 시기는 생후 18개월~3세다. 이 시기에 아이는 처음 독립심을 맛보고, 양육자와 분리되는 게 어떤 느낌인지 경험한다. 수치심이 가장 자라기 쉬운 단계이기도 하다.

이 시기에는 자신감과 결단력, 실행 의지(에릭슨은 이를 자율성을 발견하고 혼자 무언가를 알아서 하기 시작하는 때라고 규정했다)가 발달한다. 에릭슨은 다음과 같이 설명했다. "부모는 아이가 실패해도 괜찮다고 격려받는 환경에서 자기 능력의 한계를 탐험해볼 수 있도록 해야 한다. 비난받거나, 과도한 통제를 받거나, 해보고 싶은 대로 해볼 기회를 누리지 못한 아이는 자신이 부족하다고 느끼며 자기 능력을 수치스러워하거나 의심하게 된다."[15] 이 단계를 건강하게 거친 아이는 이런 생각이 발달한다. '나는 혼자서도 잘할 수 있어.'

혼자 힘으로 해보려다가 심하게 혼나거나, 시도한 일이 실패로 돌아가 모욕감을 느끼거나, 원하는 걸 얻으려고 계속 애쓰다가 비웃음을 당하는 등 이 단계를 건강하게 넘기지 못하면 수치심이 뿌리를 내린다. 수치심은 저절로 사라지지 않는다는 점에서 인간의 모든 감정을 통틀어 가장 파괴적인 감정이라고 할 수 있다. 자라서 성인이 되면 수치심을 없애기 위한 몇 가지 방법을 스스로 찾게 된다. 자신이 처한 상황이나 자기 행동으로 빚어진 결과를 놓고 다른 사람 탓을 하기도 하는데, 이는 자기애적 성향으로 이어질 수 있다. 또는 자신의 해로운 가족이 그랬던 것처럼 미성숙한 성인이 되어서도 계속 어린애처럼 성질을 부리는 사람이 되기도 한다. 태생적으로 공감 능력이 뛰어난 아이가 비정상적인 방식으로 양육되면, 수치심이 내면화되어 부모를 힘들게 만드는 요인이 자신이라고 확신하고 자책하게 될 가능성이 크다.

두 번째 발달 단계의 결과는 다음과 같이 건강한 발달과 불건강한 결과로 나눌 수 있다.

- 건강한 자율성이 형성된다.
- 자기중심적인 자기애적 성향. 자신이 일으킨 문제에 남 탓을 한다.
- 공감 능력이 뛰어나 자책이 심함. 만사에 자기 탓을 하고 다른 사람들의 기분에 맞추려고 한다.

 잠시 생각해볼 것

다음 질문을 읽고 답을 써보자. 단답형으로 끝내지 말고, 어떻게 일어난 일이고 삶에 어떤 영향을 주었는지 설명해보자.

1   실패해도 괜찮은 환경에서 성장했나?
2   한계를 탐험하고 이를 넘을 수 있는지 도전해보라고 격려받았나? 지켜

야 하는 엄격한 규칙이 있다면 반항했는가, 아니면 순순히 따랐는가?

3 현재 모험심을 발휘하면서 살고 있는가, 아니면 편하고 안전한 범위에서 벗어나는 게 두려운가?

4 한 명의 성인으로서 독자적으로 살고 있는가, 아니면 원하는 것을 만족시키라고 나를 압박하는 가족과 분리되지 못한 상태인가?

5 창피를 당하거나, 모욕을 겪거나, 비난당한 기억이 있는가?

6 스스로 결정할 수 있는가? 아니면 의견이 있어도 실행에 옮기기 선 다른 사람들에게 괜찮은지 확인받아야 하는가?

생애 두 번째 발달 단계를 어떻게 보냈는지 명확히 아는 건 내면 치유의 시작점이므로 위의 질문에 대한 자신의 답을 주의 깊게 살펴볼 필요가 있다. 두 번째 발달 단계가 신뢰감 없이 시작되고 수치심이 생기는 것으로 마무리되면 다음 단계는 더더욱 힘들어진다. 수치심은 더 크게 자라나고, 그만큼 삶에 더 엄청난 영향을 준다.

주도성 대신 죄책감을 학습시킨다

에릭슨이 밝힌 발달 단계의 세 번째 시기는 3~5세다. 이 단계가 되면 아이는 목적에 따라 움직인다. 또한 독창성과 창의력을 발휘해서 독립하는 법을 배우며 자기중심적인 면이 줄고 사회성이 커진다. 이 단계에 독창성을 탐험해볼 기회를 얻으면 주도성이 발달하며, 다른 사람들을 이끌고 결정을 내리는 자기 능력을 믿게 된다. 반대로 주도성을 키우는 시도를 하다가 비난이나 통제를 받아 행동이 가로막히면, 자신이나 다른 사람을 직접 이끌어보고 싶은 욕구에 죄책감과 수치심을 느끼고 가족과 더욱 동떨어진 존재가 된다. 이 나이대의 아이는 알고 싶은 것들이 계속 늘어나는 시기인 만큼 질문을 굉장히 많이 하는데, 부모가 그런 질문을 하찮게 여기거나, 민망해하거나, 그런 걸 왜 물어보느냐고 짜증을 내거나 성질을 내면 아이는 자신의 호기심에 죄책감과 굴욕감을 느끼게 된다.

건강한 양육 환경에서 이 시기를 보낸 아이는 결단력이라는 덕목이 발달한다. 하지만 파괴적인 가족 안에서는 주도적인 행동이 배신행위로 여겨진다. 나와 내 내담자들은 그런 상황에서 혐오스러워하는 시선을 받은 기억이 있다. 심리학에서 '자기애적 응시'라고 칭하는 시선이다. 상대를 혐오스럽게 보는 이런 눈빛은 가족이 같은 구성원에게 '너는 쓸모없는 존재'라는 메시지를 던지는 치명적인 무기로 쓰이고, 그 시선을 받은 사람은 근원적인 수치심을 느끼게 된다. 거부감은 잔인한 말을 하거나 물리적인 체벌을 가해야만 드러나는 게 아니다. 혐오감이 담긴 눈빛만으로도 충분하다.

생애 세 번째 발달 단계에 죄책감이 너무 깊이 뿌리를 내리면 불안감이 커져서 다른 사람들과의 상호작용이 더뎌지고, 이 단계는 물론 뒤에 이어지는 발달 단계에서도 창의력을 발휘하지 못한다. 뭔가를 하거나 말했다가 남들이 받아주지 않을까 봐 겁을 먹는, 부끄러움이 많은 아이가 되기 쉬운 단계이기도 하다. 두려움과 투사된 죄책감 때문에 무언가를 말하는 대신 그냥 입을 다물게 되는 것이다. 물론 어린아이도 어느 정도는 죄책감을 느껴야 스스로 통제하는 법을 배우고 양심이 발달한다. 하지만 과도한 죄책감은 아이의 주도성과 소속감을 앗아간다.

 잠시 생각해볼 것

다음 질문을 읽고 답을 써보자. 단답형으로 끝내지 말고, 그 일이 어떻게 일어났고 삶에 어떤 영향을 주었는지 설명해보자.

1 연인·친구·가족과의 관계에서 자신이 짐이 된다고 느끼는가?

2 자신이 하는 생각과 행동·감정·말을 전부 분석하는가?

3 남들에게 선물을 주거나 칭찬하는 일은 아무렇지도 않지만, 자신이 선물을 받거나 칭찬받으면 민망하거나 죄책감이 드는가?

4 사는 게 살얼음판 위를 걷는 것 같다는 느낌이 들고, 다른 사람들의 마음에 드는 존재가 되기 위해 기분을 맞추려고 애쓰는 편인가?

5 가족 안에서 자신만의 의견·계획·방향·욕구를 밝히며 살아왔나? 그런 것들이 허용되는 가족이었나? 현재 맺고 있는 다른 관계에서도 그렇게 하는 편인가?

6 남들이 '멍청하다'고 생각할까 봐 질문은 안 하려고 하는 편인가?

위와 같은 질문은 성찰이 목적이지만 수치심과 불안감을 일깨우기도 하므로 답하기가 어려울 수 있다. 그래도 꼭 답을 작성해보기를 권한다. 이러한 자가 점검은 분명 가치가 있다. 내면화된 수치심과 죄책감이 생애 초기부터 지금까지 자신에게 얼마나 영향력을 발휘했는지 이해하는 데 도움이 될 것이다. 그러한 연관성을 이해하면, 다음 발달 단계에 자신이 어떠했고 어떻게 지금과 같은 모습이 되었는지를 더욱 정확한 방향으로 분석할 수 있다.

근면성 대신 열등감을 키운다

발달 단계의 네 번째 시기는 5~12세다. 이 단계에는 자신과 가족, 사회에 중요한 일들을 해낼 수 있는 기술과 자신감이 발달한다.

해로운 가족은 이 시기에 성적·인기·외모·운동 실력과 같은 외적인 요소에 과도하게 가치를 부여하는 경우가 많다. 내 경우에는 외모가 그랬다. 어머니와 아버지는 외모를 특히 중요하게 생각했다. 나는 부모가 다른 사람의 피부색과 인종에 트집을 잡거나 어떤 사람을 두고 늙었다, 살이 쪘다, 뱃살이 나왔다, 주름이 도드라진다고 하는 말들을 쉴 새 없이 들었다. 다른 사람들이나 나를 향한 부정적이고 잔인한 말을 들을 때마다 서글펐다.

이 시기에 자신감과 직결되는 중요한 말을 들으면 그 말이 마음속에 각인된다. 이 단계를 건강하게 거치면 자신에게 능력이 충분하다는 믿음이 생긴다. 반대로 이 시기에 자신의 힘을 믿지 못하고 격려를 얻지 못하면, 비현실적인 결과를 기대하게 될 가능성이 크다. 또한 자기 능력을 의심하고 남들보다 자신이 열등하다고 느끼므로 주도성이 발달하지 못한다.

💡 **잠시 생각해볼 것**

다음 질문을 읽고 답을 써보자. 단답형으로 끝내지 말고, 어떻게 일어난 일이고 삶에 어떤 영향을 주었는지 설명해보자.

1 내 의견이나 관심사에 격려와 보상을 받으며 자랐는가? 지금은 어떠한가?

2 부모가 정한 기준에 부합할 수 없다는 암시를 받으며 자랐는가?

3 내가 원하는 건 무엇이든 성취할 수 있다는 격려를 받았는가?

4 있는 그대로의 모습으로 사랑받는다고 느끼는가? 아니면 사람들이 나를 좋아하는 건 단지 내가 만들어낸 성과나 겉으로 보이는 모습 때문이라고 생각하는가?

5 어릴 때 자신감이 있는 아이였나, 아니면 열등감을 느끼는 아이였나? 지금은 어떠한가?

열등감은 발달 단계 초기에 경험한 수치심에서 비롯된다. 발달 과정의 각 단계는 다른 단계의 바탕이 되고, 그것이 쌓여서 정신적·정서적으로 건강한 사람이 되거나 그렇지 않은 사람이 된다. 해로운 가족은 구성원이 열등감을 느끼게 만든다. 이는 그들에게 꼭 필요한

일이다. 해로운 가족의 중심에 있는 건 사랑이 아니다. 힘을 가진 자와 그렇지 않은 자, 우수한 사람과 우수하지 않은 사람이 가족 구조의 중심이 된다. 이런 시스템이 작동하려면 힘없는 구성원은 계속 무력한 존재로 남아야 하므로, 이는 비정상적인 구조다. 해로운 가족 안에서 생긴 열등감은 마음 깊이 각인될 확률이 높고, 그로 인해 자신이 진짜 어떤 사람인지 표현하지 못하게 된다. 위의 질문을 통해 여러분의 인생에서 통제력과 능력이 어떻게 작용했는지, 그리고 오래전 각인된 것들이 현재 어떤 영향을 주고 있는지 확인할 수 있을 것이다. 그런 사실을 알면 치유도 가능해진다.

정체성 확립을 방해한다

발달 단계의 다섯 번째 시기는 12~18세다. 이 단계에서는 성인이 됐을 때 해야 할 역할을 배우고 시도한다. 에릭슨은 이 시기에 두 가지 정체성이 발달한다고 설명했다. 바로 성 정체성과 직업 정체성이다. 우리는 청소년기에 해당하는 이 단계 전반에 걸쳐 자신이 어떤 사람인지 탐구한다. 성적 지향성에 관한 결론을 내리고, 성에 관해 탐구하고, 다른 사람에게 끌리는 감정이 어떤 것인지도 알아보고, 애정 관계에 관해서도 생각하기 시작한다.

이 단계를 건강하게 지나면 다른 사람을 위해 헌신할 줄 아는 믿음직한 사람이 된다. 이 헌신은 자신과 다른 사람이 나와 철학적·윤리적으로 다를 수 있다는 여지를 두고 그 차이를 받아들인다는 것을 의미한다. 가족이나 자신이 속한 사회 안에서 정체성이 확립되지 않으면 다음과 같은 말을 하게 된다. "어른이 되면 뭘 하고 싶은지 나도 잘 모르겠어." "내가 어떤 사람인지 모르겠어." "있는 그대로의 나를 사랑하고 받아들여줄 사람은 없을 거야." 이는 역할에 대한 혼미로 이어진다. 이 세상에 자신이 있을 곳이 어디인지 알지 못하면 부정적인 감정이 수없이 생겨난다.

이 시기에 정체성이 명확히 형성되지 않으면 섭식장애가 생기거나, 성적으로 문란해지거나, 가족이나 사회에 반항적인 행동을 보인다. 부모에게서 건강한 사랑과 격려, 수용을 얻지 못한 사람은 자기 자신을 사랑하거나 격려하거나 수용하지 못한다. 가족 체계의 최상위에 있는 존재(부모나 양육자)가 제 기능을 하지 못하면 아래에 있는 구성원(자녀)도 똑같이 제 기능을 하지 못하는 낙수효과가 나타난다. 사랑이 결핍된 어린 시절을 보내고 성인이 되면, 해로운 가족에게 얻을 수 없었던 것(응원·지도·보답·인정·감사)을 똑같이 주지 않는 사람을 연인·반려자·친구로 택하거나 그런 업무 환경을 택해 대인관계가 엉망이 되는 결과가 나타나기도 한다.

다음 질문을 읽고 답을 써보자. 단답형으로 끝내지 말고, 어떻게 일어난 일이고 그게 내 삶에 어떤 영향을 주었는지 설명해보자.

1   화가 나는 감정을 표출했다가 비난받은 적이 있는가?

2   자신이 있는 그대로 받아들여진다고 느끼며 자랐나?

3   청소년기에 자신이 받은 기대에 반항한 적이 있는가? 어떤 사람이 되어야 하는지에 관해 주위에서 제시한 기준을 거부한 적이 있는가? 권력에 굶주린 가족들이 내 인생을 마음대로 통제하고 내 인생의 방향을 멋대로 정하지 못하도록, 가족이 강요한 기준에 맞는 사람이 되어야 한다는 의무감을 피한 적이 있는가?

4   성인이 된 지금도 자신을 향한 기대를 거부하거나 그에 반항하는가?

5   현재의 자신에게 확신이 드는가?

6   자신이 어떤 사람인지 혼란스러운가?

이렇게 해야만 한다, 이런 사람이 되어야 한다는 요구를 받고 자신에게는 선택지가 없다고 느낄 때가 있다. 이럴 때 그런 요구와 정반대로 행동하거나 정반대인 사람이 되는 것, 또는 그러려고 시도하는 건 자연스러운 반응이다. 그러한 반응은 원래 내 것이어야 하는 선택권을 되찾으려는 방식이다. 자신에 대한 부정적인 생각이 굳어진 조건화가 처음 시작됐을 때 자신이 얼마나 어렸는지를 떠올려보

자. 그러면 '나는 부족한 존재'라는 생각이 왜 그토록 강하게 뿌리내렸는지 쉽게 이해할 수 있을 것이다. 자신이 열등하다고 믿게끔 키워졌는데 어떻게 자기 능력을 신뢰하는 사람이 될 수 있을까? 나도 그랬지만 그런 환경에서는 가족에게 반항해도, 반대로 가족이 정한 엄격한 규칙에 순응해도 자기 능력에 대한 확신은 생기지 않는다. 나는 이 시기를 분석해보고 내 능력을 믿을 수 있게 되었다. 해로운 가족 안에서 내가 희생되었다는 것을 알았으며, 내가 느낀 불안정함과 그에 대한 가족의 행동은 내게 문제가 있어서, 즉 내가 '원인'이라서 일어난 게 아니며 내가 키워진 비정상적인 환경에서 생긴 '증상'임을 깨달았다. 이 경험이 여러분에게도 참고가 되었으면 좋겠다. 여러분에게 문제가 있는 게 아니다. 여러분 자신에 대한 믿음을 본인들의 입맛대로 바꾼 해로운 가족 체계가 문제다.

친밀감 대신 고립감을 준다

에릭슨이 밝힌 발달 단계의 여섯 번째 시기는 18~40세다. 이 시기가 되면 사랑을 주고받는 기능이 발달한다. 다른 사람들에게 자신이 어떤 사람인지 보여주면서 더욱 친밀해지고, 가족이 아닌 누군가와 장기적으로 헌신할 수 있는 관계가 될 수 있는지 탐색한다. 이 단계를 성공적으로 마치면 오래 지속되는 사랑이 발달한다. 오래 지속되는 사랑이란, (어떤 종류의 사랑이건) 사랑과 관련된 모든 사람이 자진해서 노력함으로써 관계가 지속되고 더욱 커지는 사랑을 의미한다.

이 단계를 성공적으로 마치지 못하면 남들과 친밀한 관계를 맺지 않으려 하고 오랫동안 누군가에게 헌신하는 것을 두려워한다. 또는 사랑에 절박하게 매달리고 관계를 절대 놓지 않으려고 해서 상대방을 숨 막히게 만든다. 어느 쪽이든 결국 사랑은 고통스럽다는 결론을 내리게 된다. 신체적·심리적 학대가 가해진 가정에서 자란 아이는 사랑과 학대가 공존할 수 '있다'고 배운다. 불행히도 이 잘못된 믿음은 성인이 된 후 사랑에 관한 인식에 영향을 주고, 다른 사람이 자신을 학대하거나 조종해도 그럴 수 있다고 합리화한다. 이런 경우, 스스로 사랑하기로 선택한 사람들은 해로운 가족이 자신에게 그랬던 것처럼 마음 깊이 수치심을 느끼게 만든다. 그 결과 마음속 수치심은 더욱 강렬해지고 점점 깊어진다. 자기 인식은 더욱 나락으로 떨어진다.

- -

잠시 생각해볼 것

다음 질문을 읽고 답을 써보자. 단답형으로 끝내지 말고, 어떻게 일어난 일이고 삶에 어떤 영향을 주었는지 설명해보자.

1 다른 사람과 관계가 끝나면 자신이 버림받는 것 같아서 두려운가?

2 사랑은 약하며 힘든 일이나 장애물에 쉽게 무너진다고 생각하는가?

3 관계를 지키기 위한 다른 이들의 노력을 신뢰하는가? 갈등이 생겼을 때 해결하려고 하는 다른 이들의 의지를 믿고 그들에게 기댈 수 있는가?

4 애정 관계를 지속하는 데 꼭 필요한 노력을 스스로 해낼 수 있다고 믿는가?

5 다른 사람과의 관계에서 혹시라도 문제가 생기면 어떻게 할지 미리 생각해둔 제2안이 항상 준비되어 있는가?

6 자신을 사랑하는가? 자신이 다른 사람에게 사랑받을 만한 사람이라고 생각하는가?

해로운 가족 구조 안에서는 사랑과 친밀감의 실제 의미가 왜곡된다. 그런 구조 안에서는 다른 사람과의 관계에서 사랑과 평온함을 얻는 게 아니라 관계를 막는 방어막을 더 높이 세우게 된다. 또는 반대로 애정을 지나치게 갈구하고 마음을 안전하게 지키려면 어떻게 방어하는 게 적절한지 확신하지 못한다. 이처럼 성장 과정에서 잘못 형성된 사랑의 개념을 바로잡으려면, 사랑에 관한 기존의 생각을 버리고 왜곡된 내용이 아닌 올바른 내용으로 바꾸어야 한다. 처음 사랑을 배울 때 자신이 어떤 상황에 있었는지 알면 사랑에 관한 현재 자신의 생각이 어떻게 형성됐는지 솔직하게 받아들일 수 있고, 사랑을 주고받는 것에 대한 두려움도 줄어든다.

생산성을 억누르고 자기 침체를 일으킨다

일곱 번째 발달 단계는 40~65세다. 미래를 살아갈 다음 세대를 만들거나 육성하려는 강한 의지가 생기는 시기로, 다른 사람들에게 조언과 충고를 제공하거나 도움이 될 만한 긍정적인 변화를 만들어내려고 노력한다. 자녀를 키우고, 다른 사람의 자녀를 돌보고, 생산적인 일을 하고, 지역 공동체의 활동과 조직에 자진해서 참여하며 사회에 보탬이 되려고 한다. 후대를 양성하려는 욕구는 자신이 세상에 제공할 수 있는 것과 미래에 관한 관심에서 비롯된다. 사람들은 이 욕구를 실현하며 더 넓은 범위에서 자신이 의미 있고 중요한 역할을 맡고 있다고 느끼게 된다. 이 단계를 성공적으로 마무리하면 자신이 쓸모 있는 존재라고 느끼고 성취감을 얻는다.

반대로 이 단계를 올바르게 겪지 못하면 스스로 깊이가 없는 사람이 되었다고 느끼고 세상에 참여하는 건 의미가 없다고 생각하게 된다. 다른 사람들에게 도움이 될 만한 방법을 찾지 못하면 정체되고 비생산적인 삶을 살게 될 수도 있다. 해로운 가족이 남긴 영향이 이 단계까지 지속될 경우, 자신이 속한 공동체는 물론 자기 자신과도 유대를 형성하지 못하고 사회와 자신이 분리된 기분을 느낀다.

잠시 생각해볼 것

다음 질문을 읽고 답을 써보자. 단답형으로 끝내지 말고, 어떻게 일어난 일이고 삶에 어떤 영향을 주었는지 설명해보자.

1   아무 목적이 없다는 느낌이 드는가?
2   두려움과 해로운 수치심이 내가 원하는 대로 살아가지 못하게 하는 걸림돌로 작용하는가?
3   지금까지 겪은 일들을 어떻게 하면 유용하게 활용할 수 있을까?
4   인생의 결함이나 허점이 배우고 성장하는 계기가 된 경우가 있는가?
5   현재 내 인생의 통제권을 직접 쥐고 있는가? 그렇지 않다면, 방해 요소는 무엇인가?

내 경험으로 보자면, 매우 비정상적인 가정에서 자란 사람도 이 단계를 성공적으로 마칠 수 있다. 나는 내가 겪은 고통을 내 경쟁자이자 조언자, 내게 영감을 주는 요소로 활용할 수 있게 되었다. 그리고 내 인생의 결말을 쓰는 건 전적으로 내 몫임을 깨달았다. 여러분도 마찬가지다. 얼마든지 할 수 있다!

비정상적인 가족이 가진 문제는 마치 눈사태처럼 다음 세대로 차례차례 굴러가면서 지나는 길에 있는 모든 걸 무너뜨리고 파묻어버린다. 그 가족의 누군가가 더 이상은 못 참겠다고 판단하고 학대의 맹렬한 공격에 직접 맞설 용기를 찾아 나설 때까지 이런 사태는 지속된다. 여러분이 바로 그런 존재다.

여러분을 시작으로, 여러분의 자녀와 그 뒤에 태어날 미래 세대는 평화롭고 심적으로 건강한 삶을 누릴 수 있다. 비정상적인 가족 구조에서 무엇을 깨달았는지 생각해보고 그 교훈으로 대비할 수 있는 일들과 도움이 될 만한 일들을 찾아서 해보자. 속을 갉아먹는 고통을 강한 목적의식으로 바꿔보자.

깊은 자아 대신 절망이 찾아온다

나이가 더 들고(65세를 넘어서) 생애 발달 단계의 여덟 번째 시기인 노년기를 맞으면, 대부분 노동생산성이 줄고 은퇴자로 살아간다. 이 시기가 되면 지나온 인생을 돌아보면서 성취감을 느낄 만한 삶이었는지 스스로 평가한다. 이 시기를 성공적으로 마치면 지혜가 생긴다. 그리고 이 지혜를 바탕으로 삶이 마무리되고 완료됐음을 느끼며 인생을 돌아볼 수 있게 된다. 다가오는 생의 끝도 긍정적으로 받아들이면서 마지막에 다가갈 수 있게 된다. 에릭슨은 자기 인생이 비생산적이었다는 생각이 들고 자신의 과거에 죄책감과 수치심을 느끼는 경우, 또는 인생의 목표를 달성하지 못했다고 느끼는 경우 이 단계에 강렬한 실망감이 덮치며 그로 인해 절망과 우울감을 느끼고 많은 이가 깊은 무력감에 빠진다고 설명했다.

나는 남에게 해로운 영향을 준 가족이 죽음이 가까워지는 시기에 이르면 점점 깊은 절망에 빠지리라 확신한다. 지금껏 잘못된 것에 가치를 부여하고 살아왔으므로 나이가 들수록 점점 더 불행해지고 씁쓸함도 더 커질 수밖에 없다. 설령 돈과 명예를 얻었더라도 무덤까지 그걸 다 싸 들고 갈 수는 없다는 사실을 깨닫게 될 것이다. 사람을 통제하고, 이용하고, 학대하고, 괴롭히는 능력을 명예롭게 여길 사람은 없다. 해로운 사람들은 가장 가까운 가족에게조차 사랑을 베풀거나 잘해준 기억을 조금도 남기지 못한다. 그들이 남기는 건 아무것도 없다. 생이 막바지에 이르러도 여전히 성질부리고, 본인이 살아온 인생이든 다른 사람들이든 모든 것이 불공평하며 자신이 만족할 만큼 잘해준 사람은 하나도 없다고 투덜댈 것이다. 그리고 희생자는 바로 자신이라는 왜곡되고 잘못된 생각으로 생을 마감할 것이다. 가족 중 누군가가 자신과 단절하기로 결심할 정도로 자신이 잔인하게 굴었다는 사실은 눈감을 때가 되어서야 깨달을 것이다.

여러분은 그렇게 생을 마감하고 싶은가? 절대 아닐 것이다. 고립감을 느끼며 아무런 애정도 없이, 모든 것과 담을 쌓고 자신은 학대받은 존재라며 절망하고 낙심한 채로 살 필요는 없다. 그렇게 생의 마지막을 맞이할 필요는 더더욱 없다.

깨달음의 순간
나를 치유하는 길로 나아가는 것, 다른 사람들도 각자의 상처를 치유할 수 있도록 도울 수 있는 삶을 살아가는 것, 모두 여러분의 선택에 달려 있다.

변화에 너무 늦은 나이란 없다

나이가 들수록 감정을 자극하는 요소나 수치심의 영향도 깊어지므로 변화가 더욱 어렵게 느껴질 수 있다. 하지만 깊이 각인된 아픔일수록 치유됐을 때 얻는 보상도 크다. 내가 거쳐온 시간이 여러분에게도 희망이 되었으면 좋겠다. 내가 인생에 중대한 변화가 필요하고, 그걸 시작할 수 있겠다고 느낀 건 30대 후반이었다. 그때가 되어서야 나는 수치심 때문에 내 삶을 제대로 살지 못하는 상황이 어린 시절처럼 반복되고 있음을 확실하게 깨달았다. 나는 여러 번 밑바닥까지 떨어지고, 이혼하고, 혼란스러운 가족 문제를 겪은 후에야 마침내 경제적으로 독립하고, 홀로 아이를 키우는 어머니이자 정서적으로 건강한 사람이 되었다. 힘들고, 두렵고, 구차하고, 외로운 여정이었지만 나는 해냈다.

깨달음의 순간

때로는 조금 더 힘을 내서 행동해보려는 의지가 필요하다. 그 의지로 해로운 영향을 주는 사람·장소·물건과의 관계를 끊어내야 평화를 찾을 수 있다.

나는 내 가족이 얼마나 비정상적인지 속속들이 체감하며 계속 사는 대신, 내가 불건전한 양육 환경에서 자랐다는 현실을 직면해야만 한다는 사실을 분명하게 깨달았다. 내 가족은 물론 다른 누구와의 관계에서도 '비정상적인 환경의 일부인' 사람이 되고 싶진 않았다. 정서적으로 만족할 수 있는 삶을 살고 싶었다. 여러분도 그러길 바란다.

그렇다면 어떤 노력을 어떻게 해야 할까? 다음 장에서 함께 살펴볼 것이다. 첫 단추는 해로운 수치심을 버리는 일이다.

8

해로운 수치심에서 벗어나는 기술

에릭슨의 발달 이론을 보면, 인생의 두 번째 단계에 해로운 수치심을 심하게 느끼면 다음 단계로 넘어가서 성장하는 동안 그 감정도 계속 발달한다는 사실을 알 수 있다. 해로운 수치심의 영향이 삶에 끼치는 악영향에서 벗어나려면, 먼저 수치스러운 감정이 들 때 이를 인지할 수 있어야 한다. 이건 생각보다 어려운 일이다. 항상 수치심을 느끼며 살아온 사람은 이 감정이 일상적이고 익숙한 일이 되어버려서, 수치심이 발동해도 깨닫지 못하는 경우가 많다. 하지만 수치심을 살펴보고 싶다면, 그것이 무엇인지부터 알아야 한다.

해로운 수치심이란 여러 고통스러운 감정이 해롭게 뒤섞인 감정이다. 후회와 감당하기 힘들 만큼 큰 걱정, 자기혐오, 굴욕감, 자신은 아무 가치도 없는 존재라는 느낌이 포함된다. 해로운 수치심의 증상은 생각과 감정, 다른 사람들과의 상호작용, 행동 전체에 영향을 줄 수 있다. 해로운 수치심을 느낄 때 나타나는 증상은 다음과 같다.

- 자존감이 낮고 끊임없이 자신을 비판한다.
- 늘 자신이 쓸모없는 존재라고 느낀다.
- 자기 파괴적 행동을 한다.
- 항상 남의 비위를 맞추려 하고 그래야만 한다는 강박을 느낀다.
- 자신의 책임이 아닌 일에 비합리적으로 죄책감을 느낀다.
- 분노·방어·비위를 맞추려는 행동 또는 회피 행동을 보인다.
- 직업과 대인관계가 진심으로 원하는 수준에 미치지 못해도 만족한다.
- 가면증후군('사람들이 내 본모습을 알면 날 좋아하지 않을 거야')이 나타난다.
- 반복적으로 비정상적인 관계에 빠진다.
- 대체로 다른 사람을 의심하거나 믿지 못한다.
- 창피한 일을 당할까 봐 늘 두려워한다.

안타까운 사실은 수치심이 살면서 우리가 느낄 수 있는 가장 멋진 감정들, 즉 신뢰·만족감·즐거움·자유·사랑·충족감·독창성·행복과 같은 감정을 경험하지 못하게 할 만큼 강력한 영향을 발휘한다는 것이다. 하지만 내 경험과 내 내담자들이 내면을 치유하는 과정을 목격하며 알게 된 것을 종합해 봤을 때, 해로운 수치심은 분명 치유될 수 있다. 우리는 있는 그대로의 모습 그대로 '온전하게' 살 수 있다.

'온전함'은 '완벽함'과 다르다

온전함을 느끼고픈 열망은 자연스럽고 본능적으로 생겨나는 인간의 근본적인 갈망이다. 그러나 온전함의 개념을 오해하는 사람들이 많다. 평온함·행복·균형·용인·평화·사랑이 끊임없이 계속되는 삶을 온전하다고 하지는 않는다. 그건 이상향이다. 균형과 평화, 행복도 물론 멋진 감정이지만 온전함의 본래 의미 중 일부일 뿐이다.

온전함이란 적절한 부분이나 구성요소를 '전부' 갖고 있음을 의미한다. 있는 그대로의 모습으로 온전하게 산다는 건 자신의 좋은 점뿐만 아니라 힘들고, 슬프고, 터무니없는 면과 두렵고 화가 나는 면까지 전부 알고 받아들이는 것이다. 좋은 점과 나쁜 점, 억울한 마음과 감사하는 마음, 망가진 부분과 치유된 부분, 예쁜 면과 못난 면, 사랑과 고통이 모두 있어야 진정한 온전함이 된다.

여러분은 사랑받을 자격이 있다. 완벽함과는 거리가 먼 순간에도 마찬가지다.

온전함의 개념을 분해해 보면 '본질'이 함축되어 있음을 알 수 있다. 온전함은 자신의 인간성을 그대로 드러내는 것이다. 사람들이 자신의 어떤 면을 마음에 들어하거나 대단하다고 여겨서가 아니라, 그냥 나라는 사람 '자체'를 사랑해주길 바라는 마음은 우리 대다수가 한 인간으로서 품는 가장 큰 열망이다. 남들 눈에 흡족하고 대단하게 비치기만 한다면 온전할 수 없다. 그런 모습은 자신의 일부, 만들어낸 자아에 불과하다.

만들어낸 자아와 진짜 자신

수치심을 느끼면 만들어낸 자아가 생겨난다. 슬픔이나 두려움을 느끼는 삶, 감당하기 힘들 만큼 거대한 공허함과 허무함, 피폐함, 외로움으로 가득한 감정 상태로 사는 건 만들어낸 자아로 살고 있다는 징후다. 온전한 삶을 원한다면, 생존을 위해 택하고 만들어낸 이 자아부터 살펴봐야 한다. 해로운 가족의 생존자는 가족의 사랑을 얻기 위해 언제 어떻게 또 바뀔지 모르는 그들의 기준에 맞게 자신을 바꾸고, 그게 진짜 자기 모습인 척 살아야 했을 것이다.

아주 어릴 때부터 학대와 조종을 겪은 사람은, 더 건강한 환경에서 자랐다면 자연스레 갖게 되었을 본모습으로 발달할 기회를 누리지 못한다.

💡 잠시 생각해볼 것

여러분이 만들어낸 자아가 어떻게 생겨났는지 살펴보자. 내가 정말로 원하는 게 아닌, 다른 사람들이 원한다고 생각하는 모습으로 만든 자신의 일부가 바로 만들어낸 자아다.

자신이 원래 어떤 사람인지 알려면, 우선 행복과 한 개인으로서의 발달에 악영향을 주는 해로운 가족의 영향이 사라져야 한다. 하지만 가족과 떨어져 혼자 살기 시작한 후에도 습관적으로, 또는 무의식중에 가족의 규칙을 따르면서 사는 경우가 많다. 자신만 빼고 모든 사람을 만족시키려고 애쓰면서 사는 것이다. 다른 사람들의 생각에 계속 신경 쓰고 날 받아줄지를 겁내면서 사는 건 남의 비위를 맞추며 사는, 만들어낸 자아의 포로 같은 삶을 계속 사는 것과 같다.

남들의 비위에 맞추지 말자

정서적 학대를 겪으며 살아온 사람은 버릇처럼 다른 사람들의 생각을 두려워하고, 상대방에 대한 자신의 감정을 이야기했을 때 상대가 어떤 반응을 보일지 겁을 내는 경향이 있다. 해로운 가족은 서로에 대한 감정을 솔직하게 밝히면 배척하고 거부한다. 그런 반응이 당연하게 여겨진 환경에서 자란 경우, 치유 과정을 시작한 후에도 정서적 곡예(하지 않아도 되는 마음고생)를 자처하며 내적 고통에 시달릴 가능성이 크다. 즉 인생에 중요한 사람들과 소통할 때 그들의 사랑을 잃지 않는 방향을 택해 자신을 보호하려고 하는 것이다. 나도 예전에는 사람들과 대화하는 게 너무 두려웠고 대화할 일이 생기면 이야기를 시작하기도 전에 몸이 아플 정도였다. 서로에 대한 이해가 바탕이 된 상태로 누군가와 갈등을 겪는 상황을 경험해본 적도 없고, 그런 걸 상상해본 적도 없었다. 내가 자란 환경에서는 갈등이 생기면 늘 내가 거부당하는 것으로 끝났기 때문이다.

해로운 가족과 살아온 사람들이 극심한 두려움에 무엇이 필요하고 무엇을 걱정하는지 밝히느니 그냥 아무에게도 말하지 않으려고 하는 건 이해할 만한 일이다. 그러나 그건 자신을 자기 손으로 감추는 것이다. 이러면 다른 사람들은 내가 무엇을 필요로 하는지, 어떻게 해야 나를 도울 수 있는지 알 수 없게 된다.

자신이 진정으로 원하는 것과 반대로 살면 억울함과 분한 마음이 생기지만, 다른 사람들은 내가 괴로워하고 있다는 것조차 알지 못한다.

극도로 해로운 어머니 손에서 자란 애덤은 사람들을 잘 믿지 못하고 사람들이 자신에게 무슨 의도로 접근하는지 파악하기가 힘들어서 대체로 혼자 지낸다. 몇 년째 혼자 사는 동안 이웃들과 교류가 거의 없었다. 사람들이 친근하게 다가올 때도 마찬가지다. 한번은 슈퍼볼 경기가 있는 날 이웃 사람이 자기 집에서 파티가 있으니 오라고 초대했다. 애덤은 그해 슈퍼볼에 출전하는 팀 중 어느 쪽도 팬이 아닌데다, 그냥 집에서 자잘하게 수리해야 하는 일들을 처리하고 싶었다. 이웃의 초대로 그는 극히 불안해졌다. 경기 당일 자기 집 앞에 차가 그대로 있는 걸 이웃이 본다면 그가 초대를 거절당했다고 느끼거나, 파티가 있는데 오지도 않는 '괴상한 외톨이'라고 자신을 비난하면 어쩌나 걱정됐다. 결국 그날 애덤은 이 불안감을 달래기 위해 집을 손보려던 계획도 포기하고 집에서 멀리 떨어진 어느 바에서 관심도 없는 슈퍼볼 경기를 시청했다.

한 가지 분명하게 밝히자면 애덤은 나약한 사람이 아니다. 형법을 다루는 영향력 있는 직업의 중책을 맡고 있고, 유명한 사건도 다수 처리한 인물이다. 하지만 이 일에서는 애덤의 무의식이 그를 지배하고 그의 감정을 전부 장악해버렸다. 그래서 다른 사람에게 평가당하거나 이웃이 자신에게 거부당했다고 느끼는 일이 생기지 않도록하려고 자신이 진짜 원하는 걸 포기했다.

해로운 가족의 생존자들은 공통적으로 다음과 같은 비정상적인 생각을 한다. '남들이 원하는 대로 해주지 않으면 그 사람들은 날 싫어하게 될 거야.' 여러분에게도 익숙한 생각은 아닌가?

잠시 생각해볼 것

자신에게 진실하게 살아간다면 어떤 사람이 될지, 인생과 사람들과의 관계는 어떻게 될 것 같은지 생각해보자.

남들의 비위를 끊임없이 맞추고 그들이 원하는 모습을 완벽히 보여주려면, 어마어마한 정서적 에너지가 소모된다. 심지어 그런 노력이 정말로 남의 비위를 맞출 수 있는지도 알 수 없다는 걸 알면서도 계속 그렇게 애쓰게 된다. 이는 정말 지치고 힘든 일이다. 겁먹지 않고 그냥 자신이 원하는 대로 하고 싶은데 왜 그러지 못하는지 울화가 치미는 순간도 불쑥불쑥 찾아온다.

진짜 자아를 찾아서

지금까지 살펴봤듯이, 온전하게 살아가기 위해서는 어린 시절부터 익숙한 이야기 뒤에 숨겨진 진실을 찾아야만 한다. 자신의 발달 과정을 되짚어보는 이 과정을 통해 '진짜 자아'를 다시 발견할 수 있다. 진짜 자아로 산다는 건 남들의 비위를 거스를까 봐 걱정하지 않는 것, 다른 사람의 기준대로 살지 않는 것이다. 타협하지 않고 본래의 자기 모습으로 사는 것이다. 한 가지 유념해야 할 사실은, 진짜 자아를 찾는 과정에서 고통이 깨어날 가능성이 크다는 것이다. 하지만 그 단계를 거쳐야 새로 되찾은 자아가 주는 안도감을 느낄 수 있다. 진짜 자아를 발견하는 건 남들이 말했던 나에 관한 거짓의 거미줄을 깨끗이 치우는 것, 해를 입을 것 같아서 스스로 보호하기 위해 쌓아 올린 방어막을 낮추는 것이다.

내 가족이 던진 나에 관한 틀리고 왜곡된 말들을 처음으로 진지하게 따져보고 가장 먼저 느낀 감정은 뜨거운 분노였다. 우리 가족은 다들 뛰어나고 훌륭한데 나만 형편없다는 소리를 수도 없이 들었고, 나는 진심으로 그게 사실이라고 믿었다. 내가 어린아이였기 때문이다. 아이는 가족의 말이 거짓말인지 아닌지 판단할 수 있는 다른 경험이 없으므로, 가족이 하는 말을 믿을 수밖에 없다. 내 가족이 내게 부여한 역할은 '나쁜 아이'였고 나는 골칫거리라는 이름이 잘 맞는 존재였다. 해로운 가족은 희생양(비난하고 괴롭힐 대상) 없이는 지배적인 힘을 발휘할 수 없다. 정신적인 충격을 받도록 자극하고 조종할 대상이 있어야 그가 가족의 분란을 일으키는 유일한 원인이라고 주장할 수 있기 때문이다. 이런 체계에 만족하는 가족은 전부 학대에 책임이 있다. 내게 씌워진 역할은 내가 선택한 게 아니다. 여러분도 그럴 것이다. 이런 가족 안에서는 진짜 희생자가 가해자로 여겨져 가족의 손가락질을 받고, 진짜 가해자는 희생자처럼 여겨진다.

잠시 생각해볼 것

자신에 관한 가족의 이야기에서 굳게 믿었던 말 중에 무엇이 거짓이었는지 생각해보자.

오로지 자기 생각만 하는 가족에게 여러분이 애정에 굶주리고, 화내고, 충성스럽고, 싸움을 일삼고, 사납게 구는 아이로 존재하지 않았다면 어떻게 됐을지 생각해보자. 그런 존재로 살면서 가족의 사랑이라고 느낀 감정은 어떻게 됐을까? 해로운 가족의 생존자들은 대부분 자신에게 꼭 필요한 가족의 사랑을 얻지 못했을 것 같다고 이야기한다. 그래서 그런 다양한 감정 상태와 기분을 보였고, 이 때문에 가족에게 '문제'가 있는 아이로 여겨졌다.

해로운 가족은 자신들이 일으킨 고통을 들여다보거나 인정하기를 노골적으로 거부한다. 괴롭힘당한 대상이 표출하는 분노와 애정에 굶주린 반응, 진실, 좌절, 슬픔 뒤에 놓인 고통을 가족이 뻔히 보고도 무시하는 쪽을 택하는 상황을 경험해본 사람은 그런 사실을 잘 알 것이다. 해로운 가족은 오히려 생존자에게 보복하려고 들고, 진실이 무엇인지 따져보자는 외침을 무시한다. 마음을 쓰거나 관심을 보이거나 걱정하기는커녕 외면한다.

샤론은 10대 때 어머니와 다투다가 어머니가 정말 싫다고 말했던 적이 있다. 샤론의 어머니는 지금까지도 그 말을 기억하고 "넌 나를 싫어하겠지만 나는 항상 널 사랑한다"는 말을 으스대듯 하곤 한다. 저 말만 들으면 정말 다정한 어머니 같지 않은가? 하지만 샤론이 기억하는 그 일에는 감춰진 진실이 있다. 바로 샤론의 어머니가 악의적으로 깊은 의도를 갖고 샤론이 그런 부정적인 반응을 보이도록 유발했다는 것이다. 샤론이 자신을 향해 증오심을 표출하게 만들어야 상황을 뒤집어서 자신을 '좋은 어머니'라고 할 수 있기 때문이다. 샤론은 어머니가 사람들이 모이는 자리마다 항상 이 이야기를 한다고 전했다. 어머니는 자신을 싫어한다고 말한 딸에게 그렇게 대응했다는 걸 스스로 뿌듯하게 생각하는 것이다.

이는 샤론을 완벽히 희생양으로 만드는 일이다. 샤론의 어머니는 자신이 자식을 애지중지하고 조건 없이 사랑을 주는 어머니지만 샤론은 끔찍하고, 밉살스럽고, 도무지 통제가 안 되는 딸이라는 거짓말을 만들어서 한껏

즐겼다. 그 이야기에 진실은 단 한 톨도 담겨 있지 않다. 샤론이 성인이 된 후 어머니는 딸의 감정을 받아들일 수 없거나 이해하지 못할 때마다 "나는 네 마음에 드는 말이나 행동을 할 줄 모르는 사람인가 보구나"라는 식의 비꼬는 반응을 보였다. 자신을 희생자로 만드는 아주 편리한 기술이다. 샤론이 부정적인 감정을 보일 때 어머니가 보이는 반응은 어린 시절부터 성인이 된 후까지 조금도 바뀌지 않았다. 다행히 샤론은 어머니가 남의 감정을 조종하는 사람이며 당신에 관한 불편한 진실을 인정해야 하는 순간마다 이런 식으로 반응한다는 사실을 인지했다. 이와 같은 관계는 사람을 미치게 만든다. 해로운 사람들은 이런 식으로 살아간다.

자기 가족이 해롭다는 사실을 '아는' 건 별로 어렵지 않다. 하지만 그 사실을 '받아들이는' 건 고통스러운 일이다. 그게 내 가족의 본질이자 그들이 살아가는 방식이며 앞으로도 그렇게 쭉 살아갈 것임을 인정하는 건 힘든 일이다. 이런 현실과 직면하면 깊은 상실감과 무력감을 느낀다. 그걸 인정한다는 건, 가족과의 관계를 끝내야 한다는 사실을 받아들여야 하는 일이기 때문이다. 하지만 실망스럽고 고통스러운 현실을 받아들인다고 해서 가족과의 정서적 관계가 전부 끝나는 건 아니다. 가족과 단절하고 살더라도 마찬가지다. 가족의 본질을 인정한다는 건 자신이 앞으로도 가족과 정서적으로 항상 연결되어 있을 것이며 자신이 입은 피해도, 상황이 달라지기를 갈망하는 마음도 계속 남아 있을 것임을 스스로 아는 것이다. 자기 가족이 해롭다는 사실을 이렇게 받아들일 때 생기는 차이는, 그들과 단절한 후에 나를 학대한 그 사람들과의 관계를 '정서적 침묵' 상태로 만들 수 있다는 것이다. 즉 가족과 더 이상 싸우거나 감정싸움을 벌일 필요가 없고 조종과 소문에 시달리거나 따돌림당할 일도 없다. 스스로 방어막을 세울 필요도 없고, 말로든 물리적으로든 대립할 일도 없다. 정서적 침묵은 해로운 가족이 여러분의 인생에 계속해서 혼란을 일으킬 기회를 싹둑 잘라낸다.

깨달음의 순간

**나를 학대하는 가족의 무례한 요구에 맞춰서 적응하고 사는 것보다
그들이 없는 삶에 적응하는 게 훨씬 이롭다.**

해로운 가족과 단절하면 진짜 자아를 탐색하고, 발견하고, 발굴하고, 회복할 기회가 생긴다. 수치심과 죄책감 없이 온전한 자신이 되는 법을 배울 기회도 얻는다. 이제 자신에게 꼭 필요한 격려를 스스로 제공할 때가 됐다. 여러분은 해로운 가족 안에서도 자신이 이렇게 독립적이고 회복력이 강한 사람으로 지금까지 잘 버텨왔음을 인정할 필요가 있다.

개인으로서 존중받을 권리

온전한 삶과 진짜 자아를 발견하기 위해서는 수치심에 찌든, 만들어낸 자아에서 비롯된 고통과 불안부터 들여다봐야 한다. 그래야 자신이 한 개인으로서 가진 권리를 다시 정의할 수 있다. 개인의 권리는 누구에게나 있고 필요한 것이지만, 해로운 가족과 살아온 사람은 권리를 누릴 기회가 주어지지 않는다. 따라서 권리를 인정받은 적이 한 번도 없었을 것이다.

해로운 가족 구조 안에서는 스스로 알고 있는 진실을 억눌러야만 견딜 수 있다. 가족이 저지른 학대의 책임을 자진해서 떠안아야만 그 안에서 지낼 수 있다. 강제로 무대로 떠밀려 비정상적인 사람인 척 연기해야 한다. 시간이 갈수록 자신이 그런 역할을 맡고 있다는 수치심은 강렬해지고, 껍데기만 무대에 서 있는 배우처럼 되고 만다. 속은 서서히 죽어가고, 이 게임의 부당함과 위선에 분노하지만 그런 마음은 억눌러야만 한다. 이런 불공정한 규칙을 따르는 이유는 유일하게 알고 있는 안전한 테두리인 가족을 지키고 싶어서다. 자신을 제외한 나머지 가족들은 오스카상을 받아도 될 만큼 뛰어난 연기력을 뽐내며 칭송과 찬사를 받는다. 다루기 힘든 식구를 그토록 살뜰히 챙기는 건 분명 힘들고 고된 일인데도 잘 해냈다고 말이다!

제 발로 그 무대에서 내려오기로 선택하고 지금껏 억지로 연기해온 역할을 벗어던지지 않는 한, 진정한 치유는 불가능하다. 자신의 본질을 자진해서 차단하면 진정으로 자신을 사랑할 수가 없다. 무대에 올라 가족 안에서 정해진 역할을 연기하면서 그 세계에 계속 머무를 수도 있지만, 그러려면 만들어낸 자아로 연기하며 살아야 한다. 그건 진짜 자신이 아니므로 스스로 혼란과 기만을 느낀다. 그 무대에서 '나답게'라는 말은 '있는 그대로 잘 지내기'가 아니라 '연기하고 애쓰기'와 동의어다. 가족 앞에서는 두려움 때문에, 심지어 사랑을 베푼다고 착각하게 만드는 그들의 가식적인 행동 때문에 화가 나도 감정을 억눌러야만 한다. 이런 진실하지 못한 게임에서는 불안감이 자라난다. 무대에서 스스로 벗어나서 한 개인으로서 갖는 권리를 지키려고 해야 나답게 살 수 있다.

여러분은 애초에 느낄 필요가 없었던 수치심에서 벗어날 자격이 있다. 스스로 중요한 사람, 의미 있는 존재, 대체할 수 없는 귀한 사람이라고 느낄 자격이 충분하다. 존중받고 필요한 것들을 채워가며 살 자격이 있다. 지금까지 얻지 못했던 것들을 얻을 자격이 있다.

인간이라면 누구나 갖는 개인의 권리를 바탕으로 해로운 수치심에서 벗어날 수 있는 전략이 있다. 정리해보면 아래와 같다.

- 자라면서 한 번도 누리지 못한 시간과 사랑, 관심을 스스로 제공해보자. 무엇이든 자신에게 도움이 되는 것을 하면서 시간을 보내자.

- 환경에 적응하기 위해 만들어낸 자아는 없애고 나답게 살아보자. 나를 부정적으로 평가하는 사람들에게 거부당할까 봐 두려워하거나 그들과 어울려 지내는 생활, 그 사람들 자체를 두려워하지 않았다면 지금 자신이 어떤 사람이 되었을지, 어떻게 살아갈 것 같은지 상상해보자. 자신 있게 두려움 없이 사는 모습을 그려보고, 매일 그 모습에 아주 조금씩이라도 가까워지려고 해보자. 자신감을 강화할 수 있는 간단한 방법으로 몸의 자세를 바꾸는 것이 있다. 가슴과 턱을 살짝 들고 어깨는 뒤로 내리는 자세만으로도 뇌에서 힘과 행복을 느끼게 하는 화학물질이 더 많이 분비된다는 사실이 입증됐다.

- 필요한 것, 원하는 것, 감정을 이야기하면서 자존감을 키워보자. 미안할 필요가 없는 일에 미안함을 느끼지 말고 자신의 권한을 더 확실하게 거머쥐는 연습을 해보자. 필요한 게 있으면 공손하게, 하지만 정확하게 말하자. 되도록 적은 단어를 써서 요점을 전달하는 법을 익히자. 필요한 것을 이야기하면서 그 이유를 구구절절 설명할 필요는 없다.

- 너무 힘든 관계는 다시 생각해보자. 누군가와의 관계에서 혼자만 애쓰고 있다고 느낄 때는 멈추고 뒤로 물러나서 그 사람과 어느 정도 거리를 둬보자. 그러면 대부분은 상대방이 알아채고 자연스레 이쪽으로 더 다가오려고 노력한다. 그런 노력이 보이지 않는다면 앞으로도 올바른 관계가 되지 않을 가능성이 있다. 그렇더라도 괜찮다.

- 완벽해질 필요가 없음을 스스로 상기하자. 완벽해야 한다는 생각에

불안할 때는 잠시 상황을 살펴보면서 스스로 진정할 수 있는 말들을 떠올려보자. 완벽해지는 건 불가능하다는 사실을 잊지 말자. '완벽'해질수록 다른 사람들에게는 다가가기 힘든 존재가 될 뿐이다. 남들은 완벽하지 않은 모습에 친근감을 느끼고 더 좋아한다. 스스로 완벽하다고 믿는 사람과는 어울려봐야 아무 재미도 없다.

- 정서적 촉발 요인에 자극받을 때마다, 거부하고 억눌러왔던 감정과 기억을 살펴보고 그 뿌리를 제거하자. 격렬한 감정이 일어나면 일단 지나가도록 내버려 두고 이후 시간을 들여서 관찰해보자. 그런 자극을 느낄 때마다 교훈을 얻을 수 있다. 감정을 자극하는 요소는 경계선를 확립할 필요성을 알려주는 신호인 경우가 많다. 24시간 동안 촉발된 모든 감정과 그로 인한 자기 행동을 살펴볼 것을 권한다.

- 나를 착취하고 무시하는 관계는 끊어내자. 일방적인 관계는 해로운 가족과의 관계가 반복되는 것이나 다름없다. 자신을 이용하는 듯한 사람이 있다면 무슨 일이 일어나고 있는지 파악하고, 필요하면 기록하면서 사실 여부를 확인하고 거리를 두자. 여러분은 더 나은 대접을 받을 자격이 있다는 사실을 잊지 말자.

- 혼자가 되는 걸 두려워하지 말자. 이를 두려워하면 불건전한 관계에 순응하고 머무르게 된다. 혼자가 되면 물론 겁도 나고 외롭다. 하지만 건강하지 않은 관계를 유지해봐야 훨씬 더 외롭고 비참해진다. 해로운 가족과 단절한 사람들은 허전한 마음을 채워줄 것 같은 관계라면

뭐든 붙드는 경우가 많다. 외롭다고 느껴질 때는 혼자가 아니라 '나와 함께' 있다고 생각을 바꿔보자. 자기 자신과 함께하는 시간을 즐기면 다른 사람과의 관계로만 허전함을 채우려고 하는 의존성도 줄어든다.

- 실망감 · 좌절감 · 분노는 표현하자. 소통은 개인의 권리이자 책임이다. 소통 없는 관계는 성장할 수 없고 치유될 수도, 변화할 수도 없다. 사이가 더 돈독해질 수도 없다. 자신에게 유익한 관계를 확고하게 만들려면 두려워도 상처받을 위험을 감수해야 한다. 그러니 말해야 하는 게 있다면 꼭 말하자.

- 방어적인 반응 대신 '고맙습니다,' '이야기 잘 들었어요,' '그럴 수도 있겠네요'라고 말하는 연습을 해보자. 갈등이 끊이지 않는 해로운 가족 안에서 살아온 사람은 방어적인 태도를 보이기 쉽다. 이런 반응은 의견 차이를 참지 못해서가 아니라, 자신을 두고 거짓말이 사실처럼 오갔던 기억과 진실을 바로잡으려는 노력이 아무 소용없었던 경험에서 비롯될 가능성이 크다. 방어적인 말이 튀어나오려 할 때는 자신이 지금 뭔가에 감정이 자극받아서 그러는지, 정말로 방어가 필요한 상황인지 판단하기 힘들다. 그럴 때는 '귀담아들을게요,' '말씀 감사합니다,' '잘 생각해볼게요'와 같은 말로 자신의 반응을 관리할 수 있다. 그런 다음 혼자 생각할 여유가 생겼을 때 그 감정을 찬찬히 들여다보고, 어떻게 반응해야 할지 확신이 들면 상대방에게 전달하면 된다.

- 수치심이 자동으로 올라오는 건 아닌지 살펴보자. 갑자기 극심한 수

치심이 느껴진다면 감정이 자극받았을 확률이 높다. 부정적인 생각의 가지 하나에서 다른 부정적인 생각들이 주렁주렁 열리지 않도록 막는 데 집중하자. 수치심은 자세히 살펴보아야 멈춘다. 머릿속에 떠오르는 여러 생각을 잘 연결해보면 수치심의 본질이 더 쉽게 드러나고 이해하기도 쉬워진다. 이런 마음을 이해하면 치유의 과정으로 돌아갈 수 있다.

• 불안감이 나를 초조하게 만든다는 사실을 인지하고 진정하려고 노력하자. 불안감은 숲에 번지는 불길처럼 마음속에 급속히 번져서 나를 통제 불능 상태로 만들어버린다. 불안감이 느껴지기 시작하면 일단 그대로 느끼되, 불안은 상황을 정확하게 보는 능력을 가로막는다는 사실을 상기하자. 그 사실을 떠올리는 것만으로 불안감을 크게 가라앉힐 수 있는 경우가 많다.

• 수치심에서 나온 생각을 긍정적인 다른 생각으로 바꾸자. 가족에게 비난받는 학대 속에서 자란 사람은 자기 자신과 대화하는 방식을 바꿔야 한다. 그렇지 않으면 내가 내 인생의 새로운 가해자가 되고 만다. 내가 내 아이라면 어떤 말을 해주고 싶은가? 내 아이에게 절대 하지 않을 말이라면 내게도 하면 안 된다. 내 아이에게 어떤 식으로 말할지 상상해보고, 그대로 자신에게 말해보자.

• 수치심을 부채질하는 사람들, 즉 나를 비난하고, 비하하고, 모욕감을 주는 사람들은 피하자. 수치심을 덜 느끼고 싶다면 내게 수치심을 주

는 사람들을 구분하고 인생에서 제외해야 한다. 그렇지 않아도 자기 비판이 수치심을 일으키는 상태에서 수치심을 더 안겨주는 관계나 상황까지 유지할 필요는 없다. 그런 관계라면 당장 끊어내도 반드시 더 좋은, 또는 나은 관계가 생길 것임을 장담한다.

• 마사지·운동·요가·명상으로 몸의 긴장을 풀자. 해로운 가족의 생존자들은 감정과 경험으로 생긴 고통이 몸 전체에 긴장으로 남아 있다. 정작 본인은 그런 사실을 인지조차 하지 못하는 경우가 많다. 천식·만성 두통·위장 문제·수면 문제·인후통에 시달리고 자가면역 기능이 떨어진 사람도 많다. 긴장을 푸는 활동을 하면 이런 문제를 해소하는 데 도움이 된다.

• 다른 사람의 애정과 친절함을 포용하자. 쉽지 않더라도 타인의 친절함과 애정을 반가운 마음으로 받아들이자. 나는 사랑이 모든 치유의 해답이라고 믿는다.

모든 아이는 가족이 눈여겨보고, 이해하고, 진지하게 여기고, 존중해야 하는 존재다. 이는 단순한 진리. 여러분의 현실이 그렇지 않았다면, 여러분이 직접 인생에 들이기로 선택한 사람들이 여러분을 눈여겨보고, 이해하고, 진지하게 대하고, 존중하는 환경을 만들고 그 속에서 꿋꿋하게 살아가는 법을 터득해야 한다. 사랑에 있어서 여러분이 해로운 가족에게 갚아야 할 정서적 부채는 일절 없음을 명심해야 한다. 학대에는 어떠한 핑계도 있을 수 없다. 무기력감이 느껴질 때는 그 기분을 내 인생을 적극적으로 책임져보겠다는 마음가짐으로 바꿔보자. 얻지 못한 것은 바꿀 수 없지만, 현재의 삶을 어떻게 살 것인지는 얼마든지 선택할 수 있다. 어떤 대접을 받고 살 것인지도 마찬가지다.

나는 여러분이 자신의 본질과 가족들에게 받은 부정적인 영향을 더 솔직하게 바라보고, 존중하고, 눈여겨보기를 바란다. 그래야 자기 자신이나 다른 사람을 망가뜨리지 않고 살 수 있다. 자신에게 일어난 일을 모른 척하거나 다른 사람들이 핑계를 대고 빠져나가도록 내버려 두는 대신, 가족과 사회 전체의 뻔뻔한 이중 잣대로 내가 엄청난 피해를 입었다는 사실을 눈을 크게 뜨고 똑똑히 볼 수 있어야 한다. 다른 사람들도 그렇게 하도록 해야 한다. 여기서 이중 잣대는 가족 외의 사람이 학대하면 생존자가 가해자와 단절해도 윤리적으로 문제가 없다고 여기고 심지어 단절을 권하기도 하면서 가족과 단절하는 건 윤리적으로 잘못된 일이라고 생각하는 것을 말한다. 다 똑같은 사람인데 가족이라고 해서 가족이 아닌 가해자보다 더 많은 권한을 부여해서는 안 된다.

스스로 진실을 말해야 사랑하는 방법과 사랑받는 법을 배울 수 있다. 가족에게 심리적으로 조종당한 사람은 그 방법을 배우기가 쉽지 않다.

뒤틀린 가족의 영향은 평생 후유증으로 남는다. 다른 사람들과도 관계를 다 끊고 자신을 방어하고픈 충동을 관리하는 것도 그 후폭풍을 잘 이겨내는 방법에 포함된다. 관계를 끊는다고 해서 원하는 결과를 얻는다는 보장은 없다. 하지만 그런 사실을 아는 동시에, 건강하지 않은 관계는 그만두는 방법도 알아야 한다. 무례한 사람은 아무리 오래전에 일어난 일로 문제를 겪었더라도 참기만 해서는 안 된다. 서로 사랑하고 관계를 유지하기로 한 결심을 전부 철회해야 할 수도 있다.

자신의 본능을 믿는 법을 배운 적이 없는 사람에게는 이처럼 관계를 유지하고, 개선을 위해 계속 노력하고, 헤어지는 이 모든 변화가 시작되는 지점을 찾기가 애매하다고 느낄 수 있다. 관계를 너무 오래 붙들려는 충동, 너무 일찍 관계를 끊고 떠나려는 충동, 혹은 무엇에도 애착을 느끼지 않는 것은 복합성 외상후스트레스장애Complex post-traumatic stress disorder(이하 복합성 PTSD)의 결과다. 피트 워커Pete Walker의 저서 《복합성 PTSD: 살아남아 잘 살기까지Complex PTSD: From Surviving to Thriving》에는 복합성 PTSD를 다음과 같이 정의한다. "PTSD의 심각한 형태로, 심리사회적 발달 단계를 건강하게 마치지 못할 때 발생하는 증후군이다. 복합성 PTSD에서는 PTSD의 특징 중에서도 유독 까다로운 다섯 가지 특징이 나타난다. 정서적 재경험flashback, 해로운 수치심, 자포자기, 극심한 내적 자기비판, 사회불안이다."[16] 이와 함께 다른 형태의 PTSD에서 흔히 나타나는 기억의 재경험, 감정 자극, 근원적 상처로 인한 반응이 나타나기도 한다. 복합성 PTSD의 이러한 특징을 하나씩 자세히 살펴보자.

정서적 재경험

정서적 재경험이란 학대·조종·방임을 겪었을 때 압도됐던 감정 상태에 갑자기 다시 빠지는 것으로, 상태가 오랜 시간 지속되는 경우가 많다. 정서적 재경험이 일어나면 감당할 수 없을 만큼 큰 두려움·수치심·소외감·혼란·분노·서글픔·우울감 등을 겪는다. 극도로 겁이 나서 엄청난 불안과 혼란을 느끼고, 일부는 자살 충동까지 느낀다. 절망감이 덮쳐 심하게 무감각해지며 몸을 움직이지 못하거나(얼어붙는 현상) 세상으로부터 자신을 숨기려고 한다. 정서적 촉발 요인이 무엇이든 더 깊이 숨으려는 마음 상태로 돌아가고 만다. 그러한 촉발 요인에 감정이 자극받으면 자신이 나약하고 보잘것없는 존재가 된 기분이 들고 미숙하고 완전히 무기력한 사람처럼 느껴진다. 여기에다 굴욕감과 치명적이고 해로운 수치심, '나는 대체 뭐가 문제일까?' '나는 왜 이 모양일까?' '내가 그렇게 사랑받기 힘든 사람인가?' 같은 생각까지 더해진다. 정서적 재경험은 이처럼 큰 고통을 안겨주며, 스스로 아무 쓸모도 없는 아이라는 생각에 깊은 수치심을 느꼈던 어린 시절로 돌아가게 만든다.

부모의 멸시로 생긴 해로운 수치심

아이는 보호자에게 사랑받고 그들과 유대감을 느껴야 하는데, 이런 욕구에 부모나 형제, 다른 가족이 경멸하거나 짜증 내는 반응을 보이면 아이는 극심한 불안과 단절감을 느낀다. 가족의 모멸 찬 눈빛과 행동은 어린아이에게 깊은 상처로 남는다. 그런 반응은 성인에게도 안 좋은 영향을 준다. 언어폭력·감정적 학대·폄하·짜증·혐오·분노가 해롭게 뒤섞인 멸시는 상대방을 약자로 만들거나 마음대로 통제하는 수단으로 활용된다. 가족이 불같이 화를 내면 아이는 깜짝 놀라서 겁을 먹고, 가족이 혐오감을 드러내면 깊은 수치심을 느낀다. 수치심을 느낀 아이는 가족과 유대를 형성하거나 가족의 관심을 얻으려는 시도는 하지 말아야 한다는 것을 깨닫는다. 그런 시도를 가족이 거부하면 너무 고통스럽기 때문이다.

자포자기

비정상적인 가족 안에서는 유대를 형성하고 인정받고 싶은 욕구가 좌절된다. 그래서 그러한 욕구는 절대 채워질 수 없다는 두려움을 느끼게 된다(성인이 된 후에도 그렇다). 정서적인 방치도 그와 비슷한 영향을 준다. 자라면서 보호자에게 도외시되고 떠밀리는 일을 반복해서 겪은 아이는, 스스로 해결할 수도 없고 도움을 청할 곳도 없어 감당하기 힘든 두려움과 무기력감을 안고 살아간다. 그로 인해 자신의 본질과 한 개인으로서 누려야 하는 권리, 욕구를 적극적으로 억누르고 무시하고 거부하는 자포자기의 태도를 취할 가능성이 있다. 자신에게 필요한 것들이 우선시되고 충족된 경험이 없으면 뭔가 필요하거나, 원하거나, 바라는 게 있어도 굳이 찾지 않기로 결심하게 된다. 대신 해로운 가족이 바라는 대로 남들이 원하는 것, 남들이 정한 기준을 만족시켜야 한다고 생각한다. 유도된 두려움과 수치심이 합쳐지면 마음속에서 자기 자신을 비판하는 목소리가 끊임없이 솟아난다. 자신을 학대하는 그 내면의 목소리 때문에, 학대 생존자는 스스로를 방치하게 된다.

극심한 내적 자기비판

누구나 인생의 첫머리에서는 자신을 우주의 중심에 놓고 자신에게 일어나는 모든 일을 자신의 관점으로만 해석한다. 자라면서 사랑과 격려를 받고 자신이 세상에서 가장 사랑스러운 존재라고 느낀 사람은 그게 사실이라고 믿는다. 건강한 양육 환경에서 자라면 이런 자신에 관한 믿음이 확고하게 형성되고, 외부 세계에서 이 믿음과 어긋나는 대우를 받으면 분노하게 된다. 이 분노의 감정은 성장 과정에서 만들어진 독창적이고 긍정적인 자아상을 커서도 유지하도록 한다.

이와 달리 해로운 환경에서 자란 사람은 자신을 향한 멸시 때문에 자아상이 망가질 가능성이 크다. 외부에서 자신에 관해 부정적 해석을 받으면 이를 곧이곧대로 믿고 전부 흡수하기 쉽다. 외부에서 접한 자신에 관한 부정적인 해석이 곧 내면의 생각으로 굳어지면 푸대접받아도 저항하지 못한다. 심지어 반발해야 한다는 사실을 스스로 알면서도 그러지 못하는 경우가 생긴다. 외부의 부정적 해석이 유아기부터 내면에서 싹튼 자기비판과 일치하면 그러한 결과가 초래된다.

깨달음의 순간

해로운 가족 안에서는 학대한 사람의 죄는 용서받고 학대당한 사람은 자기 자신을 최악의 적으로 여기게 된다.

성장 과정에서 생긴 자기비판과 자신에 대한 제한적인 인식은 다른 모든 관계와 사람들과의 모든 상호작용에 영향을 준다. 자기비판이 강한 사람은 자신에게 부정적인 딱지를 잔뜩 붙이고 그 딱지를 떼어내기가 힘들다고 느낀다. 아래 표에서 해로운 가족과 건강한 가족 안에서 자란 사람이 자신에게 각각 어떤 딱지를 붙이는지 보자.

해로운 가족 안에서 생기는 딱지	건강한 가족 안에서 생기는 딱지
나는 으스댄다.	나는 타고난 리더고 상상력이 풍부하다.
나는 반항적이다.	나는 신념이 확고하고 대담하며 확고한 편이다.
나는 요구가 많다.	내가 원하는 걸 알고, 그것을 솔직하게 드러낸다.
나는 기분이 너무 오락가락한다.	나는 표현력이 풍부하고 열정적이다.
나는 겁이 많다.	나는 세심하고 통찰력이 있다.
나는 너무 호들갑을 떤다.	나는 선호도가 아주 분명하다.
나는 과민하게 반응한다.	나는 활기차고 열성적이며 추진력이 있다.
나는 충동적이다.	나의 자발적인 의지와 직관을 따른다.
나는 적대적이다.	나는 기존과 다른 관점을 지지한다.

나는 배신자다.	나만의 길을 찾으려고 한다.
나는 고집이 세다.	나는 인내하는 법을 알고 결단력과 확신이 있다.
나는 말이 너무 많다.	나는 소통을 좋아한다.
나는 남의 이야기를 하고 다닌다.	나는 정의를 찾고자 하며 규칙과 공정성을 존중한다.
나는 집중력이 없다.	나는 한 번에 여러 가지를 할 줄 안다. 여러 가지에 관심을 기울인다.
나는 관심받고 싶어서 안달한다.	나는 필요한 것을 얻고 유대감을 형성하려고 한다.

깨달음의 순간

부정적인 딱지는 아무 문제 없는 온전한 사람이 자신을 망가진 존재라고 믿게 만든다. 정말 비극적인 일이다.

사회불안

해로운 가족 안에서 자란 사람은 다른 이에 대한 두려움이 뿌리 깊이 형성되는 경우가 많다. 정서적 학대로 인한 정신적 충격과 배신감으로 자신을 보호하려는 방어막이 두텁게 생기기 때문이다. 갑옷과 같은 이 방어막은 자신과 가까워지려는 사람들을 바라보는 관점에 큰 영향을 준다. 이들은 사람들과 교류할 때 수줍음을 많이 타거나 튕기는 게 아니고, 의도적으로 까다롭게 구는 것도 아니다. 그저 자신을 보호하려는 것이다. 이들은 다른 사람들이 날 어떻게 볼까, 오해하면 어쩌나, 하는 불안과 걱정에 수시로 사로잡힌다.

정서적 학대를 겪은 사람은 사회적 교류가 이루어지는 상황에서 방어막을 거둬야 할 때와 유지해야 할 때를 쉽게 구분하지 못하는 때가 많다. 이럴 경우 사람들에게 신뢰를 얻을 기회를 주는 것도 좋지만, 겁이 나면 뒤로 물러나 상대방이 본인과 나를 어떻게 인식하는지 살펴보고 나를 보호할 경계선을 확립할지 판단해보는 것도 좋은 방법이다. 누구든 주변에 두고 함께 충분한 시간을 보내면 그 사람의 본질이 결국 드러난다. 이는 확언할 수 있는 사실이다.

복합성 PTSD를 이겨내는 세 가지 방법

가족에게서 얻지 못한 것을 학계에서 '신경의 재연결rewiring'이라고 하는 훌륭한 기술을 통해 얻을 수도 있다. 꼭 익혀둘 필요가 있는 기술이다. 정서적 재경험으로 고통스러울 때 내면의 부정적인 자기비판을 생산적이고 긍정적인 생각으로 바꾸는 것도 재연결에 해당한다. 다음 세 가지 방법으로(붙잡기, 확인하기, 바꾸기) 스스로 훈련하면 어린 시절에 생긴 부정적인 내면의 목소리를 잠재울 수 있다. 숨어들고 싶다는 생각이 들 때 다음 세 가지 방법을 활용해보자.

1 붙잡기. 지금 자신이 부정적인 생각을 하고 있음을 인식하고 그 생각을 붙잡는다. 그리고 두 번째 방법을 시작한다.

2 확인하기. 그 생각이 진짜라는 근거가 있는지 확인하라. 지금 떠오른 생각과 현재 감정이 오늘 겪은 어떤 상황이나 정신적인 충격에서 나온 것인지, 과거의 기억이 투사된 것인지, 그 두 가지가 조금씩 섞인 건지 스스로 질문을 던져보자. 한 겹씩 점점 더 깊이 생각을 확인해보면서 이런 생각이 자신에게 도움이 되는지, 아니면 방해가 되는지 점검하자. 지금 그 생각이 대부분 과거에 입은 상처에서 비롯된 것이고 현재는 꼭 필요한 중요한 것들이 다 갖추어진 상태임을 깨달았다면, 이제 다음 단계로 넘어간다.

3 바꾸기. 두려움이 만든 생각을 긍정적이고 진실된 이야기로 대체한다.

자기 자신과 긍정적이고 생산적인 대화를 나누는 연습을 많이 할수록 더 나은 삶을 위한 근본적인 변화가 다가온다. 위의 세 가지 방법은 머릿속에 떠오른 생각을 사랑과 연민, 인내, 이해의 언어로 이루어진 내적 이야기로 바꿔서 재연결을 유도하는 실용적인 공식이며, 유연한 사고에도 도움이 된다. 자신의 정서적인 반응과 어떤 상황에서든 충동적으로 결론을 내리는 경향에 대한 통제력을 되찾도록 스스로 훈련할 수 있는 효과적인 방법이기도 하다.

재양육을 통한 복합성 PTSD의 치유

정서적 자극을 극복할 수 있는 또 한 가지 효과적이고 실용적인 재연결 기술은, 가족에게서 한 번도 받아본 적 없는 보살핌과 관심을 자신이 직접 제공하는 '재양육'이다. 스스로 자신의 '건강한 어머니'와 '건강한 아버지'가 되는 것이다. 여기서는 부모를 중심으로 설명하지만, 성장기에 부정적인 영향을 준 형제나 다른 가족에게도 적용할 수 있다. 어머니, 아버지는 각각 아이를 '키우는 사람'과 '보호하는 사람'이라는 전통적인 성별 고정관념이 있지만, 현실에서는 역할이 그런 경계에 한정되지 않고 복합적이다. 아이를 키우고 보호하는 일은 양육자가 반드시 수행해야 하는 기본적인 역할로, 학대 생존자는 다른 사람·동물·천사·신성한 존재 등 성별과 상관없이 자신을 재양육할 존재를 정하고 그에게 이 기본 역할을 불어넣을 수 있다.

건강한 여성/어머니의 기운

여성/어머니가 줄 수 있는 자애심과 조건 없는 사랑, 지지를 바라는 건 본능이다. 어머니에게서 받은 상처는 고통스러울 수밖에 없다. 어쩌면 모든 고통을 통틀어 가장 아픈 상처일지도 모른다. 어머니의 사랑을 받지 못한다는 건 따뜻하고, 다정하고, 든든하게 안아주는 느낌을 받지 못하는 것이고, 그런 아이는 자신이 안전한 보호막에 둘러싸여 있다는 느낌을 받지 못한다. 건강한 어머니는 누구보다 아이를 사랑하고, 아이를 두 팔로 꼭 안고 보호하고, 키우고, 아이가 겁내거나 아파하면 달래준다. 유일한 존재인 아이가 세상에 태어나 머물 수 있는 특별한 공간을 가장 먼저 직접 만들고, 아이가 자기 자신의 진정한 가치를 깨닫도록 하는 사람, 아이가 결단력을 갖고 두드러지는 존재가 되도록 독려하는 사람이 어머니다. 아이의 행복을 위해 싸우고, 아이가 본연의 모습을 절대 포기하지 않도록 힘을 주는 사람이다.

어머니가 이러한 건강한 역할을 수행해야, 아이의 마음속에 자신은 중요한 존재고 조건 없이 사랑받을 자격이 있는 사람이라는 굳건한 믿음이 깊이 뿌리를 내린다. 해로운 가족의 생존자들은 이런 자존감이 키워지거나 발달한 적이 없는 경우가 많다.

'어머니가 필요하다'고 느끼는 감정에는 나이나 시간, 거리의 제한이 없다.

스스로 자신의 어머니가 되는 좋은 방법은 일기를 쓰는 것이다. 우리는 이야기할 사람이 필요할 때 자연스레 어머니를 찾는다. 나를 섣불리 평가하지 않을 사람이라고 생각하기 때문이다. 하지만 어머니가 해로운 영향을 주었거나 자신을 학대한 다른 가족에게서 나를 지켜주지 않았다면 어머니가 필요하다고 느낄 때 어머니를 찾지 않게 될 가능성이 크다. 그럴 때 일기가 효과적인 대안이 된다. 일기에서는 건강한 어머니가 귀 기울여주는 것처럼 내 모든 마음의 소리가 조건 없이 받아들여질 수 있다. 일기를 쓰면 고통스러운 감정이 깨어날 때 힘든 감정을 느끼는 자신을 수치스러워하지 않고 그러한 감정이 갈구하는, 자신을 향한 조건 없는 관심과 격려를 얻을 수 있다. 일기를 쓰면서 자신의 취약한 면과 만나고, 무너진 내면의 조각들이 말할 수 있는 공간을 마련하고, 그 조각들을 하나로 모아 조금 더 나은 무언가로 만들 수 있다.

다음과 같은 방법으로도 여성/어머니의 기운을 스스로 제공할 수 있다.

- 나를 응원하는 멋진 여성/어머니의 기운이 나를 감싸고 있다고 상상해본다.
- 춤, 요가, 명상, 운동 등 내 몸과 유대감을 느낄 수 있는 활동을 한다.
- 대화 치료를 받아본다.
- 자녀나 친구, 연인이 필요로 하고 받을 자격이 있는 것들을 어머니처럼 사랑을 담아 제공한다.

건강한 남성/아버지의 기운

용기와 담력은 인생을 헤쳐 나가는 데 중요한 요소다. 건강한 아버지/남성은 자녀에게 완벽한 보호자가 된다. 그러나 아버지가 수동적이거나 태만한 사람, 또는 독단적이거나 폭력적인 사람이면 아이는 보호받지 못한다고 느끼며 걱정과 갈등을 꺼리는 경향이 생길 가능성이 크다. 아이에게 최고의 영웅이어야 하는 존재가 아이의 인생에 아예 존재하지 않을 수도 있다. 그 잃어버린 관계를 아래와 같은 방법을 통해 바로잡을 수 있다.

- 다른 사람들과의 관계나 경제적인 문제, 직업 등 내 인생에 필요한 결정을 스스로 당당히 내리는 사람이 되자.

- 자신이 어떤 사람인지 분명하게 밝히는 적극성을 발휘하자.
- 필요한 것이 있으면 알리자.
- 분노의 감정은 필요한 한계를 정하고 긍정적으로 흘려보내자.

담력이 생기면 내게 소중한 사람과 그렇지 않은 사람을 금세 알 수 있다. 이는 귀중한 능력이다. 남성성에서 나오는 에너지는 소문이나 격렬한 감정 변화에 휘둘리지 않고 명확한 판단을 내릴 수 있게 하며, 이러한 명확성은 분별력을 키운다. 또한 진실하고 생기와 활력이 넘치는 사람으로 살아가는 데 힘이 되지 않는 이들과 상황에서 벗어나도록 한다.

긍정을 통한 치유

긍정은 스스로 격려하고, 수긍하고, 정서적으로 지지하는 말을 속으로나 입 밖으로 반복해서 말하고 글로 쓰면서 확언하는 것이다. 이렇게 자신을 여러 번 긍정하면 뇌의 사고 흐름을 생산적인 방향으로 재연결하는 데 도움이 된다. 이 같은 확언과 마음가짐, 연습은 복합성 PTSD를 치유하는 귀중한 기회가 된다. 자신에게 애정을 듬뿍 주고 자신을 존중해주는 가족과의 경험을 실제로는 한 번도 누려본 적 없다면, 스스로 제공해볼 수 있다. 아래는 생각의 재연결을 시도할 때 유용한 지침으로 활용할 수 있는 확언의 예시다.

- 나는 좋은 사람이다.

- 나는 항상 내 편이 되려고 최선을 다한다.

- 내가 완벽해야만 스스로를 아끼고 보호할 자격이 생기는 건 아니다.

- 내가 느끼는 내 감정은 무엇이든 다 괜찮다.

- 나는 언제나 내가 반갑다.

- 화가 나도 괜찮다.

- 실수해도 괜찮다. 그렇게 배우는 거다.

- 필요하면 도움을 청할 수 있고, 나는 나를 도울 것이다.

- 내가 선호하는 것과 내 취향을 가져도 된다.

- 나는 내게 기쁨을 주는 존재다.

- 내 가치는 내가 정할 수 있다.

- 나는 내가 매우 자랑스럽다.

잠시 생각해볼 것

가족이 언어적·비언어적으로 내게 준 부정적인 해석과 대우를 떠올려보고, 위의 문구와 정반대되는 내용을 찾아보자. 그 해로운 내용과 건강한 가족이 서로를 해석하고 대우하는 방식과 비교해보면 어떤 차이가 있는지 확실하게 알 수 있다.

생각의 재연결에서 가장 중요한 건, 어떤 식으로든 부정적인 혼 잣말과 자신을 비난하거나 방치하는 행위에 빠지지 않겠다고 굳게 결심하는 것이다. 자신과의 대화보다 중요하거나 의미가 큰 것은 없 다. 우리는 매일 하루를 마무리하면서 자신의 가치를 스스로 정한다.

깨달음의 순간
부당하게 희생된 일을 과소평가하지 않는 동시에 희생자로만 머물지 않도록 맞서야 한다.

인내심과 연민, 내면의 생각을 긍정적으로 이끌려는 노력은 치 유의 속도를 높인다. 이런 긍정적 사고법을 스스로 훈련하면, 두려움 과 혼란스러운 기분을 이겨내고 충격과 자기 평가에 덜 빠질 수 있으 며 새롭게 시작한 인생을 즐길 수 있게 된다. 가장 값진 결실은 잃어 버린 삶을 되찾아준 존재가 바로 자기 자신이라는 점이다. 나를 치유 하려고 노력했다는 건 자랑스럽게 여길 만한 일이다. 나도 여러분이 자랑스럽다.

상처를 나만의 관점으로 치유할 수 있다

해로운 가족 안에서 살아남은 사람은 본인이 크면서 겪은 혼란과 학대의 실상을 깨닫는 데 도움이 될 정보를 최대한 확보해야 한다. 생존자는 세뇌당한 데다 본인의 통제 범위를 벗어난 불확실성이 만연한 삶에 익숙해서, 자신에게도 통제권이 있고 그걸 활용하면 안심하고 살 수 있다는 사실조차 알지 못한다. 내 가족이 어쩌다가, 왜 사라졌는지를 깨닫는 건 과거에도 지금도 큰 혼돈과 고통을 느낄 수밖에 없는 일이다. 하지만 이 과정을 거치면 값을 매길 수 없는 귀중한 지식이 생긴다.

깨달음의 순간
지금까지 무슨 일을 겪었는지 설명하지 못하면 삶을 회복하기 위한
노력도 시작할 수 없다.

내 치유를 예로 들어보겠다. 나는 파괴적인 가족이 어떻게 나올지 예상할 수 있게 되었고, 이 분야의 전문가가 되었을 뿐만 아니라 내가 겪은 일에 관해 전국을 돌아다니며 강연했다. 하지만 그렇게 계속 살아가는 것으로는 치유되지 않았다. 내 가족이 남긴 상처와 주장이 더 이상 내게 아무런 영향을 주지 않는다고 거짓말하면서 다 이겨낸 척 연기할 수도 있었겠지만, 그건 사실이 아니었다. 싫든 좋든 그 사람들은 내 가족이고 내가 그들과 연락하건 그렇지 않건, 그리고 예상했던 일이건 그렇지 않건 그들이 내게 잔인하고 악의적인 면을 드러낼 때면 나는 지금도 상처받는다. 상처를 주는 상대가 가족이면, 어엿한 성인으로서가 아니라 어린아이·자녀·형제자매·손주·조카·사촌·누군가의 부모로서 상처를 입는다. "네 가족이 어떤진 네가 잘 알 테니 이젠 벗어나라"고 말하는 사람이 있다면, 의도한 건 아니겠지만 상대방의 경험과 과거, 현재를 깎아내리는 것이다. 그런 말을 들으면 가족이 만든 상처에서 피가 흐른다. 상처가 났을 때 그게 어쩌다 생긴 건지 모르면 상처를 치료할 수 없다. 내가 에릭슨의 심리사회적 발달 이론을 설명한 이유도 그래서다. 그 이론을 참고하면, 정서적인 출혈이 언제, 왜, 어떻게 시작됐고 커서 성숙한 어른이 되는 동안 자신에게 어떤 영향을 주었는지 좀 더 명확히 알 수 있다.

나를 치유하려면 가족과 단절하겠다는 결심에 스스로 너무 엄중하게 의문을 제기하지 말아야 한다. 해로운 가족과 살아온 생존자들은 자신이 경험한 일이나 경험에서 우러난 감정이 타당한 것인지 스스로 혹독하게 심문하는 경우가 너무 많다. 지금까지 겪은 일이 정말로 가족과 관계를 끊어야 할 만큼 안 좋은 경험이었는지 자문하는 건 자연스럽고 건강한 반응이다.

어린 시절이 극단적으로 비정상적인 게 아닌 이상 가족과 연을 끊는 건 이해할 수 없는 일이라고 말하는 사람들이 있다. 가족과 단절해야만 하는 사람들의 고통을 더 키우는 말이다. 오늘날에는 여러 번 결혼하고 이혼하는 부모의 인생에 아이가 끌려다니거나, 가족의 체계를 무너뜨리는 추행·외도·이혼 소송·경제적 학대·신체 학대·중독 문제로 인해 아이가 정신적인 충격을 받는 일이 흔하다. 너무 흔해서 그런 일 정도로는 가족과 단절할 이유가 못 된다고 여겨질 정도다. 작가 타라 웨스트오버Tara Westover가 《배움의 발견》에서 공개한 극단적이고 끔찍한 사연만큼[17] 비정상적인 상황이 아니면, 학대당한 경험은 오해로 치부되거나 가족과 단절하겠다는 개인의 의지를 사회가 인정하지 않을 가능성이 크다. 내 경우처럼 부모가 자선 단체를 운영하거나 학교 학부모회에서 활동하면, 학대가 명백히 입증되지 않는 이상 웨스트오버처럼 생존자가 가족의 테두리에서 벗어나기로 마음먹어도 지지받지 못한다.

브레네 브라운은 저서 《진정한 나로 살아갈 용기》에서 가족이 주는 상처가 얼마나 큰지 이야기하면서 사회가 이 문제에 내리는 판단을 다음과 같이 지적했다.

자기 가족 안에 속하지 못하는 건 빈곤, 폭력, 인권 유린의 고통에 비할 만큼 극히 위험한 상처다. 한 사람의 마음과 정신, 자존감을 무너뜨리는 일이기 때문이다. 내가 살면서, 그리고 일하면서 직접 경험한 바로는 그러한 것들이 무너진 사람이 맞이하는 결말은 세 가지밖에 없다. 1) 끊임없는 고통 속에 살면서 무감각해지거나 다른 사람에게 고통을 떠넘기는 방식으로 위안을 얻으려 한다. 2) 본인은 고통을 부인하지만, 주변 사람들과 자기 자녀에게 자신의 고통을 전가하며 고통받고 있다는 사실을 뚜렷하게 드러낸다. 3) 용기 내어 고통을 스스로 받아들여서 자기 자신과 다른 사람들에게 어느 정도 공감하고 연민을 느끼는 사람이 된다. 이를 토대로 세상을 살아가면서 생기는 상처를 자신만의 독특한 관점으로 볼 수 있게 된다.[18]

우리의 목표는 세 번째 결말을 맞이하는 것이다. 치유의 여정이 이 목표에 도달하려면 많은 시간과 노력이 필요할 것이다. 마음의 상처가 낫도록 한번 노력해볼까, 하고 생각만 해도 큰 부담을 느끼는 사람이 많다. 단언컨대 그건 자연스러운 반응이다. 마음을 치유하려는 노력을 시작한다고 해서, 대회라도 나가는 것처럼 삶을 대대적으로 바꿀 방법을 다급히 찾아야 하는 건 아니다. 고통이 너무 크면 치유 과정을 가능한 한 빨리 끝내고 싶어서 자신을 마구 밀어붙일 수도 있다. 충분히 이해한다. 그러나 근원적인 상처와 깊은 정서적 재경험의 문제를 해결할 지름길은 없다. 치유는 늘 진행되는 동적인 과정임을 기억하자. 이제 다음 단계인 정서적인 외로움과 단절감을 치유하는 방법을 알아보자.

9

이유 없이 외로움과 공허함을 느낀다면

가족이 겉으로 보기에 완벽하거나 '정상적으로' 보인다면, 사람들은 가족과 단절한 사람에게 그렇게 좋은 가족과 관계를 끊은 건 잘못한 일이라고 멋대로 판단한다. 가족과 단절한 이들에게는 수용과 지원이 꼭 필요한데, 보통 사람들은 중독이나 정신질환처럼 명백한 이유가 있는 경우만 진심으로 수용하고 도우려 한다. 슬프게도 학대 생존자들은 차라리 그런 문제를 겪는 게 여러모로 더 수월하겠다고 느낀다. 무언의 학대는 남들이 보기엔 명확하지 않아서 이해받기도 힘들고 학대로 인정받기도 어렵다. 가족 안에서 몰래 일어난 일들은 증명할 수 있는 말이나 확실한 증거가 없다. 심리적인 학대를 당했어도, 명백한 증거가 없으면 가족에 이어 사회에서도 외로움과 고립감을 느끼게 된다. 게다가 해로운 영향을 주는 가족 중에는 지역사회에 관심을 쏟는 사람들이 많다. 사회적으로는 봉사하고, 시간을 아낌없이 들이고, 자선 활동과 이타주의적인 활동에 인심 좋게 참여하다가 가족이라는 사적인 영역에서는 '집안의 악마'로 돌변하는 이들이다.

💡 잠시 생각해볼 것

학대당하고도 '이만하면 학대가 맞다'고 스스로 확신할 수 없어서 얼마나 오랫동안 그 일을 합리화해왔는지 생각해보자.

학대와 정서적 유기를 경험하며 자란 사람은 늘 내쫓긴 기분과 소외감에 시달리는 동시에 통제당하고, 비난받고, 이용당하고, 과도하게 욕을 먹는다. 이런 나쁜 대우에는 반드시 경계선을 확실하게 그어야 한다. 해로운 가족은 함께 살 때도, 떠나와 살 때도 버림받은 기분을 느끼게 한다. 남의 집 문 앞에다 자기 아이를 갖다 버리고 두 번 다시 안 보려고 하는 것만 유기가 아니다. 가족에 속하지 못한 기분이 들게 하는 것, 자신이 짜증을 유발하는 존재 또는 다른 사람의 시간·애정·관심을 기대할 만한 가치가 없는 존재라고 느끼게 만드는 것도 유기다. 성인이 된 후 특별한 이유가 없는데도 깊은 외로움과 단절감이 느껴진다면, 잠깐 멈추고 자기 내면에 어떤 상처가 있는지 관심을 기울여야 한다는 징후일 수 있다.

내 내담자인 엘리사는 버림받은 게 아닐 때도 버림받은 기분이 들어서 괴로워한다. 소파에서 남자친구와 꼭 껴안고 있을 때도 이 사람과 유대가 없다는 생각이 든다. 직장에서 긴 하루를 보내고 돌아온 남자친구가 긴장을 풀고 쉬는 동안 평소보다 말수가 조금 줄면 '큰 거리감'을 느낀다고도 했다. 엘리사는 상대가 말이 없어지면 초조해진다. 그런 심정을 남자친구에게 이야기하면, 그는 그게 어떤 기분이고 왜 그렇게 느끼는지 이해할 수 없어서 절망한다. 그는 엘리사와 유대감을 느끼고, 저녁 시간을 함께 보내는 게 즐겁기 때문이다. "제가 조용해졌다고 해서 우리가 대화를 전혀 나누지 않은 것도 아니거든요. 그래서 이해가 안 됩니다. 제가 엘리사를 계속 실망하게 만드는 것 같아요." 그는 이렇게 말했다.

엘리사의 부모는 딸이 정서적으로 보호자를 필요로 할 때 곁에 있어 주지 않았다. 엘리사처럼 대인관계에서 충족될 수 없는 수준의 확신과 관심, 확인을 기대하는 문제를 겪는 사람은 아동기에 중요한 사람과의 관계에서 충분한 지지와 양육을 받지 못했을 가능성이 있다. 이런 경우 엘리사가 그랬듯 마음의 구멍을 메우는 법을 배워서 스스로를 치유하기 위해 노력해야 한다. 그렇지 않으면 다른 사람이 아무리 사랑해주고, 관심을 주고, 확신을 줘도 늘 실망만 느끼게 된다.

버림받은 상처

수전 앤더슨Susan Anderson의 저서 《마음 치유 여행》[19]에는 버림받은 경험이 있는 사람이 느끼는 감정과 슬픔은 회복에 평생이 걸릴 만큼 강렬하다는 설명이 자세히 나온다. 버림받아 느끼는 슬픔은 누군가가 죽었을 때의 슬픔과 전혀 다르다. 살면서 알고 지냈던 사람이 세상을 떠나는 건 남은 사람을 망가뜨리거나 괴롭히려는 목적과 무관하다 (자살의 경우 예외일 수 있지만, 여기서 이야기하려는 주제에서 벗어난다). 병이나 사고, 폭력으로 숨지거나 나이가 들어 세상을 떠나는 건 인간의 일생에서 자연스럽게 일어나는 일이다. 죽은 사람의 잘못도 아니고, 남은 사람의 잘못도 아니다. 흠이 있는 사람이라고 해서 그 흠이 자연사의 원인이 되지는 않는다.

이와 달리 정서적인 유기는 깊이 사랑하는 사람, 필요하다고 느끼는 누군가를 잃는 것이자 상대방이 나와 함께 있지 않기로, 자기 삶에서 나를 배제하기로 선택했다는 사실을 알게 되는 일이다. 이와 같은 거부를 당하면 형용할 수 없는 슬픔과 절망을 느낀다. 내가 사랑하는 사람이 나와 함께하지 않겠다고 하면, 그 사람과의 관계가 사라지는 것으로 끝나지 않고 자기 자신의 중요성과 가치에 관한 근원적인 믿음까지 잃게 된다.

앤더슨은 버림받아서 느끼는 슬픔은 그 자체가 하나의 증후군이라고 설명했다. 버림받은 사람이 겪는 슬픔의 고유한 특징은 자기 자신에게 두려움과 분노를 느끼고 자신을 공격하게 된다는 점이다. 이러한 경향은 누군가 죽어서 느끼는 슬픔과 크게 다르다. 버림받은 경험이 있는 생존자들은 민감하고, 세심하고, 사랑할 준비가 되어 있다. 버림받은 슬픔은 사랑을 찾고 유지하는 방식에 영향을 줄 만큼 오래 지속되기도 한다.[20] 버림받아 생긴 상처는 연인을 포함한 모든 대인관계에서 과연 자신이 사랑받을 만한 존재인지, 받아들여질 수 있는 존재인지 의혹을 품게 만든다. 스스로 느끼는 이 보이지 않는 결함 또는 상상 속의 결함은 자기혐오의 씨앗이 된다. 그만큼 피나는 고통을 겪는다.

자기혐오를 알아야 자기애가 시작된다

자기혐오의 주요 원인은 성적 학대·신체 학대·정서적 학대·유기·방임 등에서 비롯된 트라우마다. 버림받은 기분은, 나는 앞으로 영원히 혼자 남을 것이고 나를 보호해주거나 도움이 다급히 필요할 때 손을 내밀어줄 사람이 한 명도 없으리라는 원초적인 두려움을 깨운다. 그리고 이 두려움에서 강렬한 분노가 생겨난다. 자신이 이토록 큰 불안감과 외로움, 절망을 느낀다는 사실에 화가 나고, 자신은 다른 사람의 사랑을 꾸준히 받을 수 없는 존재라는 무력감에 사로잡힌다.

이러한 무력감은 자기혐오를 키운다. 해로운 가족은 조건이 맞아떨어질 때만 애정을 보여주므로, 그런 가족 안에서 자란 사람은 자기혐오에 사로잡혀 자책하고 자신의 허물과 약점만 보는 습관이 생기기 쉽다. 최악은 버림받고도 자신은 그럴 만한 사람이라고 스스로 합리화하고 가족의 행동을 정당화하게 된다는 것이다. 그래서 생존자는 자기 성격에 끔찍한 문제가 있다고 확신하며 살아가지만, 그 문제가 정확히 무엇인지는 알지 못한다. 그래서 버림받고 두려움을 느낄 때마다 자신에게 뭔가 치명적인 결함이 있어서 사랑받지 못한다는 왜곡된 믿음에 빠지기 쉽다.

깨달음의 순간
가족에게 끊임없이 비난받으면 가족을 향한 사랑이 끝나는 게 아니라 자기 자신을 사랑하지 않게 된다.

버림받은 존재로 살면서 정서적으로 추방된 기분으로 살다 보면, 그 감정이 너무 커서 자신이 학대당한 사실조차 인지하지 못할 수 있다. 그래서 정서적으로 자신을 유기한 가족의 사랑을 바라고 집착적으로 갈구하게 된다. 가족이 사랑해주기만 한다면 삶이 평화로워지리라고 잘못 판단하는 것이다. 안타깝게도 해로운 가족은 그런 집착적인 갈망을 반긴다. 그래야 지금까지 그래왔듯이 생존자를 아랫사람 부리듯 대할 수 있고, 생존자는 본인들에게 인정받으려고 계속 애쓸 것이기 때문이다. 이러한 생존자의 갈망은 가족이 계속해서 자신을 마음대로 조종할 수 있도록 무의식적으로 허락하는 게 되고 만다. 심지어 성인이 된 후에도 가족에게 '괜찮은' 존재로 인정받으려고 최선을 다하고 가족과의 관계를 회복하려고 끝없이 노력한다.

깨달음의 순간

해로운 가족은 학대하는 대상이 완벽하기를 원한다. 아이러니한 건 자신들은 결코 모범적인 부모나 형제, 조부모라고 할 수 없는데도 생존자에게는 그러기를 바란다는 것이다.

버림받은 기분은 너무나 끔찍하기에, 사람들은 자연히 누구라도 그런 기분을 느끼거나 겪지 않기를 바란다. 이 때문에 많은 생존자가 가족과 관계를 끊는 건 가족을 버리는 일이라는 두려움 때문에, 자신의 정신건강에 도움이 되는 중대한 결단임에도 결심을 무르는 안타까운 일이 일어난다. 학대와 방임에서 나를 지키는 경계선을 긋는 일은 화가 나서 다른 사람을 끊어내는 것과 큰 차이가 있음을 기억하자.

가족을 버리는 일일까?

해로운 가족과 관계를 끊는 건 그들을 버리는 게 아니다. 그들에게 더 이상 버림받지 않기 위해서 접촉 지점을 없애는 것이다. 해로운 가족은 정서적 유기에 도가 튼 사람들이다. 그런 사람들은 죄책감, 그리고 자신의 잔인성을 인지한 후 느낄 괴로움을 피하기 위해 자신의 행위가 일으키는 악영향을 계속 모른 척하기로 스스로 선택한다. 정당한 일이었다고 자평하면서 자신들이 끼친 피해에 자발적으로 무감각해진다. 연민은 없다. 진실을 중시하지도 않고 진실에 신경 쓰지도 않는다. 해로운 가족은 이런 무감한 방어로 자신들이 꽤 괜찮고 다정한 사람이라는 인상을 유지한다. 혼자 알아서 회복 방법을 찾아야 하는 생존자는 학대하고 조종했다는 사실을 완강히 부인하는 가족의 태도에서 냉담함을 느낀다. 아이러니하게도, 생존자는 학대를 가한 가족과 관계를 끊은 후에도 그들에게 버려졌다는 기분을 느낄 수 있다. 관계를 끊고, 원래 누렸어야 하는 올바른 가족 관계가 어떤 것인지 깨달을 때마다 자신은 버려진 존재였음을 다시금 상기하게 되기 때문이다.

가족의 학대에서 살아남은 사람은 고아와 같은 심정으로 살아간다.

버림받은 경험으로 생긴 상처는 완전히 치유될 수 없다. 이 상처는 생존자가 성인이 된 후에도 자기 신뢰감을 언제든 해칠 수 있는 요소로 생존자의 내면에 계속 남아 있는 경우가 많다. 다른 사람들과 시간을 보내고, 그들의 가족들과도 만나다 자기 가족을 떠올리게 될 때면 더욱 그렇다. 자녀를 헌신적으로 도와주려고 하는 건강한 부모들을 보면, 형제·사촌이나 그 밖에 대가족이 서로를 진심으로 아끼고 서로에게 깊은 관심을 기울이는 모습을 보면 자신은 한 번도 경험한 적이 없는 일임을 상기하게 된다.

다행스러운 건 버림받은 경험으로 생긴 상처가 있어도 희망이 아예 없는 건 아니라는 점이다. 아래에 그러한 상처를 효과적으로 치유할 수 있는 몇 가지 기술을 소개한다.

- 자신을 버린 사람에게 편지를 쓴 다음 태운다. 이 의식을 치르고 나면 그 사람과 연락하고 그에게 이해받고 싶은 욕구를 해소하는 데 도움이 된다. 가족에게 전달할 수 없는 편지라면 태워서 우주로 보내면 된다.
- 가족에 대한 갈망이 생겨 약해진 기분이 들면, 그 감정 자체를 수신인

으로 정해서 응원하고 챙기는 내용의 편지를 써보자. 취약한 감정 앞으로 쓰는 편지는 그 감정을 가라앉힐 수 있는 훌륭한 방법이자 긍정적인 자기 대화의 방법이다.

- 버림받은 경험에 따라온 모든 감정을 그대로 느껴라. 해로운 가족 안에서는 내면의 소리를 입 밖에 내면 벌을 받거나 왜곡된 의미로 받아들여지므로 함부로 말할 수 없다. 이제는 감정을 있는 그대로 느끼자.
- 내면에 남은 어린 자신을 포함해서 자신의 어떤 부분이 고통을 느끼는지 찾아보자. 모두 찾아서 스스로를 사랑하고 연민을 갖자.
- 내면의 어린 자신이 건강하고, 강하고, 유능하다고 여기자. 마음이 지극히 강한 존재라고 생각하자. 그동안 엄청나게 많은 일을 겪고도 살아남은 강인함과 인내력을 인정하자.
- 생각과 감정을 조절하고 싶을 때 활용할 수 있는 대처 방법을 목록으로 써보자. 목록 작성은 효과가 굉장히 좋은 방법이다. 객관적인 시각과 미래에 대한 희망, 새로운 아이디어에 도움이 된다.
- 혼란스러운 감정은 가라앉히고, 상처받은 부분에 말을 걸고 다독이자. 진정하고 다시 믿음을 갖는 것이 치유의 기본 바탕이다. 필요할 때마다 이 방법을 활용하자.

버림받고 거부당한 상처를 치유하기 위한 여정을 시작하면, 남들에게 인정받고 싶은 감정이 수면 위로 떠오를 가능성이 크다. 고통스러운 경험을 인정받아야 한다거나 그러고 싶다고 느끼는 건 일반적이고 자연스러운 반응이다. 매우 비정상적인 가족 안에서 자란 사람은 '아무나' 자신에게 다가와서 방어막이 되어 주기를 바라는 마음을 의식적으로 혹은 무의식중으로 품고 살 확률이 높다.

🔆 잠시 생각해볼 것

내 마음에 상처를 낸 가족이 그런 사실을 인정하지 않아서 재차 생긴 상처를 안고 사는 건 어느 정도로 고통스러운 일인가? 인정받지 못한 상처는 어떤 영향을 주었나?

나를 포함한 생존자들은 감정이 크게 자극받는 상황에 놓이면, 현재 자신이 중요하게 여기는 사람들이 자신을 어린아이 대하듯 다정하고 부드럽게 대해주길 바란다. 하지만 사람들은 생존자가 그런 욕구를 느낀다는 사실을 잘 모른다. 상처받은 사람에게 '어엿한 성인으로서 성취한 일들'은 별로 중요하지 않다는 사실을 기억하자. 그들에게 중요한 건 연민이다. 자신이 겪은 일을 누군가에게 말하고 싶고, 그 사실이 진지하게 받아들여지길 바란다. 다른 사람들이 응원해주면 이해심과 유대감이 싹트고, 신뢰감도 커진다. 배척당할 염려 없이 자신이 겪은 진실을 말할 수 있는 귀중하고 안전한 장소가 생긴다. 이 모든 게 쉬운 이야기처럼 들릴 수 있겠지만, 생존자 중에는 성

인이 되어서도 사람들과 서로 힘을 주는 건강한 관계를 잘 형성하지 못해 애를 먹는 사람들이 너무나 많다.

인정과 정서적 유대

해로운 가족의 생존자는 정서적인 친밀감을 피하고 일관성 없이 애정을 주는 사람에게 이끌리기 쉽다. 이런 사람과는 정서적 유대가 형성될 수 없기에, 비정상적인 가족에게서 겪은 일들을 똑같이 겪는 상황에 갇히고 만다. 그러면 자신을 사랑해주는 사람은 아무도 없다는 고통스러운 감정만 촉발된다. 탄탄한 관계, 자신을 지탱해주고 정서적으로 만족스러운 관계를 무엇보다 바라는데도 그런 관계를 맺기어려운 이유는 무엇일까? 정리해보면 다음과 같다.

- 가족의 학대를 겪었기 때문이다. 어린 시절의 상처가 남은 사람이 무의식적으로 자신을 키워준 사람과 비슷한 사람을 찾게 되는 건 자연스러운 반응이다. 해로운 가족 안에서 겪는 혼란은 감정을 크게 자극해서 건강하지 않은 애착 관계에 이끌린다. 감정이 심하게 고조된 상태와 그런 감정을 해소하려는 욕구는 둘 다 중독성이 있다. 바로 이중독성 때문에, 해로운 가족과 헤어진 후에도 자꾸 비슷한 관계에 말

려든다.

- 정직한 사람, 의심받으면 상처받는 사람이기 때문이다. 쉴 새 없이 평가받고 현실 왜곡을 주입받는 환경에서 자란 사람은 자기 불신이 깊다. 또한 다른 사람들이 자신의 의견·감정·생각을 인정하고, 수용하고, 믿어줄지 확신하지 못해 불안감을 느낀다. 이런 두려움 때문에 자신이 무슨 일을 겪었는지 사람들에게 진실을 밝힐 기회를 스스로 포기하는 경우가 아주 많다.

- 성취가 있어야만 사랑받을 수 있다고 믿기 때문이다. 해로운 가족 안에서 성장한 많은 사람이 사랑은 얻어내야 하는 것, 성과에 따라 배분되는 것이라 배운다. 이 비정상적인 공식은 성인이 된 후 다른 사람과 맺는 애착 관계에도 무의식적으로 적용된다. 또한 관계 유지를 위해 내가 더 많이 노력하게 만드는 사람, 그런 불균형을 지적하면 오히려 나를 비난하는 사람을 선택하는 경향이 있다.

- 완벽주의자가 되려는 경향 때문이다. 충분한 성취를 이루지 못했다는 느낌, 또는 자신은 충분하지 않다는 느낌 때문에 본인이 할 수 있는 것보다 더 많이 하려고 한다. 과부하가 걸린 사람은 다른 사람들에게 표적이 되어 이용당하기 쉽다. 그런 표적이 되면, 상대방은 계속해서 내가 불완전하다고 느끼게 만들고 나는 반사적으로 더 잘하려고 노력하게 된다. 그래서 '완벽주의에는 모든 트라우마가 섞여 있다'는 말이 있다.

- 다른 사람의 문제를 해결해주려고 하기 때문이다. 해로운 가족과 정반대되는 성향이다. 가족에게 해로운 영향을 주는 부모·형제·삼촌·이모나 고모·조부모는 자기 자녀를 비롯한 가족 구성원에게 과도한 스트레스와 문제를 떠안기고도 전혀 개의치 않는다. 이런 환경에서 가족을 보살피던 습관이, 남을 챙기거나 남의 문제를 자신이 해결해주려는 만성적인 패턴으로 굳어지기 쉽다.

- 자기 생각을 말하거나 경계선을 긋는 일을 어려워하기 때문이다. 심리적 학대가 가해지는 가정에서는 자기 생각을 말할 수 있는 선택권이 없다. 조금이라도 자기 주장을 펼치려고 했다가는 무시당하거나 심리적인 조종을 당하고 벌을 받게 될 가능성이 크다. 그래서 생존자는 다른 사람과 관계를 맺을 때 비난받거나, 거부당하거나, 버려지거나, 벌을 받을지 모른다는 두려움을 느낀다. 그리고 이 두려움으로 인해 경계선을 그어야 하는 상황에서도 겁을 낸다.

- 버림받을 위험이 있는 상황은 피하려고 하기 때문이다. 버림받을 수 있다는 두려움을 안고 자란 사람은 무슨 일이 있어도 버림받는 것만은 피하려고 최대한 노력한다. 심지어 자신에게 매우 유익할 일도 그런 이유로 포기하려고 한다. 그 결과 종속적인 관계에 빠지기 쉽다. 거부당하는 걸 너무 두려워해서 종속적인 관계가 진정한 사랑이고 안정적이라고 오해하며 이런 관계를 더 선호하게 된다.

잠시 생각해볼 것

위 원인은 성인이 된 후에 납득하기 힘든 관계를 선택하게 한다. 목록을 살펴보고 바꿀 수 있는 부분이 있는지 생각해보자. 우리는 우리를 중요하고, 의미 있고, 사랑스러운 사람으로 인정해주는 사람과 건강하고 행복한 관계를 누릴 자격이 있다.

이와 같은 문제는 모두 인정받지 못할 때 나타나는 패턴이다. 사랑하는 사람이 자신의 정서적인 경험·생각·감정·아픔·대화·의견을 거부하고, 얕보고, 비난하면 그 사람은 나를 인정하지 않는다고 볼 수 있다. 인정받지 못하면 스스로 가치 있는 존재라고 느끼기 힘들다. 사랑하는 사람이 내 말에 귀를 기울이지 않거나 오해하고, 내가 겪은 일을 폄하하고, 내가 필요로 하는 것을 무시하는 건 너무나 고통스러운 일이다. 원하는 게 있는 건 잘못이 아니다. 그렇다고 상대방이 자신을 사랑한다는 확신을 계속 얻으려고 한다면 건강하지 않은 관계가 형성된다. 그뿐만 아니라 이런 행동은 상대가 나를 애정에 굶주린 사람으로 보게 하고 어떻게든 피하려던 결말, 즉 내가 버림받는 상황으로 나를 내몰게 되는 경우가 많다. 애정을 구걸하는 건 관계를 깨뜨리는 주된 원인 중 하나다.

애정에 굶주린 사람 곁에 남으려는 이는 없다. 계속 불평하고,

무슨 일에도 행복을 느끼지 못하고, 자꾸 확신을 달라고 요구하는 불안정한 정서적 갈증은 누구도 채워줄 수 없다. 마음 치유를 시작하면 소중한 사람들이 평생 곁에 있어 주기를 바라게 되는데, 그렇게 되려면 애정에 목말라하는 문제부터 해결해야 한다. 자신을 인정하고, 믿고, 돌볼 줄 알게 되면 다른 사람들과도 정서적으로 만족스러운 관계를 맺게 될 가능성이 커진다. 아래와 같은 방법으로 자기 자신을 인정할 수 있다.

- 내 강점·성취·진전·노력을 인정하자.

- 생각·감정·감정 상태 등 내면에서 일어나는 일들을 받아들이자.

- 인정받지 못하는 기분을 촉발하는 요소가 무엇인지 찾아보자.

- 필요한 것들의 우선순위를 정하고 최대한 스스로 그 필요를 채워보자.

- 내게 친절하게 대하자.

- 긍정적인 혼잣말을 활용하자.

- 내 한계·결점·실수를 받아들이자. 인간은 모두 그런 면이 있다.

- 나를 남들과 비교하지 말자.

- 내가 어떤 기분인지, 무엇을 원하는지 관심을 기울이자.

- 평가하지 말고 그냥 자신을 받아들이자.

- 나를 내 친구처럼 대하자.

- 한 번도 받아본 적 없는 사랑을 내가 내게 선사하자.

제대로 성장하지 못한 사람들과 떨어져야 성장할 수 있다.

    미성숙하고 만사를 장난처럼 여기는 가족을 더 이상 견딜 수 없는 지경에 이르면 절망감과 외로움을 느끼게 된다. 생존자 중에는 이 외로움 때문에 의식적으로든 무의식적으로든 가족 대신 공허함을 채워줄 사람을 찾으려는 이도 있다. 일반적이고 자연스러운 반응이지만, 그런다고 망가진 상황이 건강하게 해결된다고 보장할 수는 없다. 아무리 멋지고 훌륭한 사람이라도 가족이 남긴 상처를 지우거나 없던 일로 만들 수는 없다. 자신의 불운한 상황을 사실로 온전하게 받아들여야 자신을 치유해줄 사람, 또는 가질 수 있었고 가졌어야 마땅했던 가족의 빈자리를 대신할 사람을 찾는 일에 덜 전전긍긍하게 된다. 자신에게 가족이 있지만 그 가족이 나를 저버렸다는 사실을, 모래를 삼키는 것처럼 괴로워도 점차 인정하게 된다. 좋게 생각하는 데에도 한계가 있는 법이다. 해로운 가족은 그 한계를 넘어선다. 이런 상황을 받아들이면 스스로 치유할 수 있는 희망이 생긴다.

10

무너진 마음을 내 손으로 복구하기

어릴 때는 가족이 사랑할 줄 모른다고 생각하기보다 자신이 사랑받을 수 없는 사람이라고 믿기 쉽다. 그로 인해 자신을 망가진 존재라고 여기게 된다. 하지만 스스로 그렇게 느낀다고 해서 정말로 내가 누구에게도 사랑받을 수 없는 존재인 건 아니다. 내 가족이 사랑을 주고받을 줄 아는 가족이 아니어서 사랑을 주지 않았을 뿐이다. 자신이 망가진 존재라는 기분을 이겨내려면 이 사실을 받아들여야 한다.

가족의 해로운 영향으로 생긴 상처는 그 상처와 무관한 다른 누구도, 다른 어떤 가족도 치유할 수 없다. 그 상처를 낫게 할 수 있는 건 상처를 낸 가족뿐이지만, 그들은 그럴 의지가 없을 것이다. 하지만 이런 현실을 받아들이면 위안이 된다. 내 경우에는 전화벨이 울리고 발신자 이름이 보이는 순간부터 혈압이 치솟는 상황을 더 이상 겪지 않게 되었을 때 큰 안도감을 느꼈다. 나는 오랜 세월 고통받은 후에야 내 가족과 건강한 관계를 맺을 수 없으며 그걸 얻으려고 싸울 가치도 없다는 사실을 깨달았다. 그런 가족 구조에서는 건강한 관계를 형성할 수 없었고, 지금도 마찬가지다.

현실을 수용하면 나 자신을 적대적으로 대하게 만든 혼란이 사라진다. 가족과 거리를 두고 나면, 망가진 건 내가 아니며 망가졌다는 수식어는 오히려 파괴적인 가족에게 더 어울린다는 사실이 또렷하게 보인다. 친밀하게 가까이 지내는 가족이 없어도(그런 가족을 원한다고 하더라도) 잘 살 수 있음을 깨닫고, 자기 자신과 건강하고 돈독한 유대를 형성해서 스스로 치유할 수 있게 되어 자유로움을 만끽할 수 있다.

깨달음의 순간
해로운 가족이 나를 대하던 방식대로 다른 사람들을 대한다고 생각해보자. 그건 사랑이 아님을 알 수 있을 것이다.

가족의 사랑을 얻으려고 자신의 진정한 자아를 상실하는 건 있어서는 안 되는 일이다. 망가진 사람이 된 듯한 기분에서 벗어나 온 마음으로 나만의 인생을 살아보려고 노력해보자. 그러면 두려움 없이 있는 그대로의 내 모습으로 살아가는 게 얼마나 즐거운 일인지 서서히 느낄 수 있다.

상담이 주는 안정감

자신이 사랑스럽다고 느낀 적이 단 한 번도 없는 사람도 달라질 수 있다. 그러려면 올바른 자기 인식과 자신을 사랑하는 법을 배우고 수용하려는 헌신적인 노력이 필요하다. 심리학을 공부하고 직업으로 삼은 사람으로서, 나는 자기 성찰의 가치를 굳게 믿는다. 내가 심리학자라서 다른 사람들보다 치유의 과정을 잘 안다고는 생각하지 않는다. 나 역시 다른 상담사의 도움을 얻고 있다는 사실을 자랑스럽게 밝히고 싶다. 나는 상담을 통해서 내가 꼭 갖고 싶었던 가족이 내게는 없었음을 슬퍼하고, 가족과 관계를 끊은 것에 대한 사회적 평가를 이겨내기 위해 계속 노력한다. 내 가족은 아직 대부분 살아 있어서 내가 받은 학대를 완전히 다 끝난 일로 애도할 수는 없다. 나는 상담을 통해 가족과 그들의 터무니없는 행동을 향한 내 깊은 혐오감을 솔직하게 인정할 기회를 얻는다. 그래도 가족이니까 사랑해야 한다는 생각이 들 때마다 나를 사랑하지도, 받아들이지도 않겠다는 태도를 고수하며 심통을 부리던 가족들과 그들에게 느낀 내 사랑이 절망과 체념, 실망감으로 바뀌었다는 사실을 떠올린다. 상담에서는 가족과 관계를 끊는 일이 터부시되지 않는다. 광범위하게 일어나는 일임에도 모른 척 침묵을 지켜야만 하는 일로 여겨지지도 않는다. 따라서 생존자는 상담실에서 남의 평가에 신경 쓰지 않고 자신이 진심으로 느끼는 감정과 경험을 공개적으로 밝힐 수 있다.

상담은 수치심을 염려하지 않아도 되는 안전한 기회다. 더 기분 좋게, 더 잘 살아가기 위한 용기와 통찰에 도움이 되는 피드백, 격려를 얻는 기회이기도 하다. 상담은 해로운 가족이 언젠가 어떤 식으로든 내게 늘 절실히 필요했고 지금도 필요한 그런 존재가 될지도 모른다는 착각에 또다시 빠지지 않도록 나를 지켜준다. 공감할 줄 알고, 열려 있고, 이해심이 깊고, 내가 이해할 수 있고, 정직하고, 곁에 있어 주고, 나를 도와주고, 나를 향한 애정이 느껴지고, 나를 지지해주고, 투명하고, 분명하고, 모순이 없는 가족이 될 수도 있다는 기대는 착각이다. 해로운 가족은 애초에 그런 사람들이 아니다.

생애 첫 단계에 신뢰감과 희망이 발달하려면 일관되고 아이가 예측할 수 있는 보살핌이 꼭 필요하다. 그런 보살핌을 한 번도 경험한 적 없는 사람은 상담에서 경험할 수 있다. 상담은 힘없고 약해졌을 때든 용감할 때든 언제나 든든하게 나를 지지한다. 나는 처음 상담받기 시작했을 때 할 말이 별로 없었다. 내가 다른 사람의 상담사가 되어보니 실제로 그런 사람들이 많다는 걸 알게 됐다. 이제는 상담받으러 가면 건강하고, 정직하고, 나를 챙겨주는 관계가 있다는 사실만으로도 큰 힘을 얻는다. 치유와 변화에 중대한 힘이 되는 건 상담 시간에 구체적으로 무엇을 하는지가 아니다. 원래라면 가족과 형성해야 했던, 일관되고 안정적인 관계에서 생겨나고 축적되는 좋은 영향이 힘이 된다.

잠시 생각해볼 것

상담을 받는다면 어떤 도움을 받을 수 있을지 생각해보자.

망가진 마음 복구하기

망가진 사람이 된 듯한 기분에서 벗어나려면, 먼저 망가졌다고 느끼는 부분에 관심을 기울이고 깨어나게 만들어야 배울 점을 찾을 수 있다. 의식의 범위에 들어오지 않도록 스스로 감춘 모든 것들은 삶을 엉망으로 만들 수 있다. 어떤 방식으로든 자기 성찰에 힘을 기울이고 인내하는 지혜를 발휘해야 나를 치유할 수 있다. 주말에 특정한 세미나에 한 번 참석하는 걸로 망가진 부분을 단번에 뚝딱 해결할 수 없듯이 스스로를 치유하는 과정도 그런 식으로는 이루어지지 않는다. 치유는 평생에 걸쳐 이루어지는 과정이므로 멀리 보고 노력해야 한다.

고통스럽더라도 망가진 부분과 마주할 용기가 있어야 한다.

가족과 단절하기로 한 결정 때문에 계속해서 사회의 혹독한 평가를 받고 외로움까지 느낀다면, 상처가 어디에 생겼는지 어렵지 않게 찾을 수 있다.

불행하고 불공정하게도 사회에는 가족과 관계를 끊겠다는 결정을 스스로 내렸다면 그에 따르는 고통도 자초한 거라고 생각하는 사람들이 많다. 먼저 단절하기로 했으니 아파할 자격이 없다고 보는 것이다. 즉 자신이 내린 결정과 사회의 관점이 상반된다. 이 두 가지 현실 속에서 살다 보면, 분실물 보관소에라도 가서 잃어버린 마음을 찾아와야 할 것 같은 기분이 든다. 필요해서 스스로 내린 결정임에도 사회 대다수의 반박과 직면하고 그에 짓눌리면 그런 생각이 들 수 있다. 가족과 단절하기로 한 결심이 잃어버렸다가 '찾은' 물건이라면, 그 결정에 대한 지지나 수용은 '분실물'이다. 가족과 단절해야 한다는 결론에 이른 사람들은, 다른 사람의 생각을 바꾸려고 노력하거나 가족이 언젠가 바뀌리라는 기대를 품고 마냥 기다린다고 해서 치유되지 않는다는 사실을 힘들게 깨닫는다. 하지만 이런 사정을 모르는 사람들은 그런 사실을 이해하지 못하는 경우가 많다.

어떤 영향이든, 우리가 영향력을 발휘할 수 있는 유일한 장소이자 대상은 자기 자신이다. 내 변화가 시작되는 출발점이 바로 나 자신이라는 깨달음만큼 강력한 건 없다. 가족이 바뀌기만을, 사회가 내 결정을 인정해주기만을 기다려서는 변화할 수 없다. 스스로 삶을 변화시키고자 한다면, 내가 나에 관해 어떤 제한적인 생각을 품고 있고 그 생각이 얼마나 마음 깊이 굳어 있는지 알면 큰 도움이 된다.

제한적인 생각이 억누르는 것들

제한적인 생각이란 삶에 악영향을 주는, 자신에 관한 뿌리 깊은 잘못된 믿음이다. 자신에게 어떤 형편없는 점이 있다고 확신하면, 두려움 때문에 앞으로 할 또는 하지 않을 행동과 말을 속박하게 된다. 제한적인 생각은 아동기에 아래와 같은 측면에서 정서적 촉발 요인으로 작용하며 발달을 방해한다.

자기 수용

자신이 부족하다는 잘못된 믿음이 생긴 경우, 그런 생각이 끝없이 침투하지 못하게 할 방법을 찾아야 그릇된 믿음이 인생의 장애물로 굳어지지 않도록 막을 수 있다.

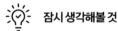 **잠시 생각해볼 것**

자신이 부족하다는 생각이 어떻게, 왜 처음 생겼는지 떠올려보자. 어떻게 하면 부족한 사람이라는 생각의 패턴을 끊고, 완벽하지는 않더라도 이 정도면 충분하다는 사실을 떠올릴 수 있을까?

명확한 정체성

자신을 심리적으로 학대하는 가정에서 자란 사람은 다른 사람이 내게 원한다고 여기는 모습대로 살려고 한다. 이 지나친 상호의존은 자신을 소홀히 대하는 사람과 자진해서 관계를 맺는 원인이 된다. 가족이 자신을 수용해준 적이 한 번도 없는 사람은 자신이 지금 제대로 하고 있는지, 이렇게 하는 게 맞는지, 다르게 할 수 있었거나 다르게 했어야 하는 건 아닌지, 그랬다면 내가 아닌 모두가 더 나은 결과를 얻었을 가능성은 없는지 계속해서 걱정할 확률이 높다.

잠시 생각해볼 것

어떤 장소나 특정 집단의 사람들에게 내가 '맞춰야 한다'는 생각을 멈춰야 나를 치유할 수 있음을 기억하라.

자기 연민

연민이라곤 없는 환경에서 자란 사람은 자신이 연민할 수 있는 존재임을 깨달을 기회가 없다. 자기 연민이 없는 것은 성인이 된 후 사랑할 상대를 잘못 선택하는 주요한 원인이 된다.

🔆 잠시 생각해볼 것

자신에게 필요한 것에 우선순위를 부여하면 어떤 기분이 드는지 살펴보자. 수치심, 죄책감이 들거나 이기적이라는 생각이 들고 걱정되는가?

화와 분노

파괴적인 가족은 화내는 건 나쁘다고 가르친다. 화를 내면 그 사람이 정신적으로 문제가 있거나 통제 불능이라고 여긴다. 하지만 화는 억지로 누르지만 않는다면 건강한 감정이다. 화나는 감정이 억눌리면 분노로 바뀐다. 해로운 가족의 생존자들은 살면서 만난 다른 어떤 사람들보다 자기 가족이 분노를 가장 크게 유발한다고 이야기하는 경우가 많다. 왜 그럴까? 해로운 가족 안에서는 모든 감정을 억눌러야만 하기 때문이다. 그러다 계속 자극받으면 억눌린 감정이 폭발해버린다. 이는 충분히 이해할 수 있는 일이다. 화는 경계선이 필요할 때 분출되는 감정이며, 분노는 그 경계선이 끊임없이 무시당할 때 터져 나온다. 화는 이만하면 참을 만큼 참았다는 사실을 일깨운다.

당당히 맞서고, 타협할 수 없는 게 무엇인지 확고히 밝히도록 도와준다. 스스로를 잘 보호할수록 속에 쌓이는 화도 줄어들고 다른 사람도 나를 존중하게 된다. 화는 부당한 일을 겪을 때 정당한 대우를 요구하게 만드는 감정이므로 변화를 만들어낼 수 있다.

잠시 생각해볼 것

자신의 화나는 감정을 얼마나 신뢰할 수 있는지 생각해보자. 화가 상처가 되기보다 도움이 되도록 만드는 방법은 무엇일까?

관계에서 편안함을 찾아내는 능력

서로를 아끼는 환경이 일상이 아니었던 사람은 다른 사람과의 관계에서 '편안함'을 느끼기가 어려울 수 있다. 내 경우에는 누군가에게 사랑을 느낄 수는 있어도 상대가 편하다고 느끼거나 그가 오래 내 곁에 있어 주리라는 믿음을 갖기가 굉장히 힘들다. 그래서 사람들과의 관계가 내 삶에 평온함을 주기보다는 불안감을 유발할 때가 많다. 사랑하는 사람이 생겨도 상대방의 안정성과 의도를 믿고 나를 온전히 보여주기가 쉽지 않다. 그래서 항상 차선책을 마련해둔다.

최악의 상황을 상상하는 건 내게 오래도록 끈질기게 붙어 있는 습관이다. 나와 같은 환경에서 자란 사람은 남들을 볼 때 최악의 모습을 예상하거나 최악의 결과를 맞이하는 일에 익숙해진다. 이런 상태에서 벗어나는 건 쉬운 일이 아니다. 신뢰감이 얼마나 크게 무너졌고 버림받은 상처가 얼마나 깊은지에 따라, 타인과의 관계에서 편안함을 느끼게 될 수도 있지만 그러지 못할 수도 있다. 희소식은, 편안함은 아니라도 사랑을 느끼게 될 가능성은 크다는 것이다. 내가 깨달은 건 '내 인생을 더 깊이, 진심으로 살아갈수록, 그리고 연인과의 관계 외에 내 개인적인 목표와의 관계가 끈끈해질수록 나 자신과의 관계가 더욱 편안해진다'는 사실이다. 나 자신이 편해지면 다른 사람들도 더욱 편하게 느껴진다.

 잠시 생각해볼 것

대인관계에서 편안함을 느끼는지 생각해보자. 어떻게 해야 그런 감정을 더 키울 수 있을까?

긴장을 푸는 능력

해로운 가족의 생존자는 자신이 제대로 할 줄 아는 게 아무것도 없는 사람이라고 생각하면서 자란다. 그래서 더 잘하려고 끝없이 '노력'하고 있음을 증명하려고 하고, 쉴 새 없이 계속 뭐라도 하면서 바쁘게 지낸다. 절대로 얻을 수 없는데도 늘 간절히 바라는 가족의 합격 도장을 얻으려고 애쓰는 것이다. 바쁘게 지내는 건 트라우마에 사로잡히지 않는 방법이 되기도 한다. 이들은 긴장을 풀고 편히 쉬는 건 편치 않을 뿐만 아니라 이기적인 행동이라고 느낀다. 쉬고 있다가도 자신이 쓸모없는 인간처럼 느껴져서 서두르고, 청소하고, 과로한다. 목표보다 더 많은 것을 이루거나 인생을 더 완벽하게 만들어줄 일을 하지 않으면 자신은 인생을 의미 있게 살아갈 생각이 없는 것 같다는 생각에 빠진다.

🔆 잠시 생각해볼 것

아무리 바쁘게 지내면서 정신을 다른 데로 돌려도 트라우마는 사라지지 않는다. 이 사실을 받아들이면 자신에게 얼마나 도움이 될지 생각해보자. 받아들였다면 이제 어떻게 해야 할까?

자기표현 능력

해로운 가족 환경에서는 아이가 눈에 보이는 곳에 있되 시끄럽게 굴면 안 된다고 가르친다. 그래서 아이는 자기 의견을 언제, 어떻게 표현해야 하는지 헷갈리고 어려워한다. 그런 환경에서는 주어진 환경을 받아들이고 비정상적인 일들에 익숙해져야 한다는 압박이 공공연하게 또는 은밀하게 가해진다. 아이는 필요한 것을 말하거나 의견을 밝혀도 가족의 삶을 변화시킬 영향력과 힘이 자신에게 전혀 없다고 확신하게 된다. 이 고통을 피하려고 대부분 감정을 닫는 법에 익숙해지고 자신이 처한 상황을 어느 정도 받아들이게 된다.

단련과 의욕

뭘 해도 인정받지 못하는 가정에서 자라면 무엇에도 의욕이 생
기지 않는 경우가 많다. 그런 환경에서 자란 사람에게는 아무 의욕도
보이지 않는 것이 거꾸로 가족의 끝없는 잔소리와 비현실적인 압박
에 맞서 내 인생은 내가 알아서 하겠다는 뜻을 표출하는 수단이 되기
도 한다.

자신을 보살피는 능력

파괴적인 가족 체계에서는 '보살핌'과 '염려'가 일방적인 의미
로만 해석된다. 즉 더 예민하고 취약한 사람이 해로운 사람을 무조
건 챙기고 염려하게 만든다. 이와 같은 체계적인 강요는 사실상 누구

도 만족시키지 못한다. 또한 그런 환경에서 자란 사람은 자신이 보살핌을 받을 만한 존재라는 생각을 전혀 하지 못한다. 가족의 정서적인 노예가 될 때, 또는 그들을 대신해서 모든 잡일을 처리할 때만 자신이 쓸모 있는 존재로 여겨지기 때문이다.

 잠시 생각해볼 것

자신을 챙기는 일에 관해서 생각해보자. 자신이 보살핌을 받아도 된다고 생각하는가?

인생을 선물로 여기는 마음

해로운 가족 안에서 자란 사람은 고통스럽고, 무섭고, 힘들고, 왜곡되고, 예측할 수 없는 삶을 경험하므로 인생이 선물이라는 생각과는 동떨어져 산다. 해로운 가족은 괴롭히는 대상이 자신감을 키워서 자신들의 통제권 밖으로 나가는 일이 일어나지 않게 하려고 한다. 인생을 스스로 주도하지 않으면서 인생을 선물이라고 느끼기란 거의 불가능하다.

 잠시 생각해볼 것

내 인생을 어떻게 여기는지 떠올려보자. 인생이 선물 같다고 생각하는가?

자기 자신이나 다른 사람, 삶 전반에 관한 부정적인 믿음을 버리는 일은 고통스러울 수 있다. 부정적인 생각에 맞서려면 그 생각과 온전하게 마주해야만 하기 때문이다. 그래도 매일 자신에게 솔직하게 살다 보면, 그동안 무슨 일을 겪었는지 말할 수 있는 날이 올 것이다. 그리고 그 이야기는 다른 사람들에게 생존 지침이 될 것이다. 자신을 믿고, 트라우마 반응은 현재나 과거의 옳지 않은 일들을 자신에게 알려주는 것임을 믿고, 감정 자극은 치유의 기회가 된다는 사실을 굳게 믿는다면 정서적으로 자유로운 삶을 얻게 될 것이다.

자신에 대한 근본적인 믿음

인간은 다른 사람을 사랑하고 그들에게 애착을 느끼는 능력을 타고난다. 특히 자신과 같은 집단에 속한 사람들에게 그러한 감정을 느끼게 되어 있다. 다른 사람과 유대를 형성하지 못한다면 어떻게 성장할 수 있을까? 실질적인 유대 없이는 성장이 극히 피상적인 수준에 머무른다. 안타깝게도, 해로운 가족처럼 남을 조종하는 환경과 유대감은 건강하게 공존할 수 없다.

건강한 유대 관계에서는 사랑보다 신뢰가 더 중요한 기능을 한다. 신뢰할 수 없는 사람과는 안심하고 사랑할 수 없기 때문이다. 조종하고 조종받는 관계는 신뢰와는 거리가 멀다. 따라서 자신을 조종하는 사람과 유대를 형성하고 싶은 마음은 사랑보다 두려움의 비중이 더 크다. 두려움에서 비롯된 애착 관계는 상대방에 대한 신뢰가 아닌 트라우마가 애착의 바탕이 된다. 하지만 트라우마에는 큰 선물이 담겨 있다. 바로 가장 상처받은 곳과 연결된 문에 닿을 수 있다는 점이다. 그 문이 없다면 치유도 불가능하다. 이 문은 감정이 자극받을 때 열린다.

깨달음의 순간

자존감이 생기면 혼란스러운 상황에서 생겨날 수밖에 없었던 그 어떤 중독보다도, 평화롭게 지내려는 욕구가 더 강해진다.

트라우마는 감정 체계에 정서적 경고를 울린다. 감정이 자극받으면 기억이 마음속에 저장된 테이프를 되감아서 맨 처음 그 상처가 생겼을 때의 감정으로 되돌아간다. 감정 자극은 개인적이다. 즉 사람마다 감정을 자극하는 요소가 다르다. 하지만 감정 자극이 일어나는 공통적인 조건이 있다. 오해받고, 도와주는 사람이 없고, 배척당하고 비난받는다고 느낄 때, 아무도 나를 배려하지 않고 내 말을 진지하게 듣지 않는다고 느낄 때, 나 자신을 믿지 못할 때, 우울하고 모든 게 불확실한 느낌이 들 때, 내가 아무 매력이 없고 멍청하게 느껴지거나 스트레스에 시달릴 때, 버림받은 기분이 들고 아무도 나를 믿어주지 않는다고 느낄 때, 갈등이 생기거나 창피한 일을 당하거나 이용당할까 봐 겁이 날 때, 자신이 아무 힘이 없는 존재로 느껴지고 예기치 못한 변화가 예상될 때다. 감정 자극을 마음속에 방치하면, 남들과 친해지고 유대를 형성하기 위한 필수 조건인 신뢰가 들어설 자리가 없다. 그러므로 감정 자극에 무작정 맞서기보다는 그 자극을 이겨내는 법을 배워야 한다.

정서적 자극을 변화의 계기로

정서적 자극을 적절히 활용하면 자신의 한계와 경계선을 어디에 확립해야 하는지 파악할 수 있다. 인간은 스트레스를 받으면 반사적으로 퇴행이 일어나므로, 나이를 먹는다고 해서 감정 자극에 성숙하게 대처한다는 건 아님을 기억하자. 정서적 촉발 요인은 나이가 들어도 바뀌지 않고, 스트레스를 받으면 자연히 정서적으로 퇴행한 부분에서 반응이 일어난다. 그렇다고 현재 느끼는 감정이 타당하지 않다는 의미가 아니다. 스트레스가 되는 일의 규모에 비해 상처를 더 많이 받을 수 있다는 뜻이다. 어떤 상황에서 자신의 감정이 자극받는지 알고 이를 확인하는 과정이 성장에 매우 중요한 이유도 그래서다.

사람들이 무심코 한 말이나 행동이 내 마음속 상처를 헤집으면 감정 자극의 늪에 빠질 수밖에 없다. 그래서 스스로 깨닫기도 전에 불안감에 압도되거나 방어 태세를 취하게 된다. 이런 문제를 극복하고 싶다면, 시간이 내 편이라 생각하고 감정을 조절하는 방법을 익힐 것을 권한다. 감정은 행동을 부추긴다. 감정이 크게 고조된 상태에서는 눈앞에 보이는 사실에만 기대어 행동할 가능성이 있다. 시간을 갖고 지금 내게 무슨 일이 벌어지고 있는지 살펴보면, 내 생각과 감정에 반응성을 덜어내고 합리성의 비중을 넓힐 여유가 생긴다. 감정 자극이 일어났을 때 다음 네 단계를 지키면 감정의 성숙을 이끌 수 있다.

1 무엇이 가족에게 받은 상처를 자극하는지 찾아본다.

2 자리에 앉아서, 아무런 행동도 하지 말고 자극받은 감정을 가만히 살펴본다(두려움·분노·버림받은 기분 등).

3 어떤 행동을 하거나 하지 않기로 마음먹기 전에, 어떤 도움이나 지원을 받으면 내 생각을 더 분명하게 판단할 수 있을지 생각해본다(치료·명상·운동·일기 쓰기·종교 활동·믿을 수 있는 친구와 대화하기).

4 해묵은 상처와 현재 내 감정을 촉발 요인이 어느 지점에서 교차하는지 살펴보고, 감정이 현재 상황에 비해 너무 과해지지 않도록 조절한다.

위와 같은 방법의 장점은 생각과 감정의 속도를 늦출 수 있다는 것이다. 특히 충동적으로 행동하고픈 욕구를 가라앉힐 수 있다는 점이 중요하다. 침착함을 유지하는 데도 도움이 된다. 1분 정도만 여유를 갖고 지금 느끼는 감정과 생각을 들여다보면, 지금 상처로 느껴지는 사람이나 상황이 일부러 자신의 오랜 상처를 들쑤시는 게 아님이 드러날 때가 많다. 학대와 조종 속에 자란 사람은 자신도 모르게 다른 사람들이 의도적으로 자신을 해치려 한다고 느끼거나 그렇게 추측해버릴 수 있다. 그게 워낙 익숙한 일이기 때문이다. 이런 잘못된 믿음 때문에 끝내지 않아도 되는 관계를 굳이 끝장낼 염려가 있다. 약간의 노력과 인내심, 대화만 있다면 해결할 수 있는 문제다.

상처 주는 사람과 당장 관계를 끝내고픈 충동이 들 수는 있지만, 자신에게 해가 된다고 느껴지는 어떤 순간이 있다고 해서, 또는 혼란스러울 때가 있다고 해서 무조건 상대방과 연락을 끊고 경계선을 그으려고 하면 안 된다. 너무 헷갈리는가? 당연히 그럴 것이다. 하지만 습관적으로 그렇게 반응하면 행복해질 수도 없고 사람들과 믿음을 주고받고 서로의 곁에 오래 머무는 관계가 될 수도 없다. 자신의 감정을 스스로 잘 통제할 수 있어야 소통 능력이 향상되고, 자신은 물론 다른 사람도 더 잘 보살필 수 있게 된다.

필요할 때 스스로를 도울 줄 아는 사람이 되려면, 세상에서 가장 중요한 관계인 나 자신과의 관계에 언제든 손을 내밀 태세를 갖추고 자신을 투명하게 대해야 한다. 그래야 내 안에 있는 망가진 부분을 고칠 수 있다. 자신을 우선하고 먼저 자신을 보살피면 다른 모든 것들이 자연스레 뒤로 밀려난다. 자신을 잘 돌보면 자기연민과 자기애도 생긴다.

11

공감과 자기애의 힘

여러분도 잘 알겠지만, 남에게 해를 끼치는 사람들은 자기 자신을 꼼꼼히 돌아보려는 의지가 전혀 없다. 그래서 다른 사람에게 공감할 줄 모르고, 타인의 관점을 신뢰하지도 않는다. 그런 사람들은 자신이 비난받을 이유가 없다고 생각한다. 공감할 줄 모르는 가족 안에서 자란 사람은 친구와 연인도 공감 능력이 부족한 사람을 선택하게 된다. 하지만 그것 또한 치유로 가는 여정의 한 부분이다. 아무 깨달음도 얻지 않기로 작정하고 과거의 상처를 허비하지만 않는다면, 어떤 관계도 실수가 아님을 명심하자. 실수는 공감에 관해 배우고 공감이 주는 힘을 개인적인 발달에 보태는 기회로 활용하자.

다른 사람의 감정과 기분을 인식하는 것이 공감이다. 남의 입장이 되어보는 것, 다른 사람이 겪는 일이 내게 일어났다면 나는 어떤 기분일지 깊이 느끼는 것이다. 공감 능력은 정서지능의 중요한 요소다. 정서지능은 자기 자신, 또는 다른 사람의 감정과 관계를 맺는 기술 중 측정할 수 있고 발전시킬 수도 있는 기술로 구성된다. 공감할 줄 아는 사람은 다른 사람과 정서적으로 깊은 유대를 형성한다. 공감은 추측과 상상력을 활용해서 상대방과 '같은' 감정을 느끼는 것이다. 공감 능력은 힘든 일을 겪으면서 생긴다. 거부당하고, 실연과 상처를 경험하고, 실패하고, 모욕감이나 수치심을 느끼고, 남들에게 그런 자신을 드러낼 때 공감 능력이 발달한다. 개개인이 겪는 아픔의 역사는 다른 사람이 느끼는 아픔을 인지하고, 그 아픔과 자신을 관련 짓는 데 도움이 된다. 이런 공감은 다른 사람을 위하는 감정이라고 할 수 있는 연민으로 확장된다.

다른 사람에게 공감하고 서로 의미 있는 유대감을 형성하는 가장 강력하고 효과적인 방법은 자신의 이야기를 들려주는 것이다. 여러분의 이야기는 다른 사람들이 혼자라는 기분을 떨치고 자신이 과거에 겪었거나 지금도 겪고 있는 고통을 잘 아는 사람이 또 있음을 알게 하는 강력한 힘이 있다. 한 사람의 이야기에는 감정과 경험이 담겨 있다. 감정은 모두에게 통하는 공통 언어고, 우리가 다른 사람들과 끈끈한 유대를 형성할 수 있는 것도 감정 덕분이다. 여러분의 이야기는 여러분을 실재하는 존재로 만들고, 사람으로 만들고, 다른 사람과 관계를 맺을 수 있게 한다. 또한 자신이 누구인지, 어떻게 지금과 같은 사람이 되었는지 설명해준다. 그러므로 자신의 이야기를 들려주면 다른 생존자들과 유대가 형성되고, 공감과 서로의 관련성이 바탕이 된 생존자 공동체가 구축된다.

자신의 이야기는 치유라는 선물을 불러온다

어려움을 이겨낸 자신의 이야기를 다른 사람들과 나누고 싶고 그 이야기로 사람들이 내가 누구인지 알게 되길 바라는 건 자연스러운 욕구다. 이번 생애에서 우리가 할 수 있는 가장 강력한 일은 우리 자신의 이야기를 들려주는 것이다. 나는 첫 번째 저서 《나를 사랑하는 일 Loving Yourself》에서 내 이야기를 공개했다. 그때 나는 가족이 내가 받은 고통을 알고, 후회하고, 내 고통에 신경 쓰고 공감하길 기대했다. 내가 한 번도 경험한 적 없는 일들을 기대한 것이다. 내가 경험한 진실을 가족이 의미 있게 여기기를, 그래서 진심으로 미안하다고 내게 사과하고 그게 자신들이 할 수 있었던, 혹은 그런 줄 알았던 최선이었다고 말해주기를 간절히 원했다. 하지만 해로운 사람들이 대부분 그렇듯 내 가족은 내가 쓴 책이 '내' 이야기가 아니라 '본인들'에 관한 이야기라고 여겼다. 뒤이어 나온 내 다른 책들을 보고도 그렇게 생각하고, 내가 직접 겪은 일인데도 내 판단력이 의심스럽다고 반응했을 것이다. 그리고 내가 거짓말쟁이라고 했으리라. 내가 원한다고 마음대로 지어낼 수 있는 일들이 아닌데도 말이다.

내 이야기를 공유하면서 깨달은 건, 내가 가족과 그런 일을 겪었다는 진실은 바뀌지 않는다는 사실이다. 가족이 아무리 애쓰고, 지우려 하고, 핑계를 대고, 말한 사람의 판단력에 의혹을 제기하고, 거짓말로 무마하려고 해도 진실은 바뀌지 않는다. 그런 터무니없는 시도로는 진실이 조금도 가벼워지지 않으며 달라지지도 않는다. 진실은 타협할 수 없는 사실이므로 타협할 필요가 없다. 내 내담자들, 그 밖에 가족의 학대를 겪은 사람들이 내 이야기를 접하고 엄청난 위로를 느끼는 경우가 많은 것도 그래서다. 그건 내가 열심히 연구해서가 아니다. 그들과 내가 소름 끼칠 만큼 비슷한 고통을 겪었기 때문이다.

깨달음의 순간

진실이 철두철미한 거짓말에 희생되는 일은 절대 없어야 한다.

나는 더 이상 내 이야기가 내 가족에게 도움이 되거나, 깨우침을 주거나, 힘이 되거나 그들을 변화시킬 수 있으리라고 기대하지 않는다. 이런 사실을 이해하고 나니 마음속 가장 깊은 곳에 진짜 자유가 찾아왔다. 내가 여러분에게 권하는 유일하고 진실한 목표도 바로 그것이다. 내가 쓰고 있는 이 책은 여러분을 위한 것이다. 이 책을 활용해서 여러분이 자신과의 유대는 물론 비슷한 일을 겪은 다른 사람들과 서로 깊이 공감하고, 이해하며 유대를 형성하도록 하는 것이 내 목표다. 여러분과 여러분의 이야기가 편히 머물 수 있는 장소가 생겨서 더 이상 여러분이 침묵 속에 고통받지 않기를 바란다. 여러분의 이야기를 들려줄 수 있는 몇 가지 방법을 소개한다.

- 글쓰기. 남에게 보여주건 그렇지 않건 상관없다. 일기장은 무엇이든 표현할 수 있는 안전한 장소다. 민감한 반응으로 생겨난 생각을 표현하고, 이를 다른 사람들과 공유하기 전에 아픔 속에서 지혜를 찾아볼 수 있는 사적인 공간이기도 하다. 일기 대신 자신에게 해를 가한 사람 앞으로 편지를 써도 되고, 아무 종이나 휴대전화 메모장에 편하게 끄적여보는 것도 좋다.

- 상담받기. 상담은 어떤 평가가 내려질지 걱정하지 않고 정서적인 짐을 내려놓을 수 있는 안전하고 격리된 환경을 제공한다. 상담을 통해 자신이 겪은 고통 속에서 의미를 찾아 한 인간으로서 자신이 가진 잠재력에 보태는 과정을 시도해볼 것을 권한다.

- 믿을 수 있는 친구나 연인에게 이야기하기. 비난받을 걱정을 하지 않고, 안심하고 자신을 다 드러낼 수 있는 친구가 있다면 상담만큼 좋은 효과를 기대할 수 있다.

자신의 이야기를 더 많이 들려줄수록, 그 이야기를 보고 듣고 인정하
는 사람들이 많아질수록 상처를 더욱 잘 치유하고 상호 이해와 공감
을 토대로 다른 사람들과 깊은 유대를 형성할 수 있다.

그런데 공감에는 까다로운 면이 있다. 여러분 중에도 공감 능력
이 축복이자 저주가 될 수 있다는 사실을 고된 경험으로 깨달은 사람
이 있을 것이다. 다른 사람의 감정을 이해하는 건 놀라운 축복이다.
우리는 공감을 통해 상대방의 약한 부분을 있는 그대로 온전히 받아
들일 수 있게 된다. 남들과 공감하면서 혼자가 아님을 깨닫고, 다 잘
될 거라는 생각도 하게 된다. 하지만 상대방의 다정한 심성을 이용해
서 조종하려고 하는 해로운 사람에게 자신도 모르게 공감하게 되면,
공감 능력은 자신을 점점 더 깊은 불안감으로 몰아넣는 저주가 된다.

공감할 줄 아는 사람도 해로운 사람과는 단 1분도 어울리지 않
겠다고 거부하는 능력을 키울 수 있다. 너무 성급히 상대가 괜찮은
사람이라고 결론 내리면 치명적인 결과를 맞을 가능성이 있다. 그러
므로 자신을 지키는 보호막 안에서 공감하는 법을 배워야 한다. 애정
이나 희망찬 생각에만 기대지 않고 자신이 경험한 현실을 근거로 공
감할 수 있어야 한다는 뜻이다.

숙련된 공감 능력

숙련된 공감 능력이란 과거에 경험한 가슴 아픈 일에서 지혜를 얻고 이를 토대로 내 인생에 들일 사람과 들이지 않을 사람을 정하는 능력을 의미한다. 그러려면 상대방의 말보다는 행동을 잘 살펴봐야 한다. 남을 조종하려는 사람들은 언어의 마술사다. 그들이 하는 말은 굉장히 멋지게 들린다. 이들은 많은 것들을 해주겠다고 약속하지만, 그 말이 실제 행동으로 이어지는 경우는 드물다. 그저 마음을 헤집어놓는 말로만 끝날 뿐이다. 우리는 진짜 현실과 접촉하면서 살아야지 자신이 '원하는' 현실 속에서 살면 안 된다. 현실은 헛된 희망을 거두고 '가능성'에 붙들리지 않도록 우리를 구해준다. 공감할 줄 아는 지성을 갖춘 사람은 현실 거부, 합리화, 용기를 내기보다 편한 쪽을 택하기, 남 기분에 맞추기와 같은 방어 기술을 쓰지 않는다. 대신 성숙하고 객관적으로, 분별력과 품위를 발휘하여 상황을 인지한다.

　내 생각이 맞을 수도 있고 틀릴 수도 있지만, 나는 해로운 가족과 살아온 사람 중 공감 능력이 유독 뛰어난 사람은 상담 치료가 꼭 필요하다고 본다. 공감 능력이 뛰어나면 삶을 강렬하게 느낀다. 보이는 것, 느껴지는 것, 알게 되는 게 많고 때로는 그런 것들에 상처를 입는다. 하지만 상처를 주는 모든 것에는 치유의 가능성이 있다는 사실을 받아들여야 한다. 마음을 드러내는 동시에 보호하려면, 직관을 따르고 스스로 알고 있는 것을 믿으면 된다. 상담치료는 다른 사람에게 이상한 조짐이 조금만 보여도 왜곡된 합리화와 두려움으로 경계선을 성급히 긋는 습관에서 벗어나도록 도와준다. 또한 나를 조종하려는 시도를 정당화하지 않는 지혜와 통찰력도 키워준다. 이런 능력은 마음 깊은 곳에 간직한 진실을 남들이 함부로 정하거나 통제하거나 뒤흔들지 못하도록 한다.

숙련된 공감 능력을 키우는 방법은 다음과 같다.

- 누구든 이유 없이 나를 푸대접하는 사람에게는 확실하게 경계선을 긋는다.
- 내가 과민하게 군다거나 '지나치게 경계한다'고 비난하며 현실을 일축하려는 사람은 절대로 용인하지 않는다.
- 양쪽 모두가 만족하는 관계에 집중하고, 그렇지 않은 관계는 정리한다.
- 해로운 사람과 그렇지 않은 사람을 구분하는 내 직감을 굳게 믿는다.
- 나를 이해하려는 의지가 없는 사람에게 내 결정을 설명하느라 시간과 에너지를 헛되이 쓰지 않는다.
- 침묵의 막강한 힘을 활용한다. 대꾸할 좋은 말이 떠오르지 않으면 아무 말도 하지 않는 편이 낫다.

공감 능력은 내가 더 나은 친구, 더 나은 연인, 더 훌륭한 부모가 되게 한다. 공감할 줄 알면 자녀가 필요로 할 때 곁에 있어 주는 부모가 된다. 하지만 나부터 돕고 치유해야 다른 사람에게 도움을 주고 그들의 치유를 이끌 수 있다. 가족의 희생양이 된 사람은 지상에 떨어진 천사와 같은 존재다. 지금껏 짐이 될 뿐이라는 소리만 들었겠지만 그건 사실이 아니다. 이번 생은 아주 특별한 목적으로 이 땅에서 사는 거라고 생각하자. 여러분이 공감 능력을 타고난 건 다 이유가 있다. 공감 능력을 인생을 긍정할 수 있는 귀중한 선물로 여기자.

자기애가 주는 회복

나를 돌보는 일에 집중하고 내게 투자하기 시작하면 기적 같은 일이 일어난다. 나 자신을 더 사랑하려면, 자책을 내보내고 그 자리를 공감으로 채우자. 자기애가 생기면 수치심을 느끼거나 자신을 학대하는 대신 세상에는 배울 것들이 많다는 사실을 받아들일 수 있다. 삶은 내 발전에 꼭 필요한 경험을 제공한다는 사실, 쉽진 않더라도 가장 믿고 의지할 사람은 바로 나 자신이라는 사실, 가족은 처음부터 자신들의 본모습을 드러냈으므로 사실 그들에게 배신당한 건 아니라는 사실을 알게 된다. 이렇게 고통을 유리한 위치에서 볼 수 있게 되면, 치유로 발걸음을 내디딜 수 있다.

나 자신을 사랑하려는 노력은 나를 회복과 자기 발견의 길로 안내한다. 새로운 마음가짐, 그리고 가족들이 내게 바라는 좁은 시야가 아닌 한층 넓은 시각으로 가족을 보게 된다. 자기애가 좁아지는 게 아니라 넓어지는 것이다. 사랑의 가장 멋진 점은 마음속에 항상 존재한다는 것이다. 자신을 향한 사랑은 무한대로 키울 수 있다.

깨달음의 순간
나는 나를 선택해야 한다. 남들이 나를 거부하더라도 나는 그래야 한다.

자기애를 키우려면, 성장 과정에서 '사랑'이 다른 사람과의 관계에 어떤 영향을 반복해서 주었는지 점검하고 그 경험이 현재 사랑을 정의하고 바라보는 방식에 어떤 영향을 주었는지 확인해야 한다. 가족이 나를 사랑하는 방식이 자기애의 본보기가 된다는 사실을 기억하자. 살면서 경험한 사랑과 마음속으로 생각하는 사랑에 어떤 패턴이 나타나는지 살펴보자.

- 어린 시절 가족이 사랑을 표현한 방식이나 표현하지 않은 점에서 현재 자신을 사랑하는 방식과 닮은 부분이 있는가?
- 가족끼리 익숙한 특징이 성인이 된 이후 내 대인관계에 나타나는가?
- 건강하게, 충분히, 존중과 함께, 일관되게, 공격적이지 않은 방식으

로 사랑받으며 자랐나?

- 부모나 다른 가족들이 주고받는 사랑은 어떠했나? 특별히 애정을 쏟는 대상이나 따돌리는 대상이 있었나?

위와 같은 질문을 출발점으로 삼아 지금까지 한 번도 경험한 적 없는 방식으로 나를 사랑할 수 있다. 나 자신을 사랑하는 효과적인 방법을 몇 가지 소개한다.

- 모든 감정을 있는 그대로 느낀다.
- 다른 사람의 자존심을 지켜주느라 나를 '뒷전'에 두지 말아야 한다.
- 사랑하는 감정 때문에 상대방의 해로운 본질을 모른 척하거나 상처 받을 일을 자초하지 말아야 한다.
- 진실하고 정직하게, 진짜 나로 살아야 한다.
- 고통스러울 때는, 산의 무게를 견뎌야 다이아몬드가 만들어진다는 사실을 기억하자. 아픔 뒤에 반드시 성장이 따른다.
- 모든 사람에게 허락을 구하려고 하지 말자.
- 미래를 위해서는 현재를 조금은 희생해야 한다. 내키지 않더라도 한 시간만 휴대전화를 손에서 내려놓고 운동하자. 항상 미래의 나를 위한 일을 하자.

이러한 방법으로 나를 사랑해보기 시작하면 나를 잘 돌보고 싶은 마음이 저절로 생겨날 것이다. 상처가 치유되면 내 진짜 가치가 보이기 시작하고, 새로운 사랑의 경험을 스스로 찾게 된다. 내가 내 온전한 모습 그대로 잘 살기를 바라는 마음이 생기면 그 목표를 위해 스스로 할 수 있는 일들이 보인다.

자기돌봄의 중요성

자기돌봄은 몸·마음·감정·정신·대인관계의 건강이 최상의 수준에 이를 수 있도록 스스로 하는 일이라고 정의할 수 있다. 비정상적인 가정에서 자란 사람은 자신이 당한 학대에 관한 정확한 사실과 이를 뒷받침할 근거를 찾아서 딱 맞는 말로, 가장 명확한 예시를 들어서, 적당한 강도로, 알맞은 시점에, 완벽한 톤으로 설명할 수만 있다면 가족이 자신을 이해하고 서로 유대가 형성될 수 있으리라 믿고 이 목표를 위해 어마어마한 시간과 노력을 들인다. 하지만 그건 생존자에게 도움이 되지 않으며, 앞으로도 그렇게 될 수 없다.

과도한 설명은 트라우마 반응이다.

전문가나 여러분을 아끼는 사람들은 언제가 됐든 학대하는 가족에게서 벗어나는 건 자신을 보살피기 위한 단호한 행동이라고 이야기할 것이다. 이들의 말에 귀 기울일 필요가 있다. 유념할 점은, 상담사라도 해로운 가족 안에서 벌어지는 조종과 유기, 그와 관련된 트라우마의 복잡한 상호 관계를 잘 모르는 사람이 많다는 것이다. 그런 상담사들은 해로운 가족 안에서 겪은 일들이 위중하다는 걸 인정하지 않고 여러분의 경험을 경솔하게 평가할 수 있다. 실제로 치료의 방향을 학대 자체보다 학대받은 사람이 그런 일을 겪은 후에 보이는 반응을 해결하려는 쪽으로 잘못 잡는 상담사가 많다. 또한 가족의 문화적 정의에 거스르는 일을 겁내는 상담사도 많다.

해로운 가족을 겪어본 사람은 상담사 앞에서 가족들이 얼마나 멋진 허울을 쓰고 자신들의 이미지를 잘 관리하는지 알 것이다. 그런 다듬어진 모습은 상담사가 그 모습 그대로 믿을 만큼 설득력을 강하게 발휘할 때가 많다.

그러므로 자신을 돌보는 두 번째 전략으로서 가족 상담이 아닌 개인 상담이 필요할 수 있다. 개인 상담에서 보장할 수 있는 효과는, 스스로 해내야 하는 일들에 초점을 맞추어 그 일을 실행하는 데 힘쓸 수 있다는 것이다. 가족이 조종에 능하고 자신이 우월하다고 생각하며 뭐든 비난하는 편이라면 가족 상담이 도움이 되는 경우는 별로 없다. 그런 가족은, 상담이 본인이 아닌 학대받은 사람의 문제에만 집중되고 상담사가 본인의 생각에 동의할 때만 만족한다. 스스로 반성하고 본인의 행동에 책임을 져야 하는 순간이 오면 사납게 굴면서 곧바로 상담을 끝내려고 한다.

깨달음의 순간

다른 사람과 성공적으로 관계를 맺는 열쇠는 소통이 아닌 이해. 상대방의 사고방식이 편협하고 유연하지 않다면 대화를 아무리 많이 해도 소용없다.

해로운 가족과 살아온 사람들이 자신을 잘 돌보기 위해서는 해결할 수 없는 가족 문제를 해결하려고 자꾸 애쓰지 말라는 조언이 꼭 필요하다. 특히 전문가에게 그러한 조언을 들을 기회가 있어야 한다. 자신이 더 나은 예시를 들어가며 다르게 설명하고 목소리 톤을 바꿔서 잘 이야기하면 가족이 결국에는 상황을 이해하고 인정하리라고 생각한다면, 그런 일은 없다는 사실을 알아야 한다. 비정상적인 관계에 더 완벽히 맞추라고 하는 사람이 있다면, 그게 누구든 내게 유익하거나 도움이 되는 사람과는 극명히 반대인 사람이다. 그건 심각할 정도로 파괴적인 말이며, 해로운 영향을 물리칠 해독제가 되기는

커녕 그 독성을 배로 늘리는 것이나 마찬가지다. 나 자신을 충분히 돌보고 지금 내게 해가 되는 존재라면 그게 누구든 무엇이든 없애는 것, 나만의 전반적인 행복을 찾는 것이 해로운 영향을 없애는 해독제 이자 개인의 권리다.

자신을 보살피는 기술을 발전시키는 몇 가지 방법을 소개한다.

- 내 한계를 존중하자. 너무 많은 걸 떠안고, 너무 많이 사과하고, 너무 많이 고민하고, 너무 많이 내놓고, 내가 애쓰는 만큼 돌려달라고 말 하지 못하는 상황에 놓인 건 아닌지 잘 살펴봐야 한다. 해야 할 일 중 일부를 여유가 있고 나를 기꺼이 도우려는 사람에게 맡기는 것도 좋 은 방법이다.

- 충분히 쉬자. 학대하는 가족 안에서 자란 사람은 대부분 숙면하지 못 한다. 불행히도 불안과 잠은 서로 상극이기 때문이다. 내 몸 상태에 관심을 기울이고, 휴대전화의 숙면 애플리케이션이나 다른 검증된 방법들을 활용해서 충분히 잘 수 있도록 노력하자. 충분히 쉴수록 감 정에 쉽게 휘둘리지 않고 하루를 버틸 수 있는 에너지도 더 많아진다.

- 몸에 좋은 음식을 먹자. 우리는 음식을 통해 스스로 자양분을 공급할 수 있다. 자연에서 나온 다양한 색깔의 음식을 골고루 많이 먹으면 몸과 마음, 정신에 많은 영양을 제공할 수 있다. 우리가 먹는 음식은 뇌로 간다. 건강하고 유익한 생각을 더 많이 하고, 활력을 느끼고, 감

정 조절 능력을 키우고 싶다면 잘 먹어야 한다.

- 운동하자. 운동이 향정신성약물보다 기분에 영향을 주는 호르몬을 활성화하는 데 더 효과적이라는 사실은 오래전부터 거듭 입증된 사실이다. 또한 운동은 뇌의 신경가소성을 키워서 내가 가진 잠재력을 모두 발휘할 수 있도록 한다. 어떤 식으로든, 몸을 움직이는 것은 감정이 분출되는 창의적인 출구이자 생각을 표현하고 발산하는 물리적인 통로가 된다.

- 휴식 시간을 만들자. 하루 중에 잠깐 쉬는 시간은 중요한 의미가 있다. 가족의 심리적 학대를 겪으며 자란 사람은 대부분 굉장히 예민하고, 따라서 혼자서 재충전할 수 있는 시간이 꼭 필요하다. 통증·소음·빛·냄새·환경·대인관계의 미묘한 변화에 보통 사람보다 선천적으로 더 크게 자극받고, 그러한 것을 더 잘 인식하기 때문이다.

- 나를 탐구하는 시간을 갖자. 시간을 들여 자신에 대해 알아볼 필요가 있다. 해로운 가족의 생존자 대부분은 배려가 넘치고 다른 사람들에 관한 것을 민감하게 감지한다. 한 사람이 하루 동안 정서적으로 얼마나 많은 경험을 할 수 있는지 알면 아마 놀랄 것이다. 그 능력을 조금 느슨하게 자신을 탐구하는 데 써 보면, 내가 나에게 애정을 갖는 데에도 유용하다는 사실을 알게 된다.

- 재미있게 살자. 어린 시절을 힘겹게 보낸 사람은 인생을 너무 심각하게만 받아들이기 쉽다. 반드시 통과해야 하는 시험이 곳곳에 도사리

고 있고, 고비를 무사히 넘기지 못하면 지옥 같은 대가를 치러야 한다는 기분으로 살았기 때문이다. 마음을 느긋하게 먹고 친한 사람들, 내가 아끼고 즐겁게 어울릴 수 있는 사람들과 좋은 시간을 만끽하는 게 중요하다. 놀자!

- 정신을 가꾸자. 요가·종교·명상·마음챙김·기도, 그 외 내게 맞는 방법으로 정신을 살찌우자. 이런 시간을 통해 내게도 완전한 면이 있고 그 부분이 고통보다 우세하며 바꿀 필요가 없음을 깨닫게 된다.

지금까지의 나와 앞으로의 나를 자랑스럽게 여기는 것도 나를 보살피는 일임을 명심하자. 학대는 가한 사람이 수치스럽게 여겨야 하는 일이고, 그런 학대를 저지른 가족을 내 인생에서 없앴다면 기꺼이 내린 결정인지 여부와 상관없이 선택했다는 일 자체만으로 자랑스러워할 만하다. 그들과 관계를 끊고 치유를 위해 노력하기로 용기를 낸 자신을 자랑스러워하자. 우리에게는 다음과 같은 멋진 일들을 경험할 자격이 있다.

- 행복해질 자격.
- 나를 좋아하는 사람들에게 사랑받을 자격.
- 안전하게 지내고, 안전하다고 느낄 자격.
- 서로 예측할 수 있는 관계가 주는 안전함을 느낄 자격.

- 좋아하는 일을 하면서 애정과 응원을 받을 자격.

- 기분이 처질 때 힘을 얻을 자격.

- '진짜 나'답게, 온전히 자유롭게 살아갈 자격.

- 깊고 멋진 유대감을 느낄 자격.

- 예우받고, 진실을 듣고, 애정과 다정함이 담긴 대접을 받을 자격.

- 존중받을 자격.

- 행복하고 충만한 인생을 살 자격.

여러분은 위의 모든 것들은 물론이고 훨씬 더 많은 걸 누릴 자격이 있다. 해로운 가족과 관계를 끊는다는 결정만으로는 진정한 치유가 시작되지 않는다. 관계 단절은 첫 단계에 불과하다. 가장 큰 용기가 필요한 시점은 관계를 끊기로 한 후, 가족 없이 세상과 만날 때다. 해로운 가족과의 단절은 나를 보살피기 위한 영웅적인 결정이며, 그 결정을 내리면 내 인생과 나만의 가치, 나를 존중하는 마음을 되찾을 수 있게 된다. 또한 내 인생에 영향을 주는 요소들, 참아도 되는 사람과 참지 말아야 할 사람을 구분할 수 있는 귀중한 지식을 얻게 된다. 내가 무엇을 누릴 수 있는지 알고 그걸 누릴 자격이 있다는 사실을 되새기는 일은 나를 돌보는 가장 훌륭한 방법이다. 내가 무엇을 누릴 자격이 있는지 깨달으면, 마음속으로 늘 바라던 건강하고 서로를 아끼는 유대 관계를 맺을 수 있다.

12

불완전해질 용기

약해져도 된다는 사실을 알게 되면 깊고 오래 가는 유대가 생긴다. 브레네 브라운은 다른 사람과 정서적인 유대를 형성하려면 자신을 열어 보일 수 있어야 하며 이를 "고문만큼이나 고통스러운 취약성"이라고 설명했다. 자신을 열어 보이면 약한 사람이 된 듯한 기분이 들기 쉽다. 자신이 나쁜 점은 넘쳐나고 좋은 점은 거의 없는 사람이라고 세뇌당하며 살아온 사람이라면 더더욱 그렇다. 해로운 수치심과 자기 불신은 남들에게 자신을 드러내기보다 감정을 억제하고 감추게 만든다. 브라운은 자신의 진정한 가치를 아는 사람들의 공통점은 세상을 거리낌 없이 살아가는 점이라고 설명했다. 자신의 가치를 제대로 아는 사람은 불완전해질 수 있는 용기가 있다. 극도로 비정상적인 가정에서 자란 사람은 그와 반대로 완벽해지려고 과도하게 노력한다. 용기와 자기 자신을 향한 연민이 있어야 깊고 오래 지속되는 관계를 맺을 수 있게 된다.

 잠시 생각해볼 것

여러분의 인생에서 불완전해질 용기를 갖는다는 건 어떤 의미인지 생각해보자. 실행 과정에서 자신의 약한 모습이 드러나는 새로운 일들을 시도해볼 의향이 있는가? 새로운 유형의 사람들과 만나거나 거리낌 없이 살고 완전히 새로운 방식으로 살아가는 건 어떤가? 만약 그렇게 된다면 인생이 어떻게 달라질까?

취약성을 받아들이는 법

나는 예전에 취약성이라고 하면, 내가 군중 앞에 벌거벗고 서 있고 누군가 빨간 립스틱으로 내 몸에 살집이 많은 곳마다 표시를 하는 끔찍한 장면이 떠올랐다. 사람들은 취약성이라는 말 앞에서 마음속 가장 깊이 느끼는 불안과 직면한다. 사람을 조종하는 가족 환경은 취약성을 인정하지 않는다. 그런 가족 안에서 살아남기 위해서는 스스로를 보호하는 것 말고 다른 선택지가 없다. 가해자는 상대의 가장 취약한 부분을 학대하므로, 자신의 취약한 점은 무조건 깊이 묻어버리거나 가해자가 찾지 못하게 숨겨야 한다.

그러나 그 숨겨둔 부분을 드러내야 마음을 치유할 수 있다. 나 자신이 약하게 느껴지고 도움이 필요하다는 기분, 두렵고 머리끝까지 화나는 감정을 그대로 느끼도록 스스로 허락해야 한다. 수치심을 느끼는 것만이 취약성이 아니다. 취약성을 받아들이면 내 본모습이 드러나는 사건과 감정을 숨기거나 그런 것과 상관없는 척하려고, 잘못을 과도하게 무마하려고, 위장하려고 애쓰지 않아도 된다. 얼마나 편할까!

깨달음의 순간

마음가짐을 바꿀 기회가 있으면 받아들이자. 내 부족한 부분이 반드시 남에게 짐이 되는 건 아니다. 불안정한 면은 다른 사람들도 공감할 수 있는 지극히 인간다운 특징이다.

조종당하고, 거부당하고, 가슴이 미어지는 감정만큼 사람을 약하게 만드는 것도 없다. 이 사실을 여러분의 경험에 적용해보라. 해로운 가족 안에서 자란 사람은 비통한 감정을 자극하는 촉발 요인이 마음 깊이 자리한다. 성인이 되어 연인과 헤어지면 관계를 잃은 상실감으로 생기는 상처와 더불어, 정상적인 환경이었다면 자신에게 고통을 주지 않아야 하는 가족에게서 가슴이 미어지는 고통을 받으며 누적되었던 상처가 다시 깨어난다. 해로운 가정의 생존자가 성인이 되면 어디까지가 오래전에 생긴 상처고 어디서부터가 지금 생긴 상처인지 구분하기 어렵다. 하지만 구분하기 어렵다고 해서 치유할 수 없다는 의미는 아니다. 오히려 치유는 계속해서, 늘 이루어진다는 뜻으로 봐야 한다.

이별로 얻은 귀중한 교훈

이별하면 불안정함이 만든 상처가 드러난다. 사랑하는 무언가, 또는 누군가를 잃는 이별은 정신적으로 큰 충격을 입힌다. 이와 관련하여 내가 겪은 이별과 그 이별에서 얻은 희망을 여러분과 나누고 싶다.

나는 가장 최근에 겪은 이별로 나에 관한 아주 특별한 사실을 깨달았다. 내가 마음속 상처가 아물 수 있도록 입 맞춰주고 나를 아껴줄 반려자를 늘 찾고 있었다는 사실이다. 내 상처를 치유하려면 다른 사람이 주는 사랑이 꼭 필요하다는 생각이 내 안에 뿌리 깊이 자리하고 있었음을 알게 됐다. 다른 사람이 사랑을 주면 내가 치유될 수 있으리라는 착각은, 내게 사랑을 줄 반려자가 있다면 내가 이 세상에서 귀중한 사람, 사랑받을 만한 존재, 가치 있는 인간이라는 뜻이라는 생각으로 이어졌다. 나를 치유하고 내가 바라는 내 모습이 되기 위해 지금껏 내가 기울여온 노력의 성과를 판단할 기준을 다른 사람의 손에 맡긴 것이다. 하지만 그건 남에게 맡길 수 있는 일이 아니었다.

건강한 부모는 자녀를 보호하고 지키기 위해 무엇이든 다 하려고 한다. 다른 사람에게 평가받고 인정받으려고 하는 내 오랜 습관은, 누군가가 건강한 부모처럼 나를 구해주었으면 하는 마음속 깊은 열망에서 시작됐다고 생각한다. 그래서 상대의 기분에 맞추고, 상대가 내 영웅이라도 된 것처럼 느끼게 행동했다. 그러면 상대가 내 영웅이 된 것 같고 내게 꼭 필요한 존재라고 느끼고, 그 '영웅이 된 기분'에 푹 젖어서 내 곁에 계속 머무르리라고 생각했는지도 모른다. 내 가족들의 만족감이 내 행동에 달렸음을 너무 어린 나이에 깨달았다는 점, 특히 가장 심한 학대가 일어난 후에 더욱 그랬다는 점에서 내가 그렇게 생각한 이유를 찾을 수 있다. 나는 그렇게 가족을 만족시켜야 했지만, 정작 내게 돌아온 건 내가 필요로 하는 것들이 아닌 짜증과 불만이었다.

나는 이별 후 큰 슬픔에 빠져 허우적댔지만, 다행히 나에 관한 소중한 사실을 깨달았다. 내 상처에 진심으로 입을 맞춰주고 나를 진심으로 사랑하여 내 인생을 되찾아줄 유일한 사람은 과거에도 지금도 늘 나라는 사실이다. 치유의 과정이 무조건 유쾌하지는 않기에, 나는 항상 내가 치유되지 않았다고 생각했다. 도움이 될 만한 건 전부 시도해봐도 계속 고통스러웠기 때문이다. 마음을 치유하려고 노력해도 기분이 나아지지 않으면 내가 제대로 노력하지 않아서이고, 진전이 없다고 생각했다. 하지만 이는 틀린 판단이었다. 내 곁에 있는 사람만이 내게 실질적이고 효과적인 치유를 가져다주리라 생각했지만, 그런 사람들과의 관계는 깨지고 말았다. 우리는 참 이상하게도 관계에서 상처받고도 또 다른 관계를 통해 자신을 치유하려고 한다. 이별이란 참 이해하기 힘든 일이다.

내 감정을 다른 사람 손에 맡기는 무의식적인 습관은 나를 사랑하지 않으면서 사랑한다고 말한 사람들을 내가 직접 맞이하는 불행을 낳았다. 그렇게 말한 사람들을 비난할 수도 없다. 내 상처를 낫게 해줄 능력이 없는 사람들에게 내 손으로 그 일을 맡겼으니까. 그럴 권한을 준 건 나였다. 다 지나고 돌아보니, 그들은 손가락 하나 까딱하지 않고 나에 관해 나보다 더 큰 권한을 가져갔고 나보다 더 중요한 곳에 떡하니 자리 잡을 수 있었다. 그런 생각을 하면 서글퍼진다. 내게 제멋대로 굴고 나를 이용할 수 있는 여지를 내가 만들었고 실제로 그런 일들이 일어났다. 내가 그러라고 자리를 다 깔아주는데 어떻게 안 그럴 수 있었을까? 정말 뼈저린 교훈이다.

세상에서 가장 믿음직하고 서로를 아끼는 관계, 한결같이 늘 내 곁에 있었고 지금도 함께 하는 관계는 바로 나 자신과의 관계라는 사실을 알게 된 귀중한 순간을 나는 앞으로 영원히, 보물처럼 간직할 것이다. 내게 큰 충격을 준 깨달음이었다. 가장 힘들었던 순간, 처참하게 무너진 사적인 순간에 내 곁에 있었던 건 나였다. 나를 향한 혐오감, 버림받은 기분, 자기 불신, 슬픔, 수치심에 빠져 있을 때 나를 위로하고 헤쳐 나갈 수 있도록 이끌어준 존재

역시 나였다.

나는 이별을 겪고 이제는 나를 치유할 책임을 누가 됐든 다른 사람 손에 절대 맡기지 않겠다고, 내 인생에서 내가 있어야 하는 자리에 다른 사람을 앉히지 않겠노라고 나 자신과 약속했다. 나를 위해 자신의 귀중한 시간을 내어주고 조건 없이 나를 사랑하고 응원해주는 멋진 사람들에게 진심으로 고맙지만, 그들이 나를 성장시킬 책임은 없으며 그들 역시 그럴 권한을 바라거나 필요로 하지도 않는다는 사실을 이제는 기꺼이 인정할 수 있다.

여러분도 나처럼 자신을 치유할 책임은 자기 자신에게 있고 스스로 얼마든지 책임을 다할 수 있다는 사실을 전혀 모르고 살았을 수도 있다. 나는 가족에게 인정받는 말보다 사람을 바보로 만드는 말을 훨씬 많이 들었다. 그들이 나를 그렇게 규정할 수 있었던 건 내가 어린아이였기 때문일 것이다. 아이들은 모두 부모의 말을 믿는다. 아이가 부모를 믿지 않고 뭘 어쩔 수 있을까? 나는 성인이 된 후에도 내가 자란 환경에서 생긴 상처를 내 손으로 치유할 수 있다는 사실을 마음 깊이 깨닫지 못하고 살았다. 내 힘으로 내 인생을 바꿀 수 있다는 사실은 큰 해방감을 준다. 여러분에게도 그럴 능력이 있다.

나 자신만큼 나를 사랑하고 상처를 치유할 수 있는 사람은 없다. 나를 속 속들이 잘 아는 유일한 사람, 나를 가장 깊이 아는 사람, 나를 가장 사랑 하는 사람은 늘 나 자신이며 항상 그래야 한다.

 잠시 생각해볼 것

이별 경험을 떠올려보자. 자신이 온전하다고 느끼게 할 권한을 다른 사 람에게 넘겨준 적이 있는가? 효과는 어떠했나? 그 일로 어떤 교훈을 얻 었나?

시행착오는 중요한 치유 과정이다

내가 건강하게 살기 위해 파괴적인 가족과 다른 파괴적인 관계에 경 계선을 그은 걸 보고 내게 '참 강한 사람'이라고 이야기하는 사람이 많다. 내게는 분명 강한 면이 있고, 남들이 그런 점을 좋게 보는 건 고 마운 일이지만 그 '강함'의 바탕에는 많은 이가 알지 못하는 진실이 있다. 내가 용감한 일을 했다고 한다면 그 말에는 대체로 동의할 수 있다. 대부분 피하는 일을 내가 실행한 건 사실이기 때문이다. 하지 만 용감한 일을 용감하게 해낸 건 아니다. 내가 원해서가 아니라 그래야만 한다고 느꼈기에 했을 뿐이다. 겉으로 강해 보이는 모습이 내가 속으로 느끼는 감정과 항상 일치하지는 않는다. 용기 내어 결정해야 하는 일은 더욱 그렇다. 용감한 일은 대부분 큰 충격과 불확실함 속에서, 겁에 질리고 혼란스럽고 무너진 상태에서 그냥 하게 된다.

가족과 유대감을 거의 느끼지 못한 사람은 용기를 내기가 훨씬 더 힘들다. 그런 사람은 성인이 된 후에 만난, 가족이 아닌 다른 사람과의 관계가 자신에게 해롭더라도 그 사람을 떠날 용기를 내기가 불가능에 가까울 만큼 힘들다고 느낀다. 철저히 혼자가 되는 불확실한 상황에 맞닥뜨리는 일이기 때문이다. 만나는 사람마다 문제를 겪으면 내가 문제의 공통적인 이유인 게 분명하다고 자신까지 기만하기도 한다. 트라우마로 인해 '사람을 보는 눈이 없는' 사람이 되었다는 점에서는 문제에 일부 영향을 주었을 수도 있다. 하지만 정서적 학대자와의 관계를 스스로 정리하는 건 해야 할 일을 용감하게 해내는 것이다. 그 일 때문에 얼마간 기분이 좋지 않더라도 그런 사실이 바뀌

지는 않는다.

용기를 냈는데도 유쾌하다고 느껴지지 않으면 자신이 정말 치유되고 있는 건지 의구심이 들 수 있다. 충분히 이해한다. 어떤 관계든 그 관계에서 스스로 벗어나는 건 용감한 일이지만, 상실감의 고통 때문에 상처가 조금도 낫지 않았다고 느낄 수 있다. 이별할 때마다 상처가 계속 쌓이는 것처럼 느껴진다.

하지만 바로 그런 시행착오가 어린 시절에 생긴 깊은 트라우마가 치유되는 과정이다. 치유가 이런 과정으로 이루어지고, 이별이 치유에 필수 요소라는 사실을 받아들이는 게 중요하다. 가장 힘든 시간을 통과해야 성장할 수 있다. 모든 게 만족스러운 조건에서는 성장할 수 없다. 이별은 치유의 여정에서 중대한 부분이며, 그 구간을 지나지 않고서는 찬란하고 강인한 사람이 될 수 없다.

낮은 자존감을 회복하는 길

나는 이별을 겪고 삶이 크게 흔들릴 때마다, 내가 자부심을 완전히 회복하는 게 가능한 일일까 궁금해진다. 자부심은 원래는 한 사람의 중추가 되어야 하지만 해로운 가족의 생존자들에게는 없는 요소다. 뇌에서 편도체와 해마가 발달하는 과정을 보면, 정서적 학대로 생긴 깊은 상처가 '완전히' 치유될 수는 없는 것으로 보인다. 하지만 나는 오랜 상처가 자극받을 때마다 더 강인하고 더 뛰어난 전사로 성장할 가능성이 생긴다고 믿는다. 누구나 시간이 흐르면 성취와 실패, 이별을 경험하면서 자부심이 생기고 자신의 가치를 깨닫게 되리라고 믿는다. 쓰러져도 다시 일어날 수 있는 사람이 되고, 요령을 익히고 더 나은 마음가짐을 갖고, 가족을 꾸리고, 더 건강한 관계를 선택하고, 자신을 진심으로 아끼고 존중하는 마음을 기르는 노력도 그와 같은 결과를 가져온다고 믿는다.

하지만 생존자의 마음 깊은 곳에는 과연 자신이 정말로 가치 있는 사람, 또는 좋은 사람일까 하는 의구심이 계속 남는다. 우리는 사랑을 스스로 얻어내야만 하고, 유지하려면 열심히 노력해야 하는 것이라고 믿는다. 무언가를 잃거나 거부당해서 마음이 벼랑 끝에 놓일 때면, 그동안 나를 치유하려고 내가 얼마나 열심히 노력했고 지금도 얼마나 애쓰고 있는지와 상관없이 마음 깊은 곳에서 자부심의 큰 빈자리가 느껴진다.

그럼 어떻게 해야 할까? 상심이 너무 클 때는 자부심을 느끼기 힘들지만, 그래도 포기하지 말아야 한다. 나는 내가 밑바닥까지 떨어졌을 때 내 가장 강인한 면이 드러난다고 느낀다. 그럴 때일수록 나를 지킬 사람은 오직 나뿐임을, 나에겐 나밖에 없다는 사실을 깨닫게 된다. 내가 기댈 수 있는 사람은 나뿐이다. 늘 그랬고, 앞으로도 분명 그러리라 믿는다. 그래서 나는 계속 나아가기로, 내 앞에 놓여 있는 다음 단계에 집중하기로 선택했다.

☀ **잠시 생각해볼 것**

밑바닥까지 추락했을 때 홀로 시련을 이겨낼 수 있을지 생각해보자. 그런 일이 생긴다면 어떻게 혼자서 극복할 수 있을까?

자신이 어떤 사람인지 조금씩 파악이 되면, 자존감이 낮은 것이 자신의 주요한 특징이라고 느껴질 수 있다. 거기에 '단점'이라는 딱지를 붙이지 말고, 취약점이긴 해도 온전한 한 사람으로서 가질 수 있는 사랑스러운 면으로 여기자. 낮은 자존감은 내가 계속 노력하고 성장할 수 있게 이끄는 스승 같은 면이자, 스스로 계속 관리하고, 영예롭게 여기고, 보호하고, 잘 돌봐야 하는 내 일부분이라고 생각하자.

세상은 인생에 들이고 싶은 사람들과 들이고 싶지 않은 사람들로 가득하고, 우리는 이런 세상을 가로지르며 살아간다. 우리는 내게 가장 중요한 관계를 존중해야 한다. 바로 나 자신과의 관계다. 다른 사람들과 무슨 일이 생기든 늘 내 곁에 있는 건 나 자신이다. 아무 조건 없이 나를 더 지지하고 응원할수록 남들도 '진짜 나'의 모습을 더 많이 볼 수 있게 된다. 언젠가 취약한 진짜 자신을 남들에게 있는 그대로 드러낼 수 있는 날이 온다면, 비로소 혼자 힘으로 얼마나 큰일을 해냈는지 또렷하게 알 수 있을 것이다.

이번 장에서 우리는 가족에게 원하고 바라는 대신 내게 의존할 수 있다는 사실을 배웠다. 그 정도로 자신을 돌볼 수 있게 되면, 해로운 가족과의 관계를 단절한 이후에 반드시 찾아오는 또 다른 학대를 극복하는 데에도 도움이 된다.

3부

선을 넘는 사람들에게서 나를 지키려면

13

보복 가능성

이번 장에는 경고가 담겨 있다. 해로운 가족과 단절하고, 여러 단계로 나누어 경계선을 확고히 긋고, 개인적인 치유가 원만히 진행되는 중이라 하더라도, 해로운 가족이 달라지거나 행동 방식을 바꿀 가능성은 미미하다는 것이다. 가족이 왜 그런 행태를 보였는지 원인을 아는 것이 중요한 이유도 바로 이런 점 때문이다. 그들이 대체 왜 그러는지 파악해야 할 만큼 지긋지긋한 지경에 이른 적이 없다면 축복받은 것이겠지만, 그렇지 않다면 아는 게 많아질수록 얻는 정보도 많아진다. 그리고 이해가 깊어질수록 여러분이 앞으로 더 건강하고 온전하게 살아갈 가능성도 커진다.

악마의 가장 강력한 계략은, 사람들이 악마 같은 건 존재한 적이 없다고 믿게 만드는 것이다.

심리적 학대가 일어나는 가정에서는 아는 게 권력이 된다. 교육은 개인의 성장에 지속적으로 핵심적인 부분을 차지한다. 해로운 가족 안에서 살아온 사람은 가족의 문제나 가족이 자신을 악의적으로 대하는 원인이, 자신이 아니라 뿌리 깊이 잘못된 그들의 성격에 있음을 상기하고 또 상기해야 한다. 심리적으로 비정상적인 사람들의 근원에는 자기혐오와 내면화된 깊은 수치심이 있다. 가족이 어떤 사람인지 아는 게 많아질수록 그들이 제 트라우마를 여러분에게 고스란히 전가해서는 안 된다는 사실을 이해하게 될 것이다.

건강한 사람을 이해하는 방식을 해로운 사람에게 적용하면 더 큰 혼란만 겪게 된다. 해로운 사람의 사고방식은 여러분과 정반대라고 생각하는 편이 이해하기가 쉽다. 공감할 줄 아는 사람은 다른 사람부터 챙기려고 하지만 해로운 사람은 자신부터 챙긴다. 대인관계에서도, 건강한 사람은 자신이 다른 사람의 기분에 어떤 영향을 줄지에 신경 쓰지만 해로운 사람은 자신이 다른 사람을 어떤 기분으로 만들지에 집중한다. 건강한 사람들은 무엇을 줄 수 있는지 생각하지만 해로운 사람들은 자신이 얼마만큼 얻을 수 있는지 생각한다.

해로운 가족의 진짜 모습

해로운 가족을 이해할 수 있는 표현은 딱 하나밖에 없다. '반직관적'이라는 표현이다. 해로운 가족은 겉으로 드러나는 모습과 그 뒤에 숨겨진 진짜 모습에 일치하는 부분이 거의 없다. 5장의 가족 간판에 관한 설명을 상기해보자. 해로운 가족이 가족 외부에 내거는 간판은, 속은 지독히 비정상적이면서 겉으로 그럴싸해 보이는 것만 내세우는 허위 광고다. 나는 내담자들에게 "우리 가족이 얼마나 엉망인지 제가 말한다 해도 믿어주는 사람은 아무도 없을 거예요. 다들 그 사람들을 좋아하거든요"라는 말을 셀 수 없을 만큼 들었다. 해로운 가족은 사냥꾼과 별반 다르지 않다. 그들이 사냥하는 건 힘이며, 그들이 생각하는 힘은 본인에게 관심을 집중시키고 남들의 정서 반응을 일으키는 것이다.

모든 것에 등수를 매긴다

강압으로 돌아가는 가족 체계에서는 가족생활과 사회생활 전반에서 끝없이 등수를 매긴다. 그런 가족 안에서는 어린아이도 예외 없이 조종 대상에 포함된다. 더 정확히는 그러한 학대로 최악을 경험하는 대상이 어린아이다. 자신보다 작고 방어할 능력이 떨어지는 대상, 전적으로 자신에게 의지하는 대상은 마음대로 휘두르기가 쉽다. 아이는 심리적인 발달이 끝나지도 않았고 '조종'이나 '정서적 학대' 같은 개념을 이해하지도 못한다. 자기 가족이 만나는 사람마다 무언의 경쟁을 벌이고 거기에 정신력을 거의 다 쏟아붓고 있다는 사실을 아이는 알아챌 수도 없다. 여러분도 그랬을 것이다. 그런 가족들은 자신의 허술한 자아를 건드리는 잠재적 위협과 반드시 맞서야 한다고 생각하며, 주변 사람들보다 자신이 더 낫고 더 강하다는 사실을 증명해 보이려고 끊임없이 애쓴다. 이렇게 등수만 매기는 방식으로 인생을 살아가는 사람들에게 평화는 찾아볼 수 없으며 그런 사람들은 다른 이들의 삶까지 엉망진창으로 만들어버린다. 여러분도 그런 대상이었을 것이다. 해로운 가족들이 중시하고 필요로 하는 유일한 존재는 그들 자신이다.

승자와 패자만이 존재한다

해로운 가족은 남들 눈에 자기 모습이 단 두 가지로 비친다고 생각한다. 바로 승자 또는 패자다. 이들은 한정된 자원을 나눠 가져야 하고 제 몫이 늘 부족하다는 생각에 빠져 세상을 보기 때문에, 더 많이 얻는 승자가 될 수 있다면 뭐든 다 하려고 한다. 무시당하거나 외면당하는 건 참지 못한다. 예를 들어 해로운 사람은 여럿이 모인 자리에서 다른 사람이 칭찬받으면 자신이 무시당했다고 느낀다. 질투심이 차오르고 칭찬받은 사람에게 증오심을 느낀다. 그리고 그 사람을 없애야 한다는 생각에 몰두한다. 그 대상이 자기 아이라도 마찬가지다.

해로운 사람들은 자신의 허약한 자아에 위협이 되는 건 뭐든 찾아내서 곧바로 없애버리려고 한다. 위협이 계속되면 어떤 수단과 방법을 동원해서라도 완전히 몰아내려고 한다. 이들은 자신이 보잘것없거나 약하고 문제가 있는 존재라고 느끼게 만드는 다른 사람의 말이나 행동에 매우 큰 위협을 느낀다. 누가 됐든 자신을 무시하거나 수치스럽게 만들면 수십 년간 응어리진 게 있는 것처럼 엄청난 분노를 터뜨리며 말로, 또는 감정적으로 상대를 짓밟아야만 속이 풀린다. 이러한 충동적인 보복심은 해로운 가족과 살아온 사람들이 그들과 단절한 후에 받는 학대의 바탕이 된다.

극도로 해로운 사람과 가까이 지내본 적이 없는 사람들은 해로운 사람이 발동 걸리면 얼마나 추하게, 짐승처럼 분노를 표출하는지 절대 이해하지 못한다. 해로운 사람은 자기 뜻을 거스른 이를 반드시 색출해야 하는 죄인으로 여긴다. 자신이 당한 일에 상대가 대가를 치르도록 만들 수 있다면 뭐든 못 할 일이 없다고 생각한다.

해로운 사람이 학대하는 표적이 되면 무섭고 겁이 나는 이유는 그런 학대를 혼자 힘으로 견딜 수 없어서라기보다, 그들이 극히 악의적이고 변덕스럽기 때문이다. 해로운 가족에게 넘지 못할 선은 없다는 사실을 받아들여야 한다. 그들은 적이라고 판단한 대상을 찾아내서 망가뜨리는 건 지극히 당연한 일이라고 여긴다. 그 해로운 사람이 가족이라면, 이와 같은 정서적 폭력에 익숙해지기란 거의 불가능하다. 해로운 가족과 단절한 사람들은, 내가 침묵으로 버티면 가족이 결국 지쳐서 다른 희생자를 찾아 떠나지 않을까 하고 생각한다. 그러나 불행히도 해로운 가족은 자기 핏줄이 뻔뻔하게 자신에게 반기를 들면 자아에 타격을 받고 격분한다.

해로운 가족을 떠나기로 마음먹은 사람은 그들이 자신을 쉽게 보내줄 리 없다는 사실을 잘 알고 있다. 그러므로 생존자는 단절 이후에 가족이 보일 반응에 어떻게 대처할지 미리 준비해야 한다. 다음 장에서 주로 어떤 문제가 생길지 예상해보고, 그에 대비하는 데 도움이 될 만한 정보를 제공하겠다.

14

2차 가해에 대처하는 법

내가 가족과 단절한 이후에 직접 겪은 일들, 그리고 내 내담자들이 겪은 일들을 보면 이쪽에서 아무리 연락을 끊어도 해로운 가족의 학대와 조종이 끝나지 않는다는 사실을 여러분도 쉽게 알 수 있을 것이다. 그래도 그들과 단절하면 해로운 영향이 크게 줄어들고, 그 영향의 양상도 달라진다. 이번 장에서는 가족과 단절한 사람이 정한 경계선과 상관없이 해로운 가족이 계속해서 생존자의 인생에 끼어들기 위해 접근하는 여러 방법을 설명한다. 해로운 가족이 즐겨 활용하는 몇 가지 방식과 가장 많이 쓰이는 전략을 집중적으로 소개하고, 이런 상황을 헤쳐 나갈 방법을 찾는 데 도움이 될 만한 예시와 해결 방안도 제시하겠다.

2차 가해의 세 가지 유형

가족이 생존자에게 가한 학대를 직접 보거나, 이해하거나, 사실을 입증할 수 없는 부차적인 사람이 생존자에게 보이는 반응은 2차 가해가 될 수 있다. 부차적인 사람이란 해로운 가족과 학대당한 사람의 관계를 외부에서 보는 이다. 이 사람들은 정서적 학대가 눈앞에서 일어나도 그 교활함을 인지하지 못하는 경우가 많다. 이런 부차적인 사람들이 자신들이 보지 못한 학대에 관해 생존자를 무심코 욕하거나, 비난하거나, 학대에 의문을 제기하면 2차 가해가 된다. 그렇게 말하면서도 '이치에 맞는 이야기를 해주려는 것'이라고 주장하는 사람들이 많지만, 그들의 의혹과 압박은 분명 2차 가해다. 2차 가해는 생존자와 친분이 없는 사람이 가족과의 불화에 끼어들고, 생존자가 끔찍한 인간이라는 해로운 가족의 주장에 물들어 그 가족과 함께 생존자를 비난하는 형태로도 발생할 수 있다. 비난의 화살을 생존자에게 돌리려는 가해자의 주장을 받아들여 무심코 학대에 동참하는 것이다. 해로운 가족은 대부분 생존자를 협박하고 괴롭히기 위해 자기편을 모은다. 이번 장에서는 일반적으로 흔히 발생하는 2차 가해 상황 세 가지를 살펴보겠다. 선물과 카드, 경제적 학대, 그리고 가족의 질병과 사망이다.

선물과 카드

해로운 가족은 학대당한 사람이 연락을 끊고 나면 선물이나 카드를 보내면서 은근슬쩍 생존자의 삶에 끼어들려고 할 수 있다. 이때 그들이 쓰는 표현과 그들이 고른 선물은 대체로 아리송하고 수동공격적인 저의가 깔려 있어서 다른 사람들이 보면 어떤 의미인지 쉽게 알아채지 못한다. 나는 가족과 단절하고 2년 동안 나와 가족의 관계와는 전혀 어울리지 않는, 끔찍하게 다정한 말들이 적힌 카드를 받았다. 내게 트라우마를 남긴 일들이 전혀 일어난 적이 없는 것처럼 과거를 덮으려는 선물과 카드였다. 실제로 일어난 학대는 노골적으로 모른 척하면서 심하게 과장된 언어 표현을 쓰고 사치스러운 선물을 보내는 행위는 진정성 있는 사과를 대신할 수 없으며 관계 회복에도 전혀 도움이 안 된다. 해로운 가족은 자신이 원하는 것을 얻기 위해 거짓된 감정을 활용하는 능력이 탁월하다.

깨달음의 순간

강탈을 일삼는 가족은 사랑을 위장한 선물의 형태로 학대를 보내온다.

관계가 소원해진 후에 해로운 가족이 선물과 카드를 보내는 진짜 이유는 자신들이 '좋은 사람'이라는 이미지를 보존하고, 자신들과 관계를 끊은 생존자가 '얼마나 잔인하게' 굴었는지 사람들에게 떠벌리고 다닌 말에 신빙성을 높이기 위해서다. 관계를 단절한 사람에게 도움이 되는 일인지와는 전혀 상관없이, 상대를 조종하려는 자신의 목적을 위해 하는 행동이다. 학대당한 사람의 친구·자녀·사촌·이모나 고모·삼촌·연인과 같은 부차적인 사람들은 해로운 가족의 과장된 다정함에 숨겨진 이면을 보지 못해 겉으로 보이는 것만 받아들이고, 가족이 적어도 애쓰고 있지 않느냐고 말할 수도 있다. 외부에서 지켜보는 사람들은 가족이 '좋은 사람'이 아니라 '좋은 사람인 척'할 수 있다는 사실을 쉽사리 이해하지 못한다. 가족이 그럴 리 없다고 생각하는 사람들은, 가족이 꾸며낸 감정을 믿고 그들과 관계를 단절한 사람이 나쁘다는 잘못된 결론을 내린다. 심지어 가족이 이렇게 애쓰는데 아무 반응도 보이지 않는다며 대놓고 따지는 사람도 있다. 겉으로 보이는 것만 보고 잘못된 추측으로 학대당한 사람의 상황에 관해 잘못된 결론을 내리는 건 2차 가해다.

해로운 가족과 단절하는 사람은, 남들이 가족의 거짓말을 그대로 믿거나 가족의 거짓 감정을 진심 어린 노력이라고 여기는 것 또한 자신이 거쳐야 할 과정 중 하나라고 생각할 수 있어야 한다. 그런 일은 방어할 방법이 없기 때문이다. 자신에 관한 거짓말을 순순히 믿는 사람마다 붙잡고 사실이 아니라고 설득하느라 시간과 정신력, 감정을 소모하는 건 별로 좋은 방법이 아니다. 가족이 어떤 사람들인지에 관한 진실은 내가 알고 있으면 된다. 여러분에게는 애정과 존중이 없는 가족을 떠날 권리가 있다. 그 일에 관해 누구에게든 설명해야 할 의무는 없다.

경제적 학대

경제적 학대는 해로운 가족이 다양하게, 많이 활용하는 2차 가해 중 하나다. 심리적 학대가 가해지는 가정에서는 자녀를 키우면서 돈을 무기로 활용하는 경우가 흔하다. 자녀에게 무언가를 제공할 때마다 자녀가 죄책감과 의무감을 느끼게 만드는 것이다. 해로운 가족은 아이를 필요한 것과 원하는 것이 있는 존재, 자신만의 욕구와 감정이 있는 개인으로 보지 않고 부모의 소유물처럼 취급한다. 그런 가족 안에서는 말을 잘 듣는 대가로 돈이 제공된다. 이러한 방식을 활용하는 가족은 논리가 없고 조종에 찌들어 있다. 해로운 부모 중에는 자기 아이에게 들어가는 돈을 양육의 당연한 부분이 아니라 자신의 희생으로 여기는 사람들이 많다.

상담하다 보면, 아이를 키우는 부모가 샴푸나 식료품 같은 생필품에 돈을 써야만 한다는 사실에 불만을 토로하는 말들을 듣곤 한다. 그런 부모에게서 자란 아이는 자신에게 드는 돈이 부모에게 부담을 준다고 느끼며, 그건 가족이 경제적으로 부족하거나 돈을 아껴야만 하는 상황이라서가 아니라 자신이 그럴 가치가 없는 존재이기 때문이라는 생각에 계속 시달린다. 이렇게 자란 사람은 안타깝게도 성인이 되고 시간이 한참 흘러도 남의 도움을 잘 받아들이지 못하며 누구에게든 아무것도 받지 못한다. 뭐라도 받으면 반사적으로 빚을 진 기분이 들어서 자신을 아끼는 사람들이 건네는 도움도 긍정적인 기분으로 받아들이지 못한다.

내 지인들, 내가 치료한 사람들 대부분이 다양한 형태로 가족의 지원이나 도움, 선물을 간간이 받으며 살아왔다. 하지만 그런 지원을 받았다고 해서 지나치게 사치가 심하거나 무능한 사람은 아무도 없다. 버릇없이 자란 탓에 성인이 된 후에도 가족에게 비합리적인 수준의 경제적 지원을 요구하고, 자기가 원하는 만큼 얻어내려고 일부러 가족과 연을 끊는 사람들의 행동은 가족의 경제적인 학대와는 아무 상관이 없다. 학대가 없는 건강한 가족도 부모, 조부모는 물론 형제자매, 친척까지도 이미 성인이 된 지 오래인 가족 구성원에게 기꺼이 경제적으로 도움을 주려고 한다. 그 이유는 무엇일까? 지금 나이가 몇 살인지와 상관없이, 자신이 아끼는 가족이 필요한 걸 갖기를 바라기 때문이다. 건강한 가족은 여유가 되면 사랑하는 가족이 인생의 중대한 시기나 결정적인 순간, 인생의 전환기에 성공과 행복을 얻길 바라며 그에게 보탬이 되고자 한다.

하지만 불행히도 돈은 가족이 자신들과 단절한 사람을 조종하는 효과적인 수단이 되기도 한다. 내가 겪은 경제적 학대도 그런 수단이 되었다. 이 일을 여러분에게 이야기하는 목적은, 가족과 단절한 사람에 관한 비방이 가족의 신탁재산과 유언의 관리를 맡은 사람의 객관적 판단력에도 영향을 줄 수 있음을 알리고 혹시 여러분이 비슷한 일을 겪게 된다면 어떻게 대처할 수 있을지 보여주기 위해서다.

최근에 나는 할머니가 유산으로 남기신 신탁재산과 관련하여 가족에게 속았다는 사실을 알게 됐다. 할머니의 신탁재산을 관리하는 한 여성 직원이 내게 서류를 하나 보냈는데, 놀랍게도 그 서류에는 내 형제와 내가 분기별로 신탁재산 내역서를 받게 될 것이며 원하면 원금을 인출할 수 있다는 내용이 담겨 있었다. 할머니는 신탁을 후손들의 교육에 쓰고 싶다는 뜻을 분명히 밝히셨고, 그 후손이란 우리 형제가 낳는 자녀를 의미했다. 그런데 내가 받은 서류에는 할머니의 돈을 어디에 어떻게 쓸 것인지 정할 재량권이 내 가족 중 한 명에게 주어졌다고 명시되어 있었다.

나는 신탁 관리자에게 그 재량권이 부여된 가족과 내 관계가 원만하지 않다는 사실을 밝혔다. 내가 필요한 일이 생겨 신탁재산의 인출을 요청할 경우 은행과 재량권을 가진 사람이 모두 동의해야 하는데, 관계가 소원하니 그 결정에 영향을 줄 수 있어서 염려된다는 의견도 전했다. 그러자 신탁 관리자는 자신이 객관적이고 공정하게 일을 처리하도록 훈련받았으니 안심하라고 했다. 하지만 내가 원금의 인출 내역을 확인해보니 신탁 사용 재량권을 가진 사람의 의도와 소비가 고스란히 나와 있었다. 내 형제가 자기 아이의 비싼 사립 고등학교 학비를 내느라 신탁에서 이미 두 차례나 거액을 빼갔다는 사실도 알게 됐다. 심지어 이 두 건의 지출 중 한 건은 내가 신탁재산의 인출이 가능하다고 통지받기 1년 전에 이루어졌다.

상황이 어떻게 돌아가는지 확인하기 위해, 나는 내 형제가 자기 아이를 위해 가져간 돈과 같은 액수의 돈을 내 딸의 교육비로 신청했다. 신탁재산의 원금을 사용할 때는 돈을 다른 데 쓰지 않는지 확인할 수 있도록 신탁을 관리하는 은행에 새로 계좌를 만들고 그 계좌로 이체받는다. 하지만 은행과 내 가족은 공식적인 절차도 없이 내 인출 요청을 수락하지 않았다. 한 마디로 내 요청은 거절됐다. 신탁 관리자의 이러한 대처는 전형적인 2차 가해였다. 나중에 알고 보니 그 관리자는 내 가족이 나를 괴롭히려는 계획을 위해 채용한 사람이었다.

나를 걱정해주는 주변 사람들은 법률 자문을 받아보라고 조언했다. 처음에는 그러고 싶지 않았지만, 결국 변호사를 찾아갔다. 내가 파악한 일들이 정말로 사실인지 확인하고 싶어서였다. 할머니가 남기신 돈이 날 조종하기 위한 수단으로 이용되고 있는 게 맞는지 알아야 했다.

신탁 사용 재량권을 가진 내 가족은 이런 행동이 전적으로 정당하다고 했다. 그는 관계를 회복하기 위해 진심으로 사과하거나 조금이라도 인도적인, 또는 공정한 태도를 보이기보다는 내 딸이 미래에 누릴 교육을 위협함으로써 내게 복수하는 쪽을 택하고도 남을 사람이다. 내게 신탁 이용에 관한 서류를 보낸 이유도 내 자녀 앞으로 되어 있고 내 아이가 쓰라고 물려받은 재산이 자기 손바닥 안에 있음을 내게 보여주기 위해서였다. 이걸로 나와 내 아이의 자존감을 앗아갈 수 있을 줄 알았겠지만, 그런 생각은 단단히 잘못됐다. 그 사람이 빼앗을 수 있는 건 하나도 없다.

여러분이 소중하게 생각하는 사람이라도, 생존자에게 학대에 관해 의문을 제기한다면 안타깝지만 그 또한 2차 가해에 해당한다. 사람들은 생존자가 가족의 조종을 어떻게 겪었는지 현명하게 판단하기보다는 생존자가 비이성적이고 순진하다고 생각하는 경우가 많다.

경제적 학대에 당면했을 때 참고할 세 가지 팁은 다음과 같다.

1 상황이 어떻게 돌아가고 있는지 파악한다(이게 핵심이다).

2 법률 자문을 통해 어떤 조치가 필요하고 무엇을 하지 말아야 하는지 판단한다.

3 평정심을 찾고 같은 일이 반복되지 않도록 고리를 끊는다.

나를 경제적으로 조종하려는 가족의 시도를 내가 어떻게 끊어냈는지도 여러분과 공유하고 싶다. 이런 상황에 놓여 뭘 어떻게 해야 할지 모르는 분들이 있다면 내 사례가 예시나 본보기가 될 수 있기를 바란다. 나는 신탁 관리자에게 아래와 같은 내용으로 이메일을 보냈다.

…씨께

오늘 변호사와 만나고, 할머니께서 저와 제 딸을 위해 물려주신 이 신탁과 재산에 저는 권리를 행사할 수 없고 이용할 권한도 없다는 사실을 알게 되었습니다. 관리자님의 고객이 제가 아니라 '신탁 사용 재량권을 보유한 가족'이기 때문입니다. 제 딸아이의 향후 교육비로 제 형제가 자기 아이들을 위해 가져간 금액과 같은 금액의 인출을 이메일로 요청했지만, 관리자님이 답하지 않은 이유도 이제야 알 것 같습니다. 상기 이유로, 저는 신탁 사용 재량권을 가진 가족의 사적인 의도에 따라 제가 쫓겨난 것이나 다름없는 신탁의 내역서는 받고 싶지 않습니다.

저는 저와 제 딸이 소박하지만 넉넉하고 행복하게 지낼 수 있도록 보살필 것입니다. 우리에게는 서로를 향한 소중한 사랑이 가장 큰 재산입니다.

해당 가족이 사망한 후, 제 형제가 할머니의 신탁재산을 다 써버리지 않고 혹시라도 남은 돈이 있다면 저는 그 돈을 제 딸아이 계좌에 이체해줄 예정입니다.

안녕히 계세요.

셰리 캠벨 박사.

내 이야기가 여러분에게 도움이 되고 참고가 되었으면 좋겠다. 가족과 단절한 후에는 경제적 학대를 겪을 가능성이 크다. 내 사례는 그런 문제에 대처하는 여러 방법 중 한 가지일 뿐이다. 경제적인 학대는 해로운 사람이 남을 조종하려고 즐겨 쓰는 방법임을 명심하자.

《경제적 학대에 관한 폭로Exposing Financial Abuse》의 저자 섀넌 토머스Shannon Thomas는 돈이 무기로 사용되고 해로운 사람이 모든 자원을 수동적으로, 또는 공공연히 통제하는 경우 이런 양상의 학대에는 한계가 없다고 설명한다. 경제적 학대는 해로운 사람이 생존자의 은행 계좌나 신탁재산 이용을 제한하거나, 자신이 부담해야 하는 몫을 공평하게 맡지 않으려고 하는 방식으로 일어날 수 있다.[21] 특히 부모가 자녀의 돈을 끊으려고 하는 건(자녀의 나이와 상관없이) 굉장히 무서운 일이다. 내 할머니의 신탁 사용 재량권을 가진 가족은 예전부터 내가 미래에 쓸 수 있는 신탁재산이 있다는 이야기를 자주 했었고, 나는 경제적으로 꽤 성공한 편인데도 혹시 내게 무슨 일이 생긴다면 내가 버는 돈 외에 내 딸이 쓸 수 있는 돈이 있다는 생각에 안도감을 느꼈었다.

경제적 학대나 신탁 재산을 이용한 조종에 당면했을 때 선택할 수 있는 방법은 여러 가지가 있다. 내 내담자 중에는 법적 절차를 밟기로 한 사람도 있고, 일단 해로운 가족에게로 돌아가서 마땅히 자기 몫인 돈을 지키기 위해 일시적으로나마 잘 지내보기로 한 사람도 있다. 그리고 나처럼 그 돈에서 깨끗이 물러나기로 한 사람도 있다. 사람마다 처한 상황은 다 다르므로 자신의 경우를 잘 따져보고, 미래를 위한 더 큰 그림에 가장 알맞은 방법을 택해야 한다. 그 선택을 위해 다음 질문에 답해보자.

건강한 가족이라면 유산이나 신탁을 어떻게 처리할까? 이 질문에 답해보면, 조건 없는 사랑과 수용이 위와 같은 상황과 얼마나 다른 결과를 낳는지 깨달을 수 있다. 건강한 부모나 가족이라면 내 형제가 자기 아이를 위해 가져간 돈과 같은 금액을 나중에 내 딸이 쓸 수 있도록 다른 계좌에다 떼어놓았을 것이다. 꼭 내 사례를 언급하지 않더라도 건강한 가족은 관계를 단절한 가족에게 마음이 나아지고 대화를 나눌 준비가 됐을 때 언제든 괜찮으니 이야기를 나눠보자고 할 것임을 충분히 예상할 수 있다. 그리고 서로의 관계가 이렇게까지 나빠진 것에 자신의 책임을 통감하며 진심으로 미안하다고 할 것이다.

깨달음의 순간
건강한 부모와 가족은 게임을 걸지도 않고 강요하지도 않으며 보란 듯이 요란하게 행동하지도 않는다.

내가 돈에서 손을 떼면 가족이 '이기는' 걸까? 경제적 학대를 가하는 가족은 돈을 2차 가해의 도구로 이용한다. 그들이 숭배하는 신이자 그들에게 힘을 주는 것이 바로 돈이기 때문이다. 돈이 있으면 신이라도 된 것처럼 굴 수 있고 자녀나 형제, 손자, 그 밖에 다른 가족을 계속 조종하고 통제할 수 있으므로 그들은 돈을 신처럼 받든다. 경제적 학대의 주된 목적은 돈을 통해 가족과 단절하려는 사람이 자신들과 멀어지는 결정적인 한 발을 내딛지 못하게 만드는 것이다. 하지만 돈을 신처럼 받들지 않는 사람은 돈에 영혼을 팔지 않는다.

돈에서 손을 떼면 가족이 이기는 것이라고 생각하는 사람들도 분명히 있을 것이다. 내가 정당하게 받을 권리가 있는 몫을 다른 가족이 가로채지 못하도록 해야 가족을 이길 수 있다고 하는 사람들도 있을 것이다. 하지만 해로운 가족과의 단절은 누가 이기고 지느냐의 문제가 아님을 잊지 말아야 한다. 이건 자유와 행복을 누리며 살 것인지 그렇게 살지 못할 것인지의 문제다. 가족이 이기도록 내버려 두는 거나 다름없다고 하는 사람들이 있더라도, 그런 이야기에 신경 쓸 필요 없다. 나 역시 내 가족이 자신들이 이겼다고 생각하건 말건 관심 없다. 내가 잃은 건 아무것도 없고, 나는 그들은 갖지 못한 걸 다 가졌다. 바로 자유와 행복이다.

질병과 사망

해로운 가족이 나이가 들고 정신질환이나 의학적인 문제를 겪을 때 2차 가해의 또 다른 형태가 나타난다. 그런 중대한 순간이 막상 닥쳤을 때 자신이 어떤 기분을 느낄지 정확히 예측하는 건 불가능하다. 해로운 가족에게서 벗어난 생존자는 거의 대부분 가족의 건강에 이상이 생겼거나 죽음을 앞두고 있다는 소식을 접할 일이 생기는데, 해로운 가족은 이를 생존자의 삶에 다시 끼어들 절호의 기회로 활용한다. 그런 시도는 아래와 같은 과정으로 이루어진다.

제삼자를 '정보원'으로 활용한다

해로운 가족은 먼저 단절한 가족과 친한 사람을 통해 소식을 전한다. 그게 먹히지 않으면 생존자가 경계를 풀 만한 조금 더 가까운 다른 사람을 찾는다. 이때 가족은 소식을 전할 사람에게 생존자가 '자신들을 끊어냈기 때문'에 당신을 통하지 않고서는 달리 연락할 방법이 없다고 말한다. 연락이 닿기도 전에 이미 이런 거짓말로 2차 가해가 일어나는 것이다. 그로 인해 생존자는 가족의 소식을 전하는 사람과 친밀한 이야기까지 다 하지 않는 사이인데도 해로운 가족의 이런 말 때문에 자신의 현재 상황, 즉 가족과 연락을 끊기로 한 결정부터 가족이 위독해지면 자신이 어떻게 할 것인지까지 다 설명해야 하는 불편한 입장이 된다. 그렇게 생존자가 가족과 단절한 결정에 대해 제삼자에게 엄중히 평가받고, 그래서 민망해지고, 인간이라면 갖춰야 할 가장 기본적인 예의도 없는 사람처럼 보이도록 만드는 게 해로운 가족의 목적이다. 다른 사람을 통해 소식을 전하는 것과 이쪽이 바라지도 않는 자신들의 의견을 함께 전달하는 건 별개의 일이다. 이런 행위는 2차 가해에 해당한다.

그런 소식을 전해야 하는 상황이라면 우편물로 알리는 게 맞다. 하지만 정서적으로 애정에 목마른 가족은 일을 극적으로 만들어야 직성이 풀리므로, 우편물을 보내거나 의료 전문가·변호사를 통해서 연락을 취하는 방법을 택할 리가 없다. 그런 방법은 권력이나 통제력을 직접 행사해야 하는 그들의 욕구를 채워줄 수 없기 때문이다. 내 가족은 내 지인에게 아버지의 죽음이 임박했다는 소식을 전해달라고 부탁했다. 지인은 그 말을 듣고, 내 가족에게 아버지가 어디가 얼마나 아프신지 더 자세히 알려달라고 했다. 내 가족에게는 달갑지 않은 질문이었지만, 그분은 내게 최대한 정확한 정보를 전달하기 위해 그렇게 물은 것이다. 그러자 내 가족은 그분을 비난하면서 아버지 건강이 어떤지 더 자세히 알고 싶으면 내가 직접 연락하면 된다고 답했다. 아버지의 죽음이 임박한 상황을 내 경계선을 흐리는 수단으로 활용하려고 한 것이다. 원하는 걸 얻고 자신들과 단절한 사람을 악인으로 만들 수만 있다면, 해로운 가족에게 넘지 못할 선 같은 건 없다.

사회관계망서비스를 뒤지거나 온라인으로 접근한다

나는 내 아버지가 돌아가셨다는 사실을 구글 검색으로 알았다. 돌아가시고 2주가 지난 후였고 장례식이 이틀 뒤로 예정되어 있었다. 가족들은 아버지의 사망 소식을 내게 알리지 않는 게 당연하며 내가 자초한 일이라고 생각했다. 이런 지독한 일을 겪어본 적이 없는 사람에게는 이게 얼마나 비인도적인 처사인지 도저히 설명할 길이 없다.

해로운 가족과 연락을 끊은 사람은 가족이 세상을 떠나도 충격을 받지 말아야 한다고 잘못 생각하는 이가 많다. 생존자는 가족과의 관계에 경계선을 그었다는 이유로, 가족의 죽음으로 느끼는 고통까지 비난받는다. 하지만 누구나 자신의 정신건강과 행복을 지키기 위해 경계선을 그을 권리가 있음을 기억해야 한다.

내가 생각하기에 해로운 가족의 죽음은 학대 생존자에게 다른 무엇과도 비교할 수 없을 만큼 힘든 일이다. 건강한 가족 안에서 자란 사람은 가족이 세상을 떠나면 서로 아껴주었던 기억을 품고 산다. 남은 평생 떠올릴 수 있는 좋은 기억들이 있고, 그 기억에서 위로를 얻는다. 생생하게 남겨두고 싶은 기억일 것이다. 그러나 해로운 가족이 세상을 떠나면 고통과 끔찍한 기억이 남는다. 생존자는 그들과 이미 단절하고 치유 중이었더라도 큰 혼란을 느끼고, 나를 괴롭힌 사람의 죽음을 어떻게 받아들여야 하는지 갈피를 잡지 못한다.

그런 상황에서는 치유가 언제나 내 내면에서 이루어진다는 사실을 상기하는 게 도움이 된다. 가해자가 내게 저지른 일을 인정해야만 내 마음이 치유될 수 있다면 치유는 불가능한 일일 것이다. 정말로 그렇다면 고통 속에 절대 일어나지 않을 일을 마냥 기다려야 한다.

하지만 나를 치유하기로 스스로 결심했을 때, 내가 겪는 고통의 의미를 찾아보기로 결심할 때 치유는 시작된다. 치유는 능동적이고 앞으로 나아가는 과정이다. 죽은 사람에 대한 애도, 행복을 만들어가는 일 또한 능동적인 과정이다.

느껴야 한다면 느껴라.
상황이 흘러가는 대로 대처하라.
자신을 돌보고 자신에게 연민을 느끼면서 마음을 치유하라.
앞으로 나아가는 속도를 유지하라.

해로운 가족이 사망했을 때 연락하지 않는 것

연락을 단절하고 살던 가족 중 누군가가 세상을 떠났다는 사실을 알게 된 경우, 우선 잠시 진정하고 생각할 시간을 갖자. 가족이 사망했다고 해서 나를 학대한 사람들에게 반드시 연락해야 할 의무는 없다. 나는 아버지의 죽음이 임박했다고 알려준 사람에게 아버지의 연락처를 받았는데, 거기에는 아버지가 얼마 전 나와는 연락하고 싶지 않다고 이야기했다는 메모가 함께 적혀 있었다! 나는 한참을 생각하고 고민한 끝에 아버지에게 연락하지 않기로 했다. 무엇보다 그게 아버지가 바라는 일임을 알게 되었기 때문이다. 그 연락을 받기 7년 전에 내가 아버지에게서 마지막으로 들은 말은 끔찍한 학대와 위협이었다. 아버지는 나와 하던 통화를 끊어버렸고, 이후에 나는 아버지와 연락한 적이 없었다. 그 마지막 통화를 한 날, 나는 이게 우리의 마지막 대화가 될 것임을 직감했다. 아버지는 원래 그렇게 사는 사람이었다. 아버지는 격분해서 이후 오랫동안 나와 연락을 끊고 지냈다. 다른 가족들은 내게 아버지와 화해하라고 계속 압박했다. 아버지는 항상 부녀 관계를 바로잡을 책임이 내게 있다고 보았다. 자신을 용서하고, 기쁘게 할 책임도 내게 있다고 여겼다. 하지만 내게 돌아온 건 매번 더 심한 학대였다. 이런데 내가 왜, 어떻게 안심하고 연락을 할 수 있단 말인가?

💡 **잠시 생각해볼 것**

위와 같은 상황에 놓인다면 어떤 생각이 들고 기분은 어떨지 생각해보자. 죄책감을 느낄까? 겁이 날까? 그렇다면 그 이유는 무엇일까?

남의 양심을 내가 지켜줄 필요는 없다

내 아버지는 오랜 세월 암을 앓았다. 객관적으로 봐도 아버지는 그 일을 계기로 내게 연락하거나 우리의 관계를 회복할 생각은 전혀 없었다. 그러므로 나는 임종이 닥쳤다고 해도 달라진 건 없다고 생각했다. 그럴 마음이 있었다면 나와의 문제를 해결할 시간은 아주 많았다. 나는 내가 아버지에게 먼저 연락한다면 무슨 반응이 나올지 아무

것도 예상할 수 없어서 두려웠다. 아버지가 어떤 변덕을 부릴지 예측할 수 없는 상황에 나를 내몰고 싶지 않았다. 내 경험상, 아버지는 내게 상처를 줄 가능성이 컸다. 어쩌다 다정한 면을 보인다고 하더라도 어디까지가 진심인지 나로선 알 수 없었다. 아버지는 내 취약한 점, 그리고 부모이기에 자연히 신경이 쓰일 수밖에 없는 내 입장을 이용해서 죽기 직전까지도 자신의 책임에서 벗어나려고 했을 것이다.

아버지가 심적으로 괴로워하며 돌아가셨기를 바라는 마음은 전혀 없다. 하지만 아버지의 양심이 떳떳한지 아닌지 판단할 책임을 아버지도 다른 누구도 내게 떠넘기도록 둘 생각도 없다. 떳떳하게 양심적으로 생의 마지막을 맞이하는 건 아버지가 전 생애에 걸쳐 본인이 달성해야 하는 일이었고, 아버지가 양심을 지킬 기회는 아주 많았다. 세상을 떠났다고 해서 그 사람이 어떤 사람이었는지가 바뀌지는 않는다.

아버지가 뇌 일부를 절단하는 수술을 받고 판단력을 상실한 것도 아니었다. 아버지는 암 환자였다. 아버지는 살면서 만난 거의 모든 사람과의 관계와 직업의 기회를 전부 스스로 날려버렸다. 나는 내 아이가 절대 겪지 않기를 바라는 일은 나도, 내 마음도 겪지 않게 하자고 결심했다. 아버지가 죽음을 앞두고 있다는 이유로 또다시 아버지에게 이용당하거나 정서적으로 학대받는 일은 없어야 했다. 아버지는 내가 내 인생을 진심으로 행복하게 만끽하는지를 중요하게 여겼어야 했다.

해로운 가족과 단절한 사람들은 가족의 죽음으로 제각기 다른 경험을 할 것이다. 옳고 그른 건 없고, 모두에게 똑같이 적용할 수 있는 해법도 없다. 여러분의 마음이 무엇을 바라는지 살펴보고, 무엇이 됐건 자신에게 가장 최선이 될 길을 택하자. 자신의 결정을 일일이 다른 사람에게 다 설명할 의무는 없다.

깨달음의 순간

죽음으로 사람이 달라지지는 않는다. 사람을 변화시키는 건 달라지겠다는 결심이다.

해로운 가족이라도 죽음은 아프다

해로운 가족의 사망 소식을 접한 후 자신이 그은 경계선을 계속 유지하고 거리를 둔다고 해서 무심하다고 할 수는 없다. 솔직히 밝히면, 나는 아버지가 돌아가셨다는 사실을 알게 됐을 때 굉장히 고통스러웠다. 무심하기는커녕 가슴이 미어질 만큼 아팠다. 그동안 서로의 관계가 어땠는가와 상관없이, 부모나 가족 중 다른 누군가가 곧 세상을 떠날 것 같다는 소식에 준비가 되어 있는 사람은 아무도 없을 것이다. 그건 하늘이 무너지는 일이다. 아버지가 돌아가실 것 같다는 소식을 들었을 때, 나는 예상치 못했던 무수한 감정을 겪어야 했다.

아버지가 나를 사냥이라도 하듯 괴롭혔던 기억이 떠오르고, 아버지가 내게 준 모든 고통과 상처가 고스란히 살아났다. 동시에 아버지와 함께한, 드물게 행복과 희망을 느꼈던 순간들과 그때 내가 느낀 행복감도 떠올랐다. 임종을 앞둔 아버지의 모습이 상상되고 머릿속에서 떠나지 않았다. 마음이 정말 불편했다.

아버지는 성미가 워낙 불같고 걸핏하면 흥분해서 화내던 사람이라, 내가 기억하는 한 나는 항상 아버지를 두려워했다. 그런 아버지가 힘이 빠지고 병들었을 모습을 떠올리니 안되었다는 마음도 들었지만, 불안감도 함께 몰려왔다. 논리적으로는 설명할 수 없는 이상한 생각까지 떠올랐다. 죽은 사람은 남의 삶에 마음대로 접근할 수 있으니 아버지가 돌아가시고 나면 이제 내게 사생활은 없다는 생각도 그중 하나였다. 소름 끼치고 무력해지는 기분이었다. 아버지의 상황을 알고도 연락하지 않기로 한 내 결심을 두고 다른 사람들이 나를 오해하면 어쩌나 겁도 났다. 하지만 연락할 생각만으로도 몸서리칠 만큼 두려웠다. 그냥 고집부리는 게 아니라, 과거를 통틀어 내가 아는 아버지는 안전한 사람이 아니었으므로 내 온몸이 그를 거부했다.

그래도 아버지잖아, 하는 생각이 들다가도 우리 사이에 이제 희망은 없으며 희망이 있었던 적도 없다는 사실이 다시 떠올랐다. 다정하고 나를 응원해주는 아버지, 내게 힘이 되는 강한 존재가 자리해야 할 내 마음속의 자리는 평생 커다란 구멍으로 남았고 나는 그런 채로 살았다. 아버지가 죽어간다고 해서 그런 사실이 바뀌지는 않았다. 그리고 아버지가 돌아가시면 그 구멍은 그대로 영원히 남게 될 것이다. 한편으로는 이제 아버지가 내게 상처를 줄 수 없을 거란 생각에 안도감도 들었다. 평생 경험할 수 없었던 아버지와의 유대감이 어쩌면 돌아가시고 난 뒤에 생겨날 수도 있다는 생각도 들었다. 그저 아버지가 평온히 잠들기를 바라는 마음이었다.

해로운 가족이 자신들과 멀어진 사람이 누리는 자유를 위태롭게 만들기 위해 이처럼 다양한 조종을 시도한다면, 그게 내게 상처를 준다는 사실을 인정해야 한다. 상처라고 인정해도 괜찮다. 그런 학대는 상처를 주게 되어 있다. 왜 그런지 자세히 알아보자.

2차 가해로 입은 상처를 치유하기

가족만큼 깊은 상처를 줄 수 있는 존재는 없다. 가족의 2차 가해가 상처가 되는 이유도 그래서다. 원래 가족은 내게 계속 상처를 주는 존재가 아니어야 한다. 가식적인 감정·선물·경제적 학대·질병·죽음을 이용한 조종으로 생기는 상처는 절대 익숙해질 수도, 편해질 수도 없다. 학대당한 당사자가 이 일에 연루된 다른 사람들에게 가족의 이런 은밀한 시도가 얼마나 큰 학대 행위인지, 왜 그런지 설명해야만 하는 상황에 놓일 때 받는 상처는 더 말할 것도 없다. 얼마나 기운 빠지는 일인지 모른다. 하지만 마음을 치유할수록 지혜가 생긴다. 가족이 자신을 이용하려고 할 때 그게 큰 상처가 되고 신경질이 나는데도 대응조차 하기 싫은 마음이 들 것이다. 그게 바로 여러분이 심리적으로 건강해졌다는 가장 확실한 징후다. 나중에는 나를 평가하는 사람들에게 굳이 내 입장을 설명하려는 생각도 사라진다.

깨달음의 순간
여러분을 자신들의 손아귀로 다시 끌어들이려는 해로운 가족의 술책에서 스스로 빠져나올 수 있게 되었다면 성공한 것이다.

우리가 인생에서 맞닥뜨리는 힘든 현실을 이겨내는 가장 효과적인 방법은 그 현실을 받아들이는 것이다. 부정적인 현실과 생각, 감정도 삶의 자연스러운 일부이며 우리의 정신적인 기능이 건강하게 발휘되려면 꼭 필요한 요소라고 여길 수 있어야 한다. 그러려면 자신의 목표와 자신이 중요하게 생각하는 가치를 능동적으로 정하고, 그 목표와 가치를 위해 최선을 다하면서 살아야 한다.

2차 가해를 겪었을 때 치유에 도움이 될 여러 방법을 소개한다.

· **2차 가해를 기억을 되짚어보는 계기로 여기자.** 2차 가해는 내가 처했

던 나쁜 현실을 떠오르게 하지만 중요한 선물을 주기도 한다. 즉 서로 관계가 소원해졌는데도 해로운 가족이 계속해서 침범하고 나를 속이려고 한다는 사실을 되짚어볼 기회를 준다. 이럴 때는 수용과 겸허함이라는 강력한 무기로 대처하자. 그러면 자신이 입은 피해를 내가 더 나은 사람, 남을 조종하거나 남에게 상처를 주지 않는 사람, 가족을 비롯해 다른 누구에게도 의미 없는 복수를 꿈꾸지 않는 사람이 되는 발판으로 만들 수 있다.

- 무슨 일을 겪을지 예상해보고 받아들이자. 해로운 가족 안에서는 희망을 품는 게 곧 독이 될 수도 있다. 해로운 가족은 바뀔 가능성이 거의 없으며 그들이 달라지려고 최선을 다할 것이라는 근거가 확실히 있는 것 같더라도 결과는 마찬가지라는 사실을 인정해야 한다. 그래야 건강하게 지낼 수 있다. 학대를 예상하면, 일이 닥치기 전에 더 나은 대처 방법을 마련할 수 있다.

- 평정심을 발휘하자. 나를 조종하려는 시도에 가장 효과적으로 대응하는 방법은 관심을 주지 않는 것이다. 파괴적인 사람의 나쁜 행동에 부정적으로 반응하면, 가해자에게는 그 반응이 일종의 보상으로 작용한다. 분명한 건 맞서 싸워봐야 상처만 더 커진다는 사실이다. 그런 상황은 피하고 평정심을 발휘하자.

- 침묵이 열쇠임을 기억하자. 해로운 가족은 내 삶에 끼어들 틈을 노리고 있다는 사실을 받아들여야 한다. 무방비 상태인지도 몰랐던 곳

까지도 그들이 경계선을 넘어오는 통로가 될 수 있다. 그들이 바라는 건 상대를 충격에 빠뜨리고, 상대가 지금껏 누리고 있던 평화와 균형을 엉망진창으로 만드는 것이다. 실제로 해로운 가족이 바라는 충격을 느꼈다면, 반응하지 말고 침묵을 유지하는 게 가장 강력한 대처 방법이다. 그 외에는 대응해봐야 장기적으로 도움이 되는 건 아무것도 없다.

• 정서적 고통은 외면하지 말고 처리하자. 내 감정을 처리하고 잘 받아들이면 해로운 가족이 만들어낸 소란스러운 드라마에 더 이상 관여하지 않는 법을 터득하게 된다. 그러려면 정신적인 자기 성찰을 몸소 거쳐야 한다. 이는 큰 부담이 되는 과정이지만 그만한 가치가 있다. 무엇이든 스스로 처리할 수 있는 일은 이겨낼 수 있다.

이제 지금까지 배운 모든 내용을 여러분의 현재 삶에 적용해볼 때가 됐다. 치유는 매일 최선을 다해 노력해야 하는 능동적인 과정이며, 그래야 장기적으로 안정적인 인생을 만들 수 있다. 치유를 위해 능동적이고 적극적으로 노력하면 아래와 같은 결과를 얻을 수 있다.

• 경험을 통해 배운 것들로 현명해진다.
• 자기 계발에 더 진지하게 투자하게 된다.
• 고통을 모른 척 지나치는 대신 그대로 느끼고 받아들인다.

- 가족의 잔혹한 행위로 생긴 상처와 충격, 혐오감을 있는 그대로 느끼고 치유를 위해 노력한다.

해로운 가족은 학대하는 대상이 자신들의 뜻을 거슬러서 하는, 자기애에서 비롯된 모든 행동을 처벌한다. 그 대상을 통제하고 싶어 하기 때문이다. 그런 가족과 살아온 사람은 본인의 인생과 삶의 의지를 과도하게 가로막는 가족과 떨어져야만 자신을 사랑할 수 있다. 자신에게 필요하고 스스로 원하는 사람, 되고 싶은 사람이 될 권리는 누구도 침해할 수 없다. 가족·친척·가족과 친한 사람들·선생님·헤어진 연인 등 아무도 그럴 권한은 없다. 하지만 해로운 가족은 자신들과 멀어진 사람의 권리를 빼앗으려는 게임에 누구든 끼워 넣으려고 한다. 생존자는 그 사실을 알아야 한다. 다음 장에서 그러한 문제에 확실하게 대처하는 방법을 설명하겠다.

15

주변인과 사회적 상황을 이용한 괴롭힘

해로운 가족이 학대 생존자와 동시에 알고 지내는 사람을 의도적으로 이용해 문제를 일으키는 것을 '분리 후 학대'라 한다. 이들은 주요 행사나 사회관계망서비스도 자신들과 멀어진 사람이 그은 경계선을 침범하는 수단으로 활용한다. 분리 후 학대(가족과의 갈등과 무관한 사람들이 의도치 않게 저지르는 2차 가해와는 별개다)는 해로운 가족이 자신들과 단절한 사람이 완전히 떠나지 못하도록 의도적으로 행하는, 잔인한 형태의 조종이다. 남의 인생을 이런 식으로 통제하는 행위를 심리적·정서적 테러 행위라고 부르기도 한다. 해로운 가족은 분리 후 학대를 통해 자신들과 단절한 생존자에게 어떤 상황에서도 자신들을 거부할 수 없으며 만약 그런다면 대가를 치를 것임을 드러낸다.

잠시 생각해볼 것

여러분의 가족이 다른 사람이나 주요 행사, 사회관계망서비스를 통해 여러분이 그은 경계선을 침해한 적이 있는지 생각해보자.

이번 장에서는 해로운 가족이 어떻게 분리 후 학대를 가하는지 상세히 설명한다.

제삼자를 끌어들이기

해로운 가족은 자신들과 단절한 사람이 정한 경계선을 직접 넘는 대신, 다른 사람을 일부러 끌어들여 삼각 구도를 만들어서(삼각화) 보복하는 방식을 택하기도 한다. 문헌에서는 이러한 삼각 구도에 포함된 제삼자를 '대리 학대자'라고 칭한다. 영어로는 대리 학대자를 '날아다니는 원숭이flying monkeys'라고 하는데, 이는 〈오즈의 마법사〉에서 서쪽 마녀가 자신의 믿음직한 부하인 날아다니는 원숭이를 도로시와 친구들에게 보낸 것에서 유래한 표현이다. 마녀가 보낸 원숭이들은 도로시 일행이 독자적으로 정한 목적지와 꿈, 인생의 목표를 잊어버리게 만든다(그래야 납치할 수 있기 때문이다). 해로운 가족의 삼각화에 포함된 대리 학대자도 이 원숭이들과 비슷한 역할을 하며 관련 문헌에서는 시종, 하인, 부관으로도 불린다. 나는 이런 제삼자를 '메신저'라고 부른다. 해로운 가족이 자신들과 단절한 사람이 정한 경계선을 무시하고 자신들의 뜻을 따르게 만들려고 이용하는 중간 전달자라는 의미다.

메신저는 해로운 가족과 단절한 사람에게 개인적인 악감정이 없으면서도 가족의 학대에 직접 관여하게 된다. 해로운 가족은 설득력과 카리스마가 상당해서, 자신들이야말로 진짜 피해자이며 경계선을 그은 쪽이 무자비한 짓을 저지른 거라고 거짓 비방을 떠벌인다. 메신저가 되는 사람들에게는 해로운 가족의 이야기가 진심으로 들리므로, 그들은 누가 가해자고 누가 진짜 피해자인지 구분하지 못한다. 그리고 가족과 단절한 사람이 정말 끔찍한 인간이 아닌 이상, 자신이 아는 가족들이 그 사람에게 해를 입히거나 나쁜 감정을 가질 리 없다는 잘못된 결론을 내린다.

해로운 가족은 험담과 거짓말로 메신저를 설득한다. 자신들과 단절한 사람의 '정신건강에 문제가 있다'는 이야기를 지어내거나 자신들이 학대를 '당했다'고 주장하면서 거짓 예시를 든다. 그렇게 하지 않으면 남들이 그 사람에게 등을 돌리게 만들겠다는 자신들의 증오심 어린 계획을 실행에 옮길 수 없기 때문이다.

해로운 가족이 택한 메신저는 어째서 그들이 자신들과 단절한 사람에게 접근하려고 지어낸 거짓말을 고스란히 믿고 순진하게 굴까? H. G. 튜더H. G. Tudor의 글에서 가장 알맞은 답을 찾을 수 있다. 튜더는 저서 《조종당하는 사람들Manipulated》에서 다음과 같이 설명했다. "해로운 사람은 시도 때도 없이 주변 사람들을 조종하려고 한다. 오랜 시간에 걸쳐 남을 조종하는 기술을 갈고 닦는다. 날마다 자신의 손길이 닿는 범위를 넓혀가며 주변 사람들 속마음에 끼어들고, 사람들이 자신의 사고방식을 받아들이게 만든다. 그래서 상대가 자신이 원하는 일을 원하는 시점에 몇 번이고 대신 수행하도록 만든다."[22] 학대한 가족은 메신저에게 자신들과 단절한 사람이 어떤 학대를 당했고 그런 상황을 얼마나 오래 견뎠는지, 건강하게 살기 위해 가족과 단절하기 전에 얼마나 오래전부터, 자주 그 학대를 용서했는지와 같은 진짜 중요한 정보는 제공하지 않는다.

해로운 가족은 '누구에게나 선한 면이 있다'고 진심으로 믿는 사람, 다 함께 더불어 사는 삶에 큰 가치를 부여하고 그것이 가족의 개념과 연결된다고 보는 사람을 자신의 메신저로 골라야 한다는 사실을 잘 알고 있다. 아래에 해당하는 사람은 아무리 좋은 의도를 품었다고 해도 해로운 가족의 메신저가 될 수 있다.

- 생존자가 가족과 다시 연락하며 지내도록 설득하려고 그에게 일부러 죄책감을 느끼게 만들거나 억지로 연락하게 만드는 사람.
- 생존자가 정한 경계선이 꼭 필요하다는 사실을 인정하지 않으려는 사람.
- 생존자가 겪은 학대를 별것 아닌 일로 치부하거나 의혹을 제기하는 사람.
- 생존자가 경계선을 그은 건 용서를 모르는 사람이나 하는 일이며 괜히 고집부리는 것이라며 문제시하는 사람.
- 가족과 단절한 사실을 알면서도 대화 중에 일부러 가족 이야기를 꺼내는 사람.

좋은 의도로 삼각화에 끼어든 사람들은 가족과 단절한 사람이 가족에게 학대당했다고 했을 때 멀쩡한 사람이라면 절대 부당하게 남을 학대할 리 없다고 생각한다. 그래서 학대당했다고 말하는 생존자가 '정신 차리도록' 자신이 도와야 한다고 믿는다. 해로운 가족은 좋은 의도를 가진 사람들의 이런 영웅 심리를 건드려 옳은 일을 해야겠다고 다짐하게 만든다. 그리고 자신이 선택한 메신저의 '도움'에 칭찬과 아첨, 관심으로 보상한다.

이와 같은 조종이 이루어질 때 가장 효과적인 대처 방법은 메신저에게 이렇게 말하는 것이다. "자꾸 제 가족 얘기를 꺼내시고, 제가 겪은 일이 사실인지 아닌지를 공평하게 따져보신 다음에 받아들일 생각이 없으시면, 저는 자리에서 일어날 수밖에 없습니다. 그리고 당신과도 관계를 끊을 수밖에 없어요."

납득할 만한 이유 없이도 자기 아이, 형제, 다른 사람의 인생을 망치려고 드는 가족은 분명히 있다. 정말로 그런 가족이 존재한다. 하지만 그런 사실을 모르는 사람들이 너무나 많아서 진짜 피해자의 말은 신뢰를 얻지 못하는 일이 허다하다. 게다가 해로운 가족이 선택한 메신저에게까지 학대를 겪게 된다.

험담

해로운 가족, 그리고 그들과 단절한 사람 양쪽 모두와 친분이 있는 사람 중에 가족의 메신저가 되는 사람들이 전부 순진하거나 좋은 의도로 끼어드는 건 아니다. 때때로 해로운 가족은 험담과 극적인 사건을 좋아하고 혼란스러운 사건의 중심에 있기를 좋아하는 사람, 자신과 단절한 사람을 고운 시선으로 보지 않는 사람, 기회만 있으면 남

일에 끼어들고 싶어서 안달이 난 사람 등 자신 못지않게 해로운 사람들을 메신저로 선택한다. 가족과 단절한 사람을 원래 별로 좋아하지 않았거나 해로운 가족의 마음에 들고 싶은 사람들이 이 역할을 기꺼이 맡는다. 그 목적이 무엇이든, 이들에게 정면으로 맞서거나 지금까지 있었던 일들을 들려주며 생각을 바꾸게끔 설득하려고 하면 안 된다. 진실이 무엇인지 아무리 설명하고 증명하려고 해도, 또는 이들이 해로운 가족의 요청에 응하게 된 허술한 정보의 어느 부분이 어떻게 잘못됐는지 지적한다고 해도 소용없다. 그런 사람들은 가족과 단절한 사람과 파괴적인 가족 사이에서 자신이 맡기로 한 역할에 이미 심취한 상태이기 때문이다. 그냥 뒤로 물러나 그들이 알아서 지나가도록 내버려 두어야 한다.

가족의 메신저로 활약하던 사람이 나중에 가족과 단절한 사람에게 자신이 틀렸음을 인정하면서 자신이 하지 말았어야 하는 짓을 했다고 사과하는 일도 있다. 실제로 자신이 부적절하게 끼어들어서 생존자를 괴롭혔다는 사실을 나중에야 깨닫고 죄책감을 느끼는 사람들이 많다. 삼각화에 이용된 사람들이 이렇게 먼저 사과한다면, 그들을 용서할지 말지는 여러분에게 달려 있다. 화해할 수 있는 경우도 있지만 도저히 그럴 수 없는 경우도 있다. 전달자가 끼어들어서 입은 정서적 피해가 얼마나 심각한지에 따라 결정할 수 있을 것이다.

소중한 사람들을 이용하기

해로운 가족과 단절한 사람의 현재 배우자, 전 배우자, 자녀, 가장 친한 친구도 메신저로 이용될 수 있다. 그런 경우 아주 큰 배신감을 느낄 수 있다. 강탈을 일삼는 가족이 나와 가장 가까운 이들을 목적 달성에 이용하는 것만큼 큰 상처가 되는 일도 없다. 해로운 가족은 이것이 생존자의 경계선을 무너뜨리는 방법 중에서도 가장 폭력적인 것임을 알면서도, 일부러 생존자가 아끼는 이들을 해로운 삼각화에 끌어들인다.

이런 방법을 쓰는 이유는 생존자가 가까운 이들에게 배신감을 느끼게 만드는 것이 그들의 목적이기 때문이다. 생존자가 친한 사람들과 형성한 사회관계망에 혼란을 일으키고 관계를 망가뜨리는 것, 그래서 '배신자'의 주변에 아무도 남지 않게 만드는 것이 그들의 목표다. 그렇게 되면 생존자가 어쩔 수 없이 가족에게로 돌아오리라 생각한다.

깨달음의 순간

가족과 단절한 생존자에게 가장 중요한 버팀목이 되는 사람들은 생존자의 결정을 존중하고 그와 뜻을 함께해야 한다.

해로운 가족과 단절한 사람을 진심으로 아끼는 사람이라면, 그의 가족이 유도하는 삼각화가 언뜻 보기에 괜찮아 보이고 가족이 진정 애쓴다고 느껴지더라도 결국에는 그게 폭력적이고 잘못된 시도임을 분명하게 인지해야 한다. 생존자에게 힘이 되는 중요한 사람들에게 가족이 계속 접근한다면 경계선은 절대 확고하게 유지될 수 없다.

명절과 주요 행사

삼각화가 다른 사람이나 관계를 이용한 분리 후 학대라면, 명절이나 주요 행사를 이용한 접근은 특정 시점을 이용한 분리 후 학대에 해당한다. 해로운 가족과 단절한 생존자는 대부분 가족이 이메일이나 휴대전화, 사회관계망서비스를 통해 인생에 끼어들지 못하도록 철저히 차단한다. 그러나 해로운 가족이 집 주소를 알면, 우편물을 이용해 간접적으로 경계선을 넘으려고 시도할 수 있다. 심리적 학대를 가하는 가족들은 명절·생일·기념일·가족 모임과 같은 행사를 이용해서 자신들과 단절한 사람의 삶에 슬쩍 끼어들거나 자신들이 좋은 사람인 척 꾸미는 일을 즐긴다.

집에 선물을 보내오면 어떻게 해야 할까? 실제로 내가 상담하면서 많이 듣는 질문이다. 나는 대부분 '아무것도 하지 말라'고 말한다. 해로운 가족의 생존자 중에는 선물을 돌려보내야 하지 않냐고 묻는 사람들이 많다. 나는 그러면 가족은 그걸 학대의 기회로 곧장 이용할 것이므로 섣불리 그러면 안 된다고 이야기한다. 바로 돌려보내는 대신, 선물과 카드가 전혀 반갑지 않으며 계속 보내면 돌려보내거나 기부할 것이라는 메시지를 보내는 게 낫다. 선물을 돌려보내면 그쪽에서 생존자가 자신들에게 얼마나 잔인하게 구는지, 자신들을 얼마나 학대하는지 보여주는 증거라고 떠들고 다닐 수 있다.

선물을 갖기로 하더라도 감사 인사는 할 필요가 없다. 그런 인사를 담아 카드를 보낸다고 해서 좋은 사람이 되는 것도 아니고(그쪽과 좋은 사람임을 증명하려고 경쟁하는 일이 될 뿐이다), 그 카드를 받는다고 해서 해로운 가족의 학대와 착취가 중단되는 것도 아니다. 해로운 가족은 평화롭게 마무리 지으려는 어떤 노력에도 학대와 조종을 중단하지 않는다. 그들과의 평화 유지는 불가능한 일이다. 하지만 아무것도 하지 말라는 것이 반드시 말을 해야 할 때도 입을 다물라거나 여러분이 가진 권한을 포기하라는 뜻은 아니다. 어떤 상황에서는 침묵이 가장 강력한 힘을 발휘할 수 있다는 것이 내가 전하고픈 핵심이다.

깨달음의 순간
여러분이 아무 반응도 보이지 않으면 해로운 가족은 아무것도 할 수 없다.

가족 공통 행사

해로운 가족과 관계를 끊은 사람은 대부분 가족 행사에 가지 않는다. 하지만 행사를 피할 수 없는 경우에는 계획을 세우자. 아래와 같은 내용을 계획에 포함할 수 있다.

- 행사가 시작하는 시각보다 조금 늦게 도착한다.
- 행사를 돕는 일(준비, 요리, 청소)에 자원하고 바쁘게 움직이면 관심을 다른 곳에 돌릴 수 있다.
- 행사장을 조금 일찍 빠져나오자.
- 다툼이나 소란스러운 일이 벌어질 조짐이 보이면 소지품을 챙겨서 조용히 자리에서 일어나자.
- 험담하지 않도록 주의하자.
- 해로운 가족이나 가족의 메신저가 행사를 자신들과 멀어진 사람과 맞설 기회로 활용하려고 하면 말을 섞지 말자.
- 자신을 보호해줄 수 있는 든든한 사람들과 함께 있자.

가장 좋은 건 가족이 참석하는 행사에는 가지 않는 것이다. 초대한 분께 가족과 사이가 좋지 않아서 따로 축하드리고 싶다는 뜻을 예의 바르게 전하자. 여러분을 염려하는 사람이라면 가족과 거리를 유지하는 게 가장 중요하다는 사실을 이해할 것이다.

사회관계망서비스

해로운 가족이 분리 후 학대에 이용하는 최신 수단이자 가장 수월하게 활용하는 수단이 사회관계망서비스다. 내 내담자인 줄리도 이 서비스를 통한 학대를 겪었다. 사회관계망서비스에서 딸의 결혼 소식을 접한 어머니가 비방을 일삼으며 주변 사람들의 분열과 싸움을 조장한 것이다. 그 일로 줄리는 결혼을 앞두고 믿기지 않는 상황에 매주 나와 상담할 때마다 눈물을 흘렸다. 줄리의 어머니는 친척들이 전부 볼 수 있는 자신의 계정에, 줄리의 결혼식에 참석하는 사람은 자신과 평생 얼굴 볼 생각도 하지 말라고 으름장을 놓았다. 친척들은 이 혼란스러운 사태에 끼고 싶어 하지 않았고, 안타깝게도 결혼식 날이 되자 소수만 참석했다.

줄리는 가족과 가족이 아닌 사람들이 누구나 볼 수 있는 사회관계망서비스에 자신에 관한 거짓말이 계속 게시되는 걸 보면서 굴욕감을 느꼈다. 자기 어머니가 다른 사람들의 의사결정에 얼마나 큰 영향력을 행사할 수 있는지 확인했을 뿐 아니라 자신의 인생에서 가장 중요하고 결정적인 일에도 그렇게 잔인하게 굴 수 있다는 사실을 알게 되자 줄리는 무너졌다. 사회관계망서비스라는 공간에서 공개적으로 그런 일을 겪었다는 사실은 줄리의 마음을 가장 깊은 곳까지 흔들어 놓았다. 줄리는 인간에 대한 희망과 믿음이 몽땅 사라지는 기분을 느꼈다.

시간이 지나자 몇몇 친척들은 줄리의 결혼식에 불참한 걸 내내 후회하게 됐지만, 이미 줄리는 너무나 큰 고통과 비참함을 겪었고 버림받은 기분에 빠진 뒤였다. 친척들의 후회와 뒤늦은 사과는 줄리의 상처를 아물게 하고 망가진 관계를 되돌리기엔 턱없이 부족했다. 가족이 사회관계망서비스를 통해 학대하는 경우, 가장 좋은 대처 방법은 자신의 계정에서 그들의 계정을 차단하거나 삭제하는 것이다.

가족을 만족시켜야 할 의무는 없다

해로운 가족의 분리 후 학대는 가족과 단절한 생존자를 끈질기게 괴롭힌다. 생존자들이 왜 자기 자신에게 의혹을 품고 불안감을 느끼고 그러한 감정에 사로잡혀 살아가는지, 왜 수많은 생존자가 가족과 단절한 이후의 삶을 꼭 전염병이 언제 소리 소문 없이 덮칠지 모르는 채로 사는 기분이라고 말하는지 이해할 수 있을 정도다. 이 문제와 관련된 모든 대화가 생존자에게 고통을 주고 감정을 자극한다. 해로운 가족은 자신들과 단절한 사람을 손아귀에 넣을 때까지 절대 포기하지 않겠다는 의지를 계속 밝힌다. 그런 가족은 자신들이 지는 일은 없으리라고 확신한다. 자신들과 단절한 사람의 인생에 파고들 수만 있다면 공격적으로 접근하는 것부터, 상대방에게 중요한 무언가를 손에 쥐고 내놓지 않는 것까지 수단과 방법을 가리지 않고 무엇이든 하려고 한다. 자신들과 단절하고 떠난 사람이 그 선택에 스스로 의구심을 품게 만드는 것이 해로운 가족이 분리 후에 가하는 학대의 목적이다. 그럴 때는 다음과 같은 방법으로 자신을 지킬 수 있다.

- 가족을 바꿀 수는 없어도 그들을 대하는 내 반응은 바꿀 수 있다는 사실을 기억하자.
- 다툼이 벌어질 조짐이 보이면, 그들이 의도한 대로 수치심과 굴욕감을 느끼더라도 통찰력을 잃지 말고 결정적인 순간에 가족과 그들의 메신저가 있는 곳에서 침착하게 벗어나자.
- 아픔을 건드리는 사람은 누가 됐건 멀리하자. 내 인생에 긍정적인 영향보다 부정적인 영향을 더 많이 주는 존재는 내 손으로 제외할 수 있다는 마음가짐으로 살아가자. 그렇게 하지 않으면 누가 무엇을 어디까지 알고 있는지, 자신을 둘러싸고 어떤 거짓말이 돌고 있는지, 그중에 무엇을 해결해야 하는지 계속 고민하고 아무것도 속 시원히

알 수 없어 편집증에 걸릴 것만 같은 상태로 살 수밖에 없다. 누구를 믿고 기대야 하는지도 제대로 판단하지 못하게 된다.

- 자신의 핵심 가치와 어긋나는 주장 때문에 가족과 갈등하지 말자. 해로운 가족이 자신들과 단절한 사람을 두고 특정한 관계나 사람, 물건이 꼭 있어야 살 수 있다거나 그런 것들을 중요하게 여긴다고 확신한다면, 그 기저에는 그 필수적인 것이나 관계를 위협하면 자신들의 말을 순순히 들을 것이라는 추측이 깔려 있다.

여러분에게는 가족을 만족시켜야 할 의무가 없다. 지금도 없고 과거에도 없었다. 가족을 만족시켜야 한다는 의무를 느끼며 사는 건 누구에게나 엄청난 스트레스가 된다. 남을 만족시켜야 한다는 압박감에 시달린 아이들은 성인이 되어서도 그렇게 하려고 한다. 그러려면 기본적으로 필요한 것을 얻기 위해 자신의 본모습과는 다른 사람이 되어 살아야 한다. 하지만 다른 사람의 기분에 맞춰야 한다는 막중한 부담보다, 자신만의 행복을 찾고 즐겁게 사는 것이 훨씬 더 중요하다는 사실을 잊지 말자.

가족과 경계선을 확실하게 긋고 그래야 한다는 마음이 자리를 잡으면 자신에게 정말로 중요한 사람과 중요한 것이 무엇인지, 해로운 가족의 조종으로부터 무엇을 보호해야 할지 분명히 알게 된다. 다음 장에서 이와 관련된 지침을 제공한다.

16

중간에 낀 다른 가족과
관계를 유지하는 법

해로운 가족의 생존자 중 상당수는, 가족 구성원이 많아서 자신에게 해로운 영향을 주지 않는 사람도 여럿 있고 가족끼리 서로 친하게 지내온 친구 중에도 중요한 사람들이 많다고 이야기한다. 그런 사람들과의 관계도 당연히 소중하고, 보호하고 지키고 싶은 마음이 들 것이다. 하지만 해로운 가족과 연결되는 모든 관계는 트라우마와도 연결되므로, 그러한 관계를 지키려는 노력은 혼란과 고통을 가져올 수 있다. 해롭지 않은 가족의 입장에서는 여러분이 가족과 단절한 사실을 알고는 있지만 왜 그런 결정을 내렸는지는 대략적으로만 알고, 본인은 '가해자'와의 관계를 끝낼 생각이 없다면 자신이 배신자가 된 듯한 기분이 들 수 있다. 이들이 이런 부담감을 느낀다는 사실을 알게 되면, 단절을 결심한 사람은 그들과 계속 잘 지내고 싶은 마음과 해로운 가족을 향한 괴로운 감정을 분리하기가 어려워진다.

해롭지 않은 가족과의 관계를 유지하고 싶다면, 가장 중요한 건 정서적 안전이다. 내게 나쁜 영향을 주지 않는 사람과 함께할 때 안전하다고 느끼려면 그 사람과 내가 서로 신뢰할 수 있어야 한다. 하지만 이런 상황에서는 신뢰하기가 어려울 수 있다. 특히 계속 연락하고 지내온 가족이, 내가 이미 단절한 가족에게 똑같이 학대를 겪고 내게 그 이야기를 털어놓는다면 서로 간에 신뢰가 형성되거나 유지되기가 더욱 어렵다. 상대는 학대를 겪고 가족과 단절한 사람이 지금 자신이 겪는 고통과 좌절감을 잘 이해해주리라는 생각으로 속 편히 자신이 당한 학대를 이야기하는 경우가 많다. 가족과 단절한 사람은 그런 이야기를 듣고 나면 그가 자기편이라고 생각하기 쉽다. 하지만 그 사람은 똑같이 정서적 학대를 당하고도 자신과 달리 해로운 가족과 계속 연락하며 지낸다는 사실을 다른 여러 경로로 알게 될 수 있다.

그럴 때 배신감을 느끼지 않기란 쉽지 않다. 자신에게 해가 되지 않는 가족과 관계를 유지하는 건 이렇듯 매우 복잡한 일이다. 가족과 단절한 사람과 해로운 가족 간의 갈등 사이에 끼어 있는 존재라면, 의도치 않게 감정을 자극할 수도 있다. 그건 중간에 낀 그 가족의 잘못도 아니고 학대당하고 가족과 단절한 사람의 잘못도 아니다. 생존자는 해롭지 않은 가족이 그렇게 중간에 낀 처지가 되도록 만들고픈 마음도 없다. 혹시라도 해로운 가족이 그 사람을 일부러 중간에 끼게 만든 건 아닌가, 하는 피해망상적인 생각을 떨치기 힘든 관계를 바라지도 않는다. 해로운 가족과 단절한 사람은 자기 가족이 어떤 사람들인지 잘 알고 있다. 자신들과 단절한 사람을 따돌리고 희생양으로 만들 수 있다면 누구든 이용할 사람이라는 사실도 알고 있다.

희생양에서 벗어나려면

해로운 가족과 단절하는 사람은 단절하기 전부터 이미 희생양이었을 가능성이 크지만, 그렇지 않았다면 단절을 실행한 순간 곧바로 희생양이 된다. 해로운 가족이 계속(또는 늘 그래왔듯이) 나쁜 시선으로 보고, 다른 사람들에게 전체적인 특징이 아닌 단면만 강조해서 묘사하는 대상이 된다는 뜻이다. 해로운 가족은 이러한 희생양에게 정신이 건강하지 않은 사람, 정서적으로 불안정한 사람, 거짓말을 일삼는 사람이라는 딱지를 붙인다.

　예를 들어 가족이 자신들과 단절한 사람에게 '정상이 아니다'라는 딱지를 붙인 경우를 생각해보자. 사실 그런 주장은 당사자에게 사적으로나 공적으로 크게 해가 되지 않는다면 그냥 웃어넘기면 그뿐이다. 하지만 남을 착취하려는 가족은 자신들과 단절한 사람을 희생양으로 만들기 위해 이런 거짓말을 다른 이들에게 퍼뜨린다는 게 문제다. 가족과 단절한 후 그런 이야기가 나돈다는 사실을 알게 되면 당연히 큰 충격을 받는다. 해로운 가족이 퍼뜨린 거짓말은 학대 생존자의 명예를 실추시키려는 시도일 뿐이지만, 그 말을 듣는 사람들은 해로운 가족과 관계가 틀어질 것이 두려워서 정말인지 의문을 제기하거나 사실 여부를 확인해보려고도 하지 않는 경우가 많다. 그런 거짓말의 대상이 된 사람의 편을 들어주는 사람도 거의 없다. 해가 되지 않아서 가족과 단절한 후에도 계속 연락하고 지낸 다른 가족도 내게 그런 반응을 보일 수 있다. 해로운 가족이 자신을 험담하는 말들이 다 거짓말이고 사실이 아닌데도 정작 당사자는 맞서서 방어할 수도 없다. 어떤 식으로든 반응하면 남들 눈에는 정신이 온전치 못하다는 그들의 주장을 뒷받침하는 근거로 보일 수 있기 때문이다.

해로운 가족과 단절한 사람 중에는 평생을 그런 희생양으로 살았던 사람도 있을 것이다. 가족이 모든 책임을 떠넘기고, 문제아라는 딱지를 붙이고, 다른 사람들에게 이 아이를 조심해야 한다고 경고한다. 그런 가족은 자신들의 잘못을 전부 그 아이 탓으로 돌리고 책임을 피한다. 해로운 가족이든 멀쩡한 가족이든, 이런 책임 전가의 실상을 다 알면서 문제를 제기하지 않고 희생양이 된 사람을 보호하려고 하지 않은 사람은 전부 가족의 조종에 일정 부분 힘을 보탰다고 봐야 한다.

안타까운 건 희생양이 된 사람이 가족의 그런 거짓말을 곧이 그대로 믿을 수도 있다는 것이다. 그러다 가족과의 거리가 멀어질수록 가족이 했던 거짓말과 실제 자신이 얼마나 다른지 점차 분명하게 깨닫는다. 가족과 거리를 둔 다음에야, 태어났을 때부터 누군가 자신에게 씌워 놓은 모습과 다른 내 본모습이 눈에 들어온다.

그렇게 새로운 현실을 깨닫고 나면 큰 충격에 빠질 수 있다. 속으로 해로운 가족이 말하는 것과는 다른 진실이 있을지도 모른다고 생각했거나 그렇게 느꼈던 것들이 정말로 진실이었음을 깨닫는다. 자신을 두고 정신이 온전치 않다거나 끔찍한 인간이라고 하는 사람들이 많았지만 그건 사실이 아니라는 것도 말이다. 어릴 때 혼자 고군분투하는 아이였나? 그건 자신을 지키고 내가 옳다고 여긴 것을 지키기 위한 싸움이었다. 정서적인 학대와 조종에 시달린 적이 있는가? 가족이 자신에게 계속해서 가하는 학대와 조종에 강하게 반발한 적이 있는가? 아마도 가족들은 자신을 지키기 위한 여러분의 노력을 '정신에 이상이 있는 아이라서', '불안정한 아이라서' 저런다는 괴상한 이야기로 바꿨을 것이다.

새로운 현실, 마침내 깨달았거나 이제 막 알게 된 진실은, 강압적인 가족과 그들의 주장을 믿고 따르던 모든 사람과의 관계를 청산하는 출발점이 된다. 진실은 그들과 단절함과 동시에 새로 깨어난다. 진실은 일단 깨닫고 나면 마음 한구석에 치워둘 수 없다. 진실은 드러나게 되어 있다. 진실은 우리가 알고도 모른 척하거나 잊게 놔두지 않는다. 진실은 반드시 드러나며, 그걸 영원히 막을 방법은 없다.

학대 생존자가 말하는 진실은 거짓말·통제·죄책감·거부·투사로 평형 상태를 유지해온 가족을 뒤흔드는 강력한 힘이 있다. 이런 가족에게는 진실이 체계를 불안정하게 만드는 요소지만 생존자에게는 반대로 안정을 주는 힘이 된다. 해롭지 않은 가족과의 관계를 지키고 유지하고 싶다면, 내가 절대 타협할 수 없는 건 무엇인지 명확히 정하고 그것에 대해 함께 이야기를 나누면서 진실을 분명하게 밝혀야 한다.

타협할 수 없는 경계선이 나를 지킨다

해롭지 않은 가족이 처음부터 가족과 단절한 사람의 상황을 전부 이해할 수도 있지만, 한동안은 단절한 사람이 가족과 다시 연락하면서 지내게 하려고 노력할 수도 있다. 그로 인해 생기는 혼란은 단절한 사람이 기껏 정한 경계선을 흐릴 수 있다. 해롭지 않은 가족과의 관계가 건강하게 유지되려면, 단절한 가족에 관한 이야기는 하지 않기로 합의하는 것이 중요하다. 그리고 이 경계선은 타협할 수 없음을 명확히 밝혀야 한다.

경계선이 확고해지면 자기 자신은 물론 해로운 가족과 단절한 사람 사이에서 삼각관계에 놓인 이들을 모두 지킬 수 있다. 해롭지 않은 가족이 자신이 단절한 가족과 계속 연락하고 지내는 경우, 그들에 관한 나쁜 소문을 전하려 할 수도 있다. 왠지 그래야 한다는 의무감을 느끼기도 하기 때문이다. 단절 후 그런 소문을 접하면 자존심에는 어느 정도 보상이 될 수 있지만 정서적으로 썩 유익하지 않다. 반대로 해로운 가족의 좋은 소식을 접하면 화가 날 가능성이 크다. 가족이 잘못되기를 바라기 때문이 아니라 그들과 단절했다는 사실과 자신이 그런 결론을 내릴 수밖에 없었던 학대가 떠오르기 때문이다.

대화에서 제외할 주제를 분명히 정하면 자신이 어떤 기분인지 설명하고, 근거를 밝히고, 얼마나 고통스러운지 세세하게 말해야 하는 부담을 덜 수 있다. 하지만 해롭지 않은 가족과 그런 경계선을 정한다고 하더라도, 얼마간은 가장 중요한 문제를 서로 뻔히 알고도 모르는 척하는 것 같아서 어색하고 껄끄러울 수 있다. 하지만 괜찮다. 적응에는 시간이 필요한 법이다. 경계선이 확실하면 지키고 싶은 관계를 새로운 형태로 다시 단단히 굳히는 데 도움이 된다. 적응하기까지 처음에는 다소 불편할 수 있지만 다 과정일 뿐이다. 잠시 불편하더라도 소중한 관계를 지킬 수 있다면 그럴 만한 가치가 있다. 이 불편한 시기를 잘 넘기려면 해로운 가족에 관한 호기심이나 두려움, 불안에서 비롯된 충동을 스스로 통제하는 데 집중해야 한다.

감정을 조절하는 요령

경계선을 그으려면 인내심과 자기 통제력을 발휘하여 감정을 조절해야 한다. 처음에는 해롭지 않은 가족이 자신에 관해 무엇을 알고 있는지, 또는 해로운 가족에 관해 자신은 모르는 것들을 혹시 알고 있는지 궁금한 마음을 억누르기가 힘들 수 있다. 해로운 가족이 그 사람에게 여러분에 관한 나쁜 이야기를 하면서 그를 자신들 편으로 만들려고 한다면(또는 과거에 그런 적이 있다면), 불안한 게 당연하다. 걱정하는 일이 실제로 벌어질 가능성도 크다. 심리전에서는 무고한 주변 사람들이 가해자 편을 드는 경우가 늘 생긴다. 가해자가 수적으로 더 우세하기 때문이다.

이 책 앞부분에서도 설명했듯이, 해로운 가족은 중간에 낀 사람에게 자신들 편이 되라고 강요하는 일을 아무렇지 않게 생각한다. 학대당한 사람이 가족에게 긋는 경계선은 중간에 낀 아무 잘못 없는 가족을 같은 편으로 만들려는 강압과는 거리가 멀다. 마음이야 그러고 싶을 수 있지만, 가족과 단절한 사람이 일차적으로 해야 할 일은 자신에 관해 무슨 말이 돌았는지, 또는 지금도 돌고 있는지 알아내려고 하지 말고 관계를 유지하고 있는 가족과의 관계에만 초점을 맞추도록 자기 통제력을 발휘하는 것이다. 하지만 두려움이 끼어들면 그러기가 쉽지 않다. 허위 사실이 퍼지고 있다는 걸 알게 되면 사실을 바로잡고 싶어지므로 뒤에서 자신에 관해 무슨 말들이 오가는지 당연히 신경이 쓰인다.

해롭지 않은 가족과의 관계를 유지하려면, 단절한 가족과 그들의 관계는 그들이 알아서 하도록 두는 게 최선이다. 중간에 낀 사람들이 해로운 가족의 입에서 나온 여러분에 관한 거짓말을 전하면서 사실 여부를 따지려고 한다면, 이는 여러분이 정한 경계선을 심각하게 위반하는 시도로 볼 수 있다. 그런 경우에는 단절한 가족 이야기는 언급하지 말기로 한 조건은 타협할 수 없다는 사실을 다시 상기시켜야 한다.

깨달음의 순간

사람들은 남을 망가뜨리고, 비하하고, 비난하고, 수치스럽게 만들어서 명예를 훼손하려는 사람들의 이야기에 원치 않게 주인공이 되는 게 정서적으로 얼마나 무력해지는 일인지 보통 잘 이해하지 못한다.

그럴 때 이렇게 말할 수 있다. "알려줘서 고마워요. 좋은 의도로 알려주신 거죠? 다만 가족에 관한 이야기는, 좋은 내용이든 안 좋은 내용이든 저에게는 자극이나 상처가 되니 아무것도 듣고 싶지 않다고 말씀드린 걸 기억해주셨으면 해요." 이렇게 경계선을 다시 강조하다가 혹시라도 상대와 갈등이 생길까 봐 겁이 날 수도 있다. 해롭지 않은 가족이 자신에게 등을 돌리고 가족에게 경계선을 그으려는 건 '터무니없는 일'이라고 하면서 책임을 자신에게 전가할 수도 있다는 생각에 두려울 수도 있다. 이런 두려움은 해로운 가족이 개인의 경계선을 한 번도 존중해주지 않았던 경험에서 비롯된다. 즉 버림받은 존재로 살아온 경험이 그러한 감정에 큰 몫을 차지한다. 겁나고 두렵더라도, 해롭지 않은 가족과 계속 관계를 안전하고 오래 유지하려면 경계선을 분명하게 정하고 상대방이 그 경계선을 존중하도록 해야 한다.

정신건강과 행복은 스스로 지켜야 한다

좋은 걸 받아들이고 나쁜 걸 내보내기 위해서는 타협할 수 없는 것들을 정해야 한다. 자신이 견딜 수 있는 한계를 정하면 내가 무엇을 중요하게 생각하는지 분명하게 밝힐 수 있다. 참을 수 있는 것과 참을 수 없는 것을 정하면 정신건강과 정서적인 건강을 보호하고 보존할 수 있다. 내 내담자인 테일러의 이야기가 좋은 예시가 될 것이다.

테일러의 어머니는 약을 습관적으로 달고 살고 알코올의존증에 정서적 폭력을 가하는 무책임한 사람이다. 그래서 테일러는 어쩔 수 없이 어머니와 연을 끊었다. 그는 어머니의 중독과 자살하겠다는 협박, 돈이 궁하다는 하소연, 제발 자신을 구해달라며 애원하는 상황이 끝없이 반복되는 상태로는 자신의 중독 문제를 도저히 건강하게 해결할 수 없다는 걸 깨닫고 치료받기 위해 찾아왔다. 우리는 경계선에 관해 이야기를 나누었고 테일러는 경계선을 수없이 정했지만, 어머니는 그중 어느 하나도 존중해주지 않았다. 결국 관계를 끊는 것 말고는 더 이상 방법이 없었다.

테일러는 어머니와 절연하고 엄청난 안도감을 느꼈다. 직장 생활과 연애 생활에 늘 문제가 됐던 자신의 중독 문제도 수월하게 통제할 수 있게 되었다. 테일러의 생활은 훨씬 나아졌다. 한동안은 해롭지 않은 가족 몇몇과 서로 존중하며 적절한 관계를 유지할 수 있었다. 특히 외할머니와 그랬다. 외할머니는 테일러와 이야기할 때 어머니는 거론하지 않기로 약속했다. 하지만 시간이 흐르자 외할머니는 테일러가 정한 경계선을 지키지 않고, 어머니가 정신이 말짱해졌다는 이야기나 그 밖에 그가 원치 않는 세세한 이야기들을 전하기 시작했다.

테일러의 어머니는 아들에게 접근하기 위해 외할머니를 얼마든지 조종할 수 있는 사람이었다. 외할머니의 말에서 어머니의 의도가 느껴졌고, 어머니의 과장된 가짜 감정도 감지할 수 있었다. 테일러는 어머니가 외할머니를 조종했음을 바로 눈치 채고 곧바로 외할머니에게 선을 지켜달라고 요구했다. 어머니의 말을 자신에게 전할수록 어머니가 자신에게 얼마나 해로운 존재인지 더 분명해질 뿐이라고도 설명했다.

외할머니는 테일러가 경계선을 지키려는 게 마음에 들지 않았다. 딸이 정말로 나아지고 있다는 자신의 희망에 찬물을 끼얹는 소리였기 때문이다. 외할머니는 테일러에게, 그렇게 자꾸 거부하면 어머니가 다시 중독에 빠질 수 있다고 은근히 종용했다. 테일러는 극도의 죄책감과 분노를 느꼈다.

우리는 상담 시간에 테일러가 느끼는 죄책감을 꺼내놓고 어디에서 비롯된 것인지 함께 살펴보았다. 그는 타협할 수 없다고 스스로 정한 기준을 잘 지켰고, 얼마간은 괜찮았다. 하지만 할머니가 또 선을 넘고 말았다. 어머니가 직접 찍은 동영상을 보내온 것이다. 그 영상에서 어머니는 자신이 술을 끊었으며 정신이 멀쩡하다고 이야기했지만, 그 말을 할 때도 혀가 꼬여 있었다. 어머니는 테일러에게 한 번만 더 기회를 주면 형제들이 그와 똑같은 결단을 내리지 않도록 설득할 수 있을 것이고, 그렇게 된다면 인생을 다시 제대로 살 수 있을 것 같다고 말했다. 어머니가 어떤 사람인지, 어머니가 자기 자신을 위해 원하는 게 무엇인지 분명하게 알 수 있는 영상이었다. 어머니가 바라는 걸 얻을 수 있는 유일한 방법이 테일러라는 것도 알 수 있었다. 테일러는 또다시 밑바닥까지 무너지는 기분을 느꼈다. 외할머니에게 화도 났지만, 중독자인 자기 딸에게 희망을 놓지 못하는 심정을 이해할 수 있었다. 테일러는 외할머니에게 자신이 세운 경계선은 절대 타협할 수 없다고 재차 이야기하고, 어머니와 관련된 이야기는 일체 언급하지 말아 달라고 했다. 그리고 이 약속을 지켜주시지 않으면 외할머니와의 관계도 끝낼 수밖에 없다고 말했다.

이후 테일러는 외할머니의 연락을 대부분 피하게 되었다. 자신에게 필요한 경계선인데도 외할머니가 이를 존중해주지 않고 무신경하다, 매정하다고 하는 소리를 듣는 게 지긋지긋해졌다.

깨달음의 순간

해로운 가족의 생존자라면 화가 나는 게 당연하다. 양심도, 후회도 없는 가족의 학대를 겪었고, 도와달라고 하면 평가받거나 그런 이야기를 입 밖에 낸 것을 부끄럽게 여겨야 했다. 주변 사람들도 도와주기보다 가해자의 편을 들었다면 화가 날 수밖에 없다.

해롭지 않은 가족과 관계를 유지하기로 마음먹었다면, 그 가족과의 관계에 있어서 여러분 자신의 정신건강을 가장 우선할 권리가 있음을 기억하자.

경계선 때문에 갈등을 겪고, 해롭지 않은 가족이 지켜야 할 경계선을 정하고 재차 그 경계선을 상기시키는 건 힘든 일이다. 상대방이 깜박 잊거나, 여러분이 겪는 고통의 깊이를 이해하지 못하는 것처럼 보일 때는 마음이 힘들어진다. 가족이 준 상처는 시간이 아무리 많이 흘러도 해결되지 않는다는 사실을 그들은 이해하지 못할 수도 있다. 그래도 마음을 치유하려면 경계선을 정하고 지켜야 한다. 경계선이 나를 구원할 수 있다. 시간이 흐르고 해로운 가족과 물리적으로 거리를 두면 매일 겪던 정서적인 고통이 나아지지만 그래도 완전하게 치유되지는 않는다. 해로운 가족이 준 상처를 완전하게 치유할 수는 없다. 하지만 경계선을 긋고, 해롭지 않은 가족이 그것을 충실하게 존중해준다면 얼마든지 좋은 관계를 유지할 수 있다.

원치 않는 상황이 우연히 닥쳤을 때

해롭지 않은 가족이 직접적으로 전하지 않더라도, 그 가족을 통해 단절한 가족에 관한 원치 않는 정보를 갑자기 접할 수 있다. 그러므로 그런 상황에 대비해둘 필요가 있다. 관계를 유지하는 가족이 있으면 그 가족의 자녀·배우자·사촌·친구와 접촉할 일이 반드시 생긴다. 단절하지 않은 가족이나 그들과 친한 지인이 해로운 가족과 자주 연락하고 지내는 경우, 여러분이 있는 자리에서 대화 중에 원치 않는 소식을 언급할 가능성이 크다. 아이들, 또는 서로 알고 지내는 사람들이 얼마 전 가족과 만났던 이야기를 꺼낼 수도 있다. 막상 그런 상황에 놓이면 고통스럽고 불편한 감정이 화르르 올라온다. 그 첫 번째 이유는 자신이 정한 경계선을 직접 흐린 사람은 아무도 없다는 사실 때문이다. 여러분이 가족과 단절한 사정을 잘 아는 사람이 포함되어 있더라도, 여러 사람이 모인 자리에서 대화 주제까지 전부 통제할 수는 없으므로 단절한 가족에 관한 이야기는 언제든 우연히 튀어나올 수 있다. 그렇다고 잘 지내고픈 가족이 이런 대화가 나올까 봐 눈치를 보거나 대화를 전부 통제하려고 하는 것도 말이 안 되는 일이다.

이럴 때 가장 중요한 건 앞서와 마찬가지로 여러분의 감정을 조절하는 것이다. 주어진 상황에 적응하고, 유연성을 잃지 말고, 잘 견딜 수 있도록 감정 상태를 관리해야 한다. 이런 불편한 상황은 회복력을 키우는 데 도움이 된다. 상대방의 말을 잘 들어주고, 가족에 관한 이야기가 언급될 때 뭔가 말하고 싶은 충동을 억제하고, 내게는 해로운 가족이지만 그들과 관계를 유지하기로 한 사람들의 선택을 수용하는 연습을 해볼 좋은 기회다. 해로운 가족 안에서 나고 자라지 않은 사람들은 가족이 어디까지 해로운 영향을 줄 수 있는지 알지 못한다. 그렇다고 여러분이 해로운 가족의 조종으로부터 모든 사람을 보호해야 할 의무는 없다. 자신을 지키고, 다른 사람들은 각자 알아서 판단하도록 두면 된다.

해롭지 않은 가족과 어느 정도로 관계를 유지하는 것이 자신에게 가장 유익할지도 생각해볼 필요가 있다.

- 자주 연락을 주고받는 사이. 상대방이 여러분이 정한 경계선, 즉 해로운 가족에 관해 언급하지 않겠다는 약속을 존중하고 잘 지킨다면 자주 연락을 주고받으며 지낼 수 있다. 관계가 안전하다고 느끼면, 방어 태세를 풀고 원하는 만큼 함께 시간을 보낼 수 있다.
- 가끔 연락하는 사이. 해가 되지는 않지만, 완전히 안심할 수도 없는

사이다. 단절한 가족을 언급하지 말라는 약속을 계속 다시 말해줘야 하는 관계도 그런 경우다. 그런 사람과는 가끔 연락하고 시간을 보내는 정도로 그치게 된다. 관계가 표면적으로 유지되는 면이 클수록 상대방이 선을 넘을 가능성도 낮아진다.

- 어쩌다 한번 연락하는 사이. 해롭지는 않아도 여러분이 정한 경계선을 존중하지 않거나 이해하지 못하는 일이 너무 빈번하면 제한적으로, 또는 최소 수준에서만 연락하며 지낸다. 자신이 중간에 끼어 있다는 사실을 즐기고, 양쪽에 소문을 전하려고 하는 사람도 있다. 그런 사람과는 가능한 한 적게 만나는 게 최선이다. 가끔씩 연락하되, 대화할 때 지켜야 하는 것과 안전하게 이야기할 수 있는 시간을 상기하자.

- 연락 끊기. 해로운 가족처럼 해로운 영향을 준다면 연락을 끊어야 한다. 학대한 가족과 다시 연락하게 만들려고 애쓰거나 가족과의 단절을 평가하며 나를 괴롭히는 사람이라면 그래야 한다. 그런 사람은 상대방에 대한 존중이 없으며, 형성하는 관계가 안전하지도 않다. 해로운 사람은 내 인생에서 내보내야 한다.

우리가 반드시 책임져야 하는 관계는 자기 정신건강과의 관계밖에 없다. 다른 사람보다 자신을 챙기는 게 중요하며, 남들은 각자 알아서 자신을 챙기면 된다. 자신의 정신건강을 최우선으로 여겨야 한다. 악순환에서 벗어나기로 결심했다는 사실을 잊지 말아야 한다. 가족에게서 겪은 잔인함과 조종을 똑같이 되갚아줄 수도 있지만, 악순환에서 벗어나기 위해 그 익숙한 방식을 버리기로 마음먹는 건 공감할 줄 아는 현명한 사람만이 내릴 수 있는 결론이다. 경계선을 확립하는 건 바로 그 결론을 실행에 옮기는 일이다.

해로운 가족과 단절하고 엄격한 경계선을 확립했다면, 이제 이 치유의 여정에서 거쳐야 할 다음 단계는 자신에게 온전히 기대는 법을 배우는 것이다.

자립으로 얻는 새로운 삶

이제 여러분 본연의 모습대로 살아가는 법을 익힐 때가 됐다. 더 이상 조종도, 혼란도, 죄책감도 없다. 자립에 따르는 자유만 있을 뿐이다. 이 자유 덕분에 본래 모습을 없애려 하는 강압적인 가족의 영향 없이, 내 인생과 성격을 새로이 정의할 수 있다. 나를 조종하고 학대하는 가족과 떨어져서 나만의 의견·믿음·감정을 자유롭게 갖고 수용하면 내가 어떤 사람인지 금방 정의할 수 있다. 그렇게 나를 정의하면, 내 가치와 발전을 판단하고 평가하는 주체는 바로 자기 자신임을 알게 된다. 내 가치를 더 이상 다른 사람들, 사회의 판단에 맡길 필요가 없다. 그게 자립이다!

아래 항목은 여러분이 자신에게 직접 선사할 수 있는 것들이다. 다른 사람에게서 얻으려고 전전긍긍하거나, 사람들이 내게 주지 않는다고 연연할 필요가 없다.

- 상식에 기대는 것.

- 일상생활에 필요한 기술 습득.
- 자신의 건강을 스스로 돌볼 책임.
- 스스로 결정하는 능력.
- 자기 의견을 가질 권리.
- 자신만의 가치 수호.

내가 가진 힘을 끌어내어 인생을 잘 살아가는 능력이 자립의 핵심이다. 해로운 가족 안에서 공허하게 사는 건 고도가 높은 곳에서 어떻게든 숨을 쉬려고 애쓰는 것과 비슷하다. 인체는 산소가 부족한 환경에도 적응하겠지만, 그런 곳에서 살아남으려면 보통 환경보다 훨씬 더 많이 허덕여야 한다. 자립의 비중이 커질수록 가족의 자리가 비어 있는 삶에도 적응하게 된다.

아래에 마음챙김 기법 몇 가지를 소개한다. 이 방법에 친숙해지면, 자립과 함께 선물처럼 얻게 될 결과를 받아들이는 데 도움이 된다. 그러니 꾸준히 연습하면 자립에 힘이 될 것이다.

- 스스로 해결할 수 있다는 사실을 받아들이자. 내 생각, 기분, 감정의 질에 대한 책임은 전적으로 내게 있다. 해로운 가족과 단절하는 건, 약해지고 힘이 빠지는 순간에도 그런 가족에게 돌아가지 않고 내 정신건강과 행복을 스스로 지켜내기로 굳게 결심하는 것이다. 나 자신,

그리고 기꺼이 돕고 싶어 하고 응원해주는 건강한 사람들에게 기대기로 선택하는 것이다.

- 인생에서 중요한 결정은 스스로 내리자. 내 미래를 위한 선택의 권한은 내게 있다. 그런 사실이 신날 수도 있고 겁이 날 수도 있지만, 어느 쪽이든 이제 그 힘은 내 손에 있다. 해로운 가족과 단절한다는 건 앞으로 무엇이든 인생에서 최종적으로 결정할 권한을 전부 나 자신에게 주는 것이다. 결정을 내린다는 건 아니라고 해야 할 때 아니라고 말하고 그렇다고 동의하고 싶을 때 그렇다고 하는 것이다.

- 살아가는 데 필요한 새로운 기술을 키우자. 자립하면 충만하고, 안정적이고, 평화로운 삶을 살아가는데 필요한 기술과 지혜를 키울 수 있다. 도움이 필요하거나 벽에 부딪혔다고 느낄 때는 주저 말고 도움을 요청해야 한다. 필요할 때 도와달라고 부탁할 줄 아는 것도 자립의 한 부분이다.

깨달음의 순간

해로운 가족에게 당한 것을 되갚는 가장 좋은 방법은 내 내면의 평화와 행복을 찾고 멋지게 잘 살아가는 것이다.

- 감정 조절하는 법을 익히자. 내 느낌·생각·감정을 있는 그대로 느끼고 인지할수록 감정에 압도당하고 무력해지는 일이 줄어든다. 자

립하려면 어떤 일에 반응하기에 앞서 잠시 시간을 가질 줄 알아야 한다. 내 반응을 통제할 수 있게 되면 다른 사람과의 관계도 얼마든지 스스로 조절할 수 있다.

- 마음의 평화는 스스로 지켜야 한다. 내 정서적인 행복을 가만히 들여다볼 시간이 생기면, 불편하게 느껴지는 것들에 주의를 기울이고 인생에서 제외해야 하는 것들이 무엇인지 판단할 수 있게 된다. 스스로 그은 경계선이 평화 지킴이의 기능을 톡톡히 하는 셈이다.

- 내가 잘 지내고 있는지 확인하자. 내 감정 상태를 파악하는 가장 손쉬운 방법은 '잘 지내니?' '행복하니?' 같은 질문을 내게 던져보는 것이다. 이렇게 질문하면 나 자신에게 주의를 집중하고, 내면에서 일어나는 일들에 접근할 수 있다. 내 상태를 파악하면 마음이 더 편안해질 수 있는 일을 찾아서 할 수 있다. 지금 상태로도 괜찮다면 편안하게 쉬면 된다.

- 나와 남을 비교하지 말자. 이만하면 충분하다는 판단은 내면에서 나온다. 그런 승인과 평가를 위해서는 내면을 살펴봐야 한다. 내가 가진 특별한 자질을 목록으로 써보는 것도 좋은 방법이다. 기분이 가라앉을 때 그 '어깨가 으쓱해지는 목록'을 상기하면 내가 얼마나 대단한 사람인지 떠올리고 마음 상태가 현실로 돌아오도록 할 수 있다.

- 직감을 믿자. 가족과 단절한 사람들은 타인과의 관계가 정서적으로 어떤 상태인지 직관적으로 정확히 읽어내는 기술이 발달했을 가능

성이 있다. 그 능력은 자신에게 온전하게 기댈 수 있는 귀중한 자산이다. 즉 어떤 사람이 해롭다고 느껴진다면 그 감이 틀렸을 확률은 거의 없다. 그러니 나를 믿는 법을 익히자.

매일을 어제보다 나은 하루로 만들어보자

내 몸·마음·감정을 더 사랑하고 챙길수록 자신감이 커지고, 사랑이 많고 충만한 삶을 살 수 있다. 거울에 비친 나를 사랑하게 되면 해로운 가족이 사랑을 주었건 그렇지 않건 상관없이, 내게 알맞다 싶은 방식대로 인생의 필수 단계를 밟아 나가면서 살고 싶은 의욕이 생긴다. 나를 의지할 수 있는 존재라고 믿는 것, 그것이 자립이다.

깨달음의 순간
나 자신을 믿자. 자신과 평생 함께 살고 싶은 사람이 되자.

그러한 마음가짐은 힘들 때를 이겨내는 힘이 된다. 살다 보면 늘 예기치 못한 순간이 찾아온다. 마음 깊은 곳에 생긴 상처는 항상 살아 있고, 그만큼 자극받기도 쉽다. 하지만 그런 사실을 알고 인정하면 그 상처가 오히려 큰 선물이 될 수 있다. 상처를 치유하려고 더 열린 마음으로 노력할수록 예기치 못하게 맞닥뜨린 일들도 더 수월하게 이겨낼 수 있다.

예상치 못한 치유의 순간

해로운 가족과 단절하고 나면, 즐거운 순간에 갑자기 고통이 수면 위로 떠오르는 상황이 불쑥 찾아올 수 있다. 이런 상황은 생존자의 남은 평생을 따라다닌다. 해묵은 트라우마가 마치 지금 생긴 것처럼, 바로 어제 일어난 일처럼 느껴지는 그런 일들은 자신에게 의지하는 능력을 더 단단하게 키우는 계기가 된다.

나는 로스앤젤레스의 그래미박물관에서 록밴드 '엑스 앰배서더스'의 공연을 보다가 그런 순간을 경험했다. 그날 밴드가 부른 곡 중에 간소한 연주와 함께 부른 〈불안정한Unsteady〉이라는 곡이 있었다. 여러분도 꼭 한번 들어보길 바란다. 밴드의 리드 보컬은 이 곡을 헌신에 관한 노래라고 소개하면서 밴드 멤버 모두가 가족처럼 서로에게 조건 없이 헌신한다고 이야기했다. 그 말을 듣는 순간, 나는 서로를 향한 애정에서 나오는 '헌신'이 해로운 가족에게는 전혀 없다는 생각이 들었다. 노래 가사는 꼭 해로운 가족 안에서 사는 어린아이가 가족에게 제발 건강한 가족이 되어 달라고, 자신을 챙겨주고 안정감을 느낄 수 있게 꼭 안아달라고 호소하는 내용처럼 들렸다.

그날 콘서트에서 '불안정'이라는 단어는 난데없이 내리친 번개처럼 내리꽂혀 내 상처를 건드렸다. 사람들 눈에 내 삶이 얼마나 안정적으로 보이건, 그리고 내가 만들어낸 안정감이 어떤 수준에 도달했건 상관없이 내게는 지금도 스스로 불안정하다고 느끼는 순간들이 있다. 나는 하루도 긴장하지 않고 산 적이 없다. 계속 나락으로 떨어지면서 바닥에 부딪힐 최후의 순간을 기다리는 기분이 든다. 이는 내 가장 밑바닥, 내 기반이 무너지면서 생긴 복합성 PTSD의 증상이다. 대다수는 인생의 맨 위층과 맨 아래층, 상하좌우의 모든 면을 가족이 영원히 지탱해주고, 보호해주고, 버텨주는 환경에서 살아간다. 그날 밴드의 노래가 끝나가고 아이가 가지 말라고 애원하는 것 같은 가사를 들으며 나는 내가 아는 현실과 다른 사람들이 아는 현실이 다르다는 것을, 내 가족은 든든하고 안전하다고 느낄 만큼 서로 '사랑'한 적이 한 번도 없었다는 사실을 새삼 깨달았다.

노래가 울려 퍼지는 내내, 내 약한 부분이 의식의 수면 위로 올라온 것 같아 몸에 열이 오르고 불편해졌다. 잔뜩 긴장한 상태로, 지금 공공장소에 있다는 사실을 상기하며 감정이 밖으로 나오지 않도록 애썼다. 하지만 눈물이 흘렀다. 솔직히 나는 잘 울지 못한다. 아마도 울어도 괜찮다고, 그래도 사랑을 잃지 않는다고 느껴본 적이 한 번도 없어서인 것 같다. 그런데 내 옆자리에 앉아 있던 다정한 여성

관객이, 그날 처음 만난 사이임에도 내 감정을 알아채고는 노래가 끝날 때까지 내 어깨에 손을 올리고 가만히 어깨를 잡아주었다. 그 손이 닿는 순간 나는 공감하는 마음과 다정함을 느낄 수 있었다. 그 순간만은 더 이상 서로 낯선 사이가 아니라 공감으로 이어진 기분이었다. 그런 사람이 곁에 있어서 얼마나 행복했는지 모른다.

💡 **잠시 생각해볼 것**

상처를 건드릴 가능성이 있는 노래·영화·예술작품·행동이 있는지 생각해보자.

그날 공연장에서 나는 가족을 잃는 건 내 과거이자 현재이며 미래이기도 하다는 사실을 확실하게 깨달았다. 원치 않는 감정을 일으킨 고통이 시작된 시점은 과거지만 해로운 가족의 분리 후 학대와 그들에게 버림받는 일은 지금도 계속되는 내 현재다. 가족과 다시 연결되거나, 사랑하게 되거나, 문제가 해결될 희망은 미래에도 없다.

치유 과정에는 인내심이 필요하다

치유가 계속되는 것과 치유되는 것에는 큰 차이가 있다. 자기 자신에게 건강한 방식으로 온전히 기대는 법을 계속 배워보기로 했다면, 남은 평생 치유 과정을 계속해야 함을 인정하는 것이 중요하다. 해로운 가족과 단절해도 완전한 '치유'가 현실이 될 가능성은 없다. 하지만 그게 삶이 망했다는 뜻은 아니다. 완전한 치유는 불가능해도, 그 과정을 거치며 우리의 삶은 더 깊어진다. 내가 여러분에게 말할 수 있는 건 치유가 고통스러운 건 사실이지만 내 인생에서 가장 흥미롭고, 큰 의욕과 영감을 주는 부분 역시 치유가 선사한 것이라는 사실이다. 치유는 내 인생의 목적, 내가 살아가는 방식과 이유, 나라는 사람의 한 부분, 지금의 나로 이끌어준 길이 되었다. 또한 다른 사람들도 나와 같은 길을 걸을 수 있도록 돕는 계기가 되었다. 그래서 나는 치유가 영원한 현재진행형이라고 생각한다.

잠시 생각해볼 것

여러분이 걷고 있는 치유의 여정이 다른 사람을 구하는 열정으로 바뀔 가능성이 있는지, 그런 가능성이 있다면 어떻게 바뀔 수 있을지 생각해보자.

피해자 심리에 붙들리지 말자

자립하기 위해서는 피해자에 머무르지 말아야 한다. 여러분이 끔찍한 피해를 겪지 않았다는 소리가 아니다. 피해자는 현재에 있지만 피해를 겪은 사람은 과거에 있다. 피해자로 남으면 그 상태가 영원히 지속되지만, 피해를 겪은 사람이 되면 변화할 수 있다. 피해자가 애벌레라면 피해를 겪은 사람은 나비다. 바로 어제까지 피해를 겪었어도 지금 나비가 됐다면 그 일은 과거가 된다. 피해를 겪으면서 얻은 정보와 세세한 경험을 한 톨도 남김없이 전부 인생에 유익한 지식으로 활용해서 번데기 밖으로 나온 것과 같다.

가해자가 만든 피할 수 없는 현실을 내 삶에 긍정적으로 활용하겠다는 목표를 세우자. 번데기 안에만 머무르면 내 인생을 이끌고 나아갈 힘을 얻을 수 없다. 억울하다고 해서 내가 겪은 고통이 바뀌지는 않으며 앞으로도 그럴 것임을 잊지 말아야 한다. 자신의 상황을 불평한다고 해서 상황이 바뀌는 것도 아니며, 가해자를 두려워한다고 해서 그 사람이 바뀌지도 않는다. 가해자를 싫어한다고 해서 그 사람이 나아지는 것도 아니고, 그들에게 분개한다고 해서 그게 복수가 되는 것도 아니다. 그들을 회피한다고 해서 이미 생긴 트라우마가 사라지지도 않는다. 그러므로 나를 학대한 가족과 단절한 후에는 그 사람들이 나를 공격하거나, 아프게 하거나, 내게 상처를 주려고 할 때마다 가만히 있지 말고 계속 움직여야 한다. 즉 그들의 공격이 내게 얼마나 영향을 주었는지 잘 파악해서 교훈을 얻어야 한다. 그리고 그러한 경험을 토대로 자신에게 의지하는 능력을 더 키워야 한다.

여러분은 꾸준히 나아지고 있다

'내가 나아지고 있긴 한 걸까?' '가족 얘기만 나오면 이렇게 항상 자극받을 수밖에 없나?' 이런 의문이 들 수도 있다. 나아지고 있는 것도 사실이고, 늘 자극받을 수밖에 없다는 것도 사실이다. 그러니 치유가 끝나는 순간이 오리라는 기대는 버리길 바란다. 가족을 잃는 건 그만큼 엄청난 일이다. 하지만 그런 현실을 살게 되었다고 해서 잘못될 건 하나도 없다. 상처받고 흉터가 남은 채로 산다고 해서 앞으로 나아갈 수 없는 것도 아니고, 아무것도 할 수 없는 것도 아니다. 그 짐을 지고서 그냥 계속 살아가면 된다. 삶의 특정한 경험을 완전히 삭제하고 마치 그런 일은 일어난 적이 없었던 것처럼 살 수 있다면 참 좋겠지만, 삶이란 건 그렇게 되지 않는다.

더 이상 고통을 느끼지 않아야만 다 끝나는 건 아니다. 아픔을 적극적으로 치유할 때 끝이 찾아온다.

치유는 이해에서 나오고, 이해는 느끼고 살피는 노력에서 나온다. 치유는 반드시 그런 과정을 거쳐야 한다. 내가 장담할 수 있는 건 더 많이 상처를 치유하고, 스스로 배우고, 이해하고, 내면을 들여다볼수록 정서적인 고통과 실망감을 점점 더 수월하게 조절하게 된다는 것이다. 지혜가 늘수록 나 자신, 그리고 다른 사람들에게 느끼는 유대감도 깊어진다. 자신을 괴롭힌 가족 환경에서 벗어나기 위한 치유의 과정에서 자신의 잠재력을 발견할 수 있다. 상처가 나을수록 그 잠재력을 토대로 더욱 현실적인 희망을 품게 된다.

대다수에게 가족은 한 사람으로 기능할 수 있는 발판이자 도움이 필요하면 언제든 돌아와도 되는 정거장이다. 하지만 해로운 가족은 그렇지 않다. 가족과 관계가 소원해진 사람은 다른 방식으로 살아야 한다. 그렇다고 다른 사람들만큼, 또는 다른 사람들보다 더 건강하게 살 수 없다는 의미는 아니다. 나보다 더 건강한 환경에서 살아온 사람보다도 훨씬 더 건강하게 살 수 있다. 어떻게 그런 일이 가능할까? 자신에게 기대어 자립하는 법을 찾으면 그럴 수 있다.

깨달음의 순간

고통이 치유되면 지혜가 된다.

치유의 과정을 거치는 동안 나 자신이 중심인 단단한 기반이 형성되고, 이 기반은 근본적인 불안감을 관리하는 데 도움이 된다. 키워준 가족이 아닌, 내가 상처를 치유하겠다는 의지가 인생의 토대가 되는 것이다. 이 기반은 학대받는 환경에서 생긴 토대보다 훨씬 더 단단하다. 더 이상 가족의 정신 나간 요구에 맞추려고 애쓰지 않고 꾸준히 성장할 수 있는 방향으로 내게 투자할 수 있게 된다. 치유의 과정은 오르락내리락 변화가 심하다. 하지만 분명한 사실은, 상처를 더 많이 치유할수록 스스로를 의심하고 해로운 수치심에 젖어 있던 자신과는 멀어지며 나를 더 깊이 신뢰하고 내게 기댈 수 있게 된다는 것이다.

복수심 버리기

가족을 향한 절망과 고통, 혐오가 차츰 약해지기 시작하면 과거 어느 때보다 살아 있는 기분을 생생하게 느끼게 된다. 그리고 다행스럽게도 복수가 해로운 가족에게는 별로 먹히지 않는다는 사실을 깨닫게 된다. 그들은 싸우면서 살아가는 사람들이고, 본인들이 반드시 이긴다고 확신한다. 그들에게 여전히 복수심을 느낀다고 해도 자신을 벌할 필요는 없다. 너무 큰 상처를 남긴 가족에게 복수하는 자신을 상상해보는 건 자연스러운 일이고, 심지어 유익할 때도 있다. 그런 상상은 얼마든지 해도 좋다!

나 역시 내 가족이 내게 준 고통을 똑같이 느끼도록 복수하는 상상이 도움이 되기도 했다. 그런 상상을 하면 공평해진 기분이 든다. 그런데 내가 깨달은 건, 가족들이 내게 주었던 고통을 똑같이 느끼고 내가 느낀 아픔을 깨닫고는 본인들이 했던 일들을 후회하리라는 상상 자체가 틀렸다는 사실이다. 안타깝지만 실제로 일어날 확률이 거의 없는 일이다. 그래도 복수하는 상상은 그들과의 일이 종결된 기분을 느끼게 해주고, 인생에서 한 걸음 더 앞으로 나아가는 일에 복수는 효과적인 해결책이 아님을 스스로 깨닫게 된다는 점에서 치유에 도움이 된다. 복수는 앞이 아닌 뒤를 돌아보는 일이다. 치유를 핑계로 자꾸 뒤를 돌아보면, 그 치유는 자신 외에 다른 외적인 요소에 좌우된다. 내게 기댈 수 있다는 확신이 들면, 치유는 지나간 일이 아니라 앞으로 일어날 일에 달려 있다는 굳은 믿음이 생긴다.

내가 간절히 원하고 마땅히 누릴 자격이 있는 행복을 스스로 발견하고 만들어내는 일이 삶의 중심이 되어야 한다. 복수를 원한다는 건 가족이 어떤 식으로든 내게 만족스러운 반응을 보이기를 바라고 거기에 아직 매달리고 있다는 의미다. 여러분의 행복에 초점을 맞추고 앞으로 나아가고 싶다면, 오로지 여러분 자신에게만 주목하고 자신에게 기대면서 스스로 원하는 방향으로 가면 된다.

구원과 복수

구원은 힘없는 존재의 비상, 파괴적인 가족이 대대적이고 전략적으로 쳐둔 장애물에도 불구하고 그들의 희생양이 되어 따돌림당하던 사람이 위대한 성취를 이루는 것이다. 가장 큰 구원은 해로운 가족과 단절함으로써 그들이 여러분의 삶을 조종하고, 망가뜨리고, 통제할 권한을 없애버리는 것이다.

구원은 밖(해로운 가족)이 아닌 안(여러분 자신)에서 이루어진다. 스스로 발전할 때 얻는 만족감이 구원이다. 해로운 가족 안에서 겪은 두려움에서 싹튼 혼란이 싹 걷히고, 마침내 인생에 기적이 시작되는 것이 구원이다.

내 인생은 가족과 분리된 후 엄청나게 좋아졌다. 가족과 단절하자 회복에 꼭 필요한 능력이 생겼다. 내가 치유되니 내 인생도 치유됐다. 이전까지 내 삶에 없었던 큰 선물과 기적, 기회가 생길 때마다 나는 구원받은 기분이었다. 내 고통을 누군가 알아주고, 내 이야기에 귀 기울이고 이해해주는 기분이 들었다. 여러분도 그럴 것이다. 자신의 목소리를 누군가 듣고 있다는 기분, 그 느낌에는 힘이 있다. 이제 나는 내 목소리를 다른 사람들이 더 값진 인생을 살도록 돕는 도구로 활용한다. 내 이야기를 책으로 옮길 기회를 얻은 건 큰 축복이었다. 내 이야기·지식·경험·연구·내가 배운 것들을 이 책을 통해서 치유를 갈망하고 마땅히 치유되어야 하는 멋진 사람들과 나눌 수 있다는 건 축복이다. 나는 내 가족에겐 아무 관심도 없지만, 이 세상과 여러분에게는 관심이 있다. 중요한 것에서 눈을 떼지 않을 때 가장 큰 구원이 찾아온다. 여러분 자신이 꼭 성취하고자 하는 목표, 만들어내고 싶은 새로운 인생에 집중하길 바란다.

스스로 힘을 불어넣기

스스로 책임지며 사는 삶에서 힘이 나온다. 내 자존감과 결정권, 감정을 갉아먹는 파괴적인 가족의 영향이 사라지면 즐거움을 느끼고, 창의력을 발휘하고, 가장 중요한 평화를 홀가분하게 느끼는 데 꼭 필요한 정서적·정신적 여유가 생긴다. 이제 여러분 차례다. 더 이상 기다리거나, 애원하거나, 걱정할 필요가 없다. 수치심이나 죄책감, 의

무감에 떠밀려 뭔가를 하지 않아도 된다. 자신이 어떤 능력과 힘을 지녔는지 알게 되면 스스로 놀랄 것이다. 여러분은 가족과 단절한다는 결단을 내리는 것으로 이미 스스로 얼마나 강한 사람인지 증명했다. 그보다 더 강인할 수는 없다. 이 여정의 가장 힘든 구간을 완료했다는 사실에서 안도감을 느낄 것이다. 살면서 만나는 어떤 사람들과의 이별도 가족을 인생에서 제외하는 일만큼 힘들지도, 큰 의미가 있지도 않을 것이다.

해로운 가족과 단절한 모든 사람은 아래와 같은 특별함을 발산한다. 스스로 자랑스러워해야 할 특징이기도 하다.

- 진실을 마주할 용기가 있는 사람이라는 점.
- 진실을 이야기할 용기가 있는 사람이라는 점.
- 자신을 찾기 위해 정서적으로 힘든 노력도 마다하지 않았다는 점.
- 다른 사람들이 무엇을 필요로 하는지 알아채는 감각이 뛰어나다는 점.
- 자신이 느끼는 것들이 자신을 더 좋은 곳으로 안내하리라는 확신이 있다는 점.
- 문제가 아닌 평화를 선택했다는 점.
- 자신의 직감을 믿는다는 점.
- 거짓말과 위장, 말만 앞서는 상황을 꿰뚫어 본다는 점.

- 더 이상 남의 기분에 맞추려고 하지 않는다는 점.

- 유익한 경계선을 정했다는 점.

- 공감할 줄 아는 넓은 마음을 가진 사람이라는 점.

- 다른 사람을 도우려 한다는 점.

- 용감하다는 점.

- 자립적이라는 점.

자신을 좋게 생각하는 것, 그리고 안전함을 느끼고 정서적으로 긍정적인 길로 나아가기 위해 결단을 내리는 것은 이기적인 것도, 틀린 것도 아니며 독단적인 일도 아니다. 그러한 결단에는 용기가 필요하다. 성장 환경에서 그랬던 것처럼 나 자신을 심하게 몰아붙이는 건 용기가 아니다. 진정한 용기는 생존자의 성격을 이루는 중요한 부분이 되어, 지난 사연을 모르는 사람들도 그 용기를 느끼게 된다. 자기 자신에게 진실한 사람이 되면 사람들은 그 사람을 용기 있다고 느낀다. 자신에게 진실해질 수 있다면 우리는 가족과 멀어지겠다는 의지를 스스로 포용할 수 있다.

마침내, 자유

해로운 가족의 맹공을 견딘 생존자는 강인한 사람이다. 그러므로 자신의 힘에 경탄할 필요가 있다. 가족의 공격에 무너지지 않았다는 사실은 물론, 그동안 미처 알지 못했더라도 자신이 가진 강인함과 정서적 고통을 이겨내는 능력, 그리고 마침내 그들의 악영향에서 스스로 자유를 찾을 만큼 강해졌다는 사실은 경탄할 만한 일이다. 이는 판을 생존자의 손으로 뒤집은 것과 같다. 해로운 가족이 생존자의 예민한 감각과 남들의 비위를 기꺼이 맞춰주려는 의지를 이용해서 자신들이 주는 애정을 무기처럼 휘두를 수 있다고 생각했다면 그건 그들의 착각이었다. 해로운 가족은 자기들이 정한 규칙과 지배력 외에 다른 곳에서 여러분이 답을 찾으려 할 리 없고 혼자 힘으로 자유를 찾아 나설 일도 없을 거라고 철석같이 믿었을 것이다. 하지만 이는 참 순진한 생각이었다. 여러분은 해냈다! 축하한다! 이건 기념비적인 성취다.

　내가 처음 낸 책이 인스타그램에 광고로 소개됐을 때 한 여성은 이런 반응을 보였다. "우와! 꼭 읽어야 할 책이군요. 책으로 써서 세상에 알릴 용기를 내주신 점에 감사합니다. 저처럼 이런 경험을 한 사람들은 후환을 두려워하거나, 그냥 잊어버리라며 반발하는 사람들의 반응을 겁내는 경우가 너무 많잖아요. 얼른 읽어보고 싶습니다." 또 다른 사람은 이런 답글을 달았다. "꼭 읽어야겠어요. 해로운 악순환을 끊은 게 저 혼자가 아니란 걸 알게 되니 위로가 됩니다." 여러분은 혼자가 아니다. 어쩌면 생존자끼리 '#혼자가아냐' 같은 해시태그 운동이라도 벌여서 서로를 찾는 일부터 시작해야 하는지도 모르겠다.

나는 내 삶을 꾸려 나가고 사람들을 연구하면서 여러분을 위해 이 책을 쓰게 됐다. 사실 책을 쓰는 건 내게 별로 유익한 일은 아니다. 내 가족은 책 때문에 더 길길이 화를 내고 내게 더 큰 앙심을 품게 될 테니 말이다. 그래도 내가 책을 쓰는 이유는 여러분에게 자유로워져도 괜찮다는 말을 해주기 위해서다. 여러분을 통제하고 조종하려는 가족에게서 벗어나 홀가분해진다면, 고난을 그토록 잘 견디고 타인의 마음을 잘 헤아리는 능력이 세상을 살아가는 데 얼마나 유용하게 쓰일지 생각해보라. 찾는 자에게 길이 생기는 법이다. 만약 내가 실제와 다른 삶을 사는 척 흉내를 내려고 했다면, 지금처럼 이 책을 쓰고 전 세계 사람들에게 도움을 주면서 내 치유를 위해서도 계속 노력하는 여성으로 살지 못했을 것이다. 나는 과거의 내가 누구라도 제발 만들어주길 너무나 절실하게 바랐던 변화를 그때의 나처럼 바라고 있을 사람들에게 만들어주려고 노력하고 있다.

누군가가 누려본 적 없는 것들을 선사하는 건 내게 큰 기쁨이다. 내 책을 읽고 자신이 이상한 게 아니며 멀쩡하다는 사실을 확인하고 안도하는 분들이 얼마나 많을지 생각만 해도 기쁘다. 적어도 누군가는 자기 말에 귀 기울이고, 애정을 쏟고, 이해하려고 한다는 것, 더 이상 혼자가 아님을 깨달을 사람들이 많아질 걸 생각하면 기쁘다. 여러분의 말을 들어주는 사람들이 있다. 나도 듣고 있다. 해로운 가족과 단절하는 사람들은 점점 늘고 있고, 나는 침묵 속에 이루어지던 그러한 일들에 목소리를 불어넣었다. 이런 일과는 거리가 먼 가정환경에서 자란 사람들은 고통도 덜 느꼈겠지만, 삶의 깊이와 지식, 통찰력 역시 그만큼 덜할 것이다. 그러니 여러분에게 주어진 선물을 붙들고 가치 있게 활용하라. 여러분 스스로 일군 성공을 두고 해로운 가족이나 그들이 행한 학대 덕이라고 생각할 필요는 없다. 모든 공은 그들을 극복해낸 여러분 자신에게 있다.

　내가 그 공을 인정한다. 그리고 나는 여러분을 존경한다.

감사의 말

이 책을 믿어준 뉴하빈저 출판사 편집부에 감사드린다. 해로운 가족에게서 살아남아 성인이 된 사람들은 고립감과 외로움을 느끼는 경우가 너무도 많다. 조용히 퍼지고 있는 이 문제에 관해 대화와 치유가 이루어질 수 있도록, 그리고 가족의 학대를 겪는 사람들에게 그런 상황을 끝낼 힘을 불어넣을 수 있도록 어두운 곳에서 밝은 데로 끌어낼 용기를 내준 출판사를 찾은 건 감사할 일이다.

이 책이 최상의 결과를 낼 수 있도록 도와준 제니퍼 홀더와 엘리자베스 홀리스 한센께 특히 감사드린다. 나는 두 편집자와 함께한 편집과 대화가 참 즐거웠다. 내가 나와, 그리고 내가 전하려는 메시지와 진심으로 깊이 연결될 수 있었던 것도, 우리가 이 책을 읽게 될 독자 모두에게 훌륭한 지침을 제공하고 있다고 느낄 수 있었던 것도 모두 이 두 분 덕분이다. 내 메시지에 두 편집자가 쏟은 노력, 시간과 헌신에 감사드린다.

정상적인 기능을 하지 못했던 내 가족에게도 고맙다는 인사를 하고 싶다. 그들과 살았던 삶이 없었다면 나는 지금의 내가 될 수 없었고 거울을 보면서 나를 진심으로 아낄 수 없었을 것이다. 가족에게서 받지 못한 사랑은 내가 나를 사랑하는 법을 배우는 계기가 되었다. 나는 그 점이 고맙다.

좋은 때나 안 좋은 때나 늘 내 뒤를 받쳐준 친구들, 내가 사랑하는 이들에게도 감사드린다. 내게 곁을 내어주고, 인내심과 공간을 제공하고, 내가 슬퍼하고 성장하는 동안 함께 해준 사람들이다. 여러분의 사랑이 나를 일으켰고, 나도 사랑받을 수 있는 존재임을 깨닫게 해주었다. 내게는 목숨과도 같은 깨달음이었다. 여러분과의 유대 덕분에 내 영혼은 치유되고 있다.

내가 가장 많이, 온 마음을 담아서 고맙다고 말하고 싶은 사람은 내 딸 런던이다. 딸을 향한 내 사랑은 말로 다 표현할 수 없다. 딸아이가 있었기에 내가 겪은 일들을 내 아이는 절대로 겪지 않도록 하겠다는 의지를 갖게 됐다. 그 아이를 조종하려는 마음은 추호도 없다. 우리 사이에 통하는 언어는 사랑이 전부다. 나는 내 딸을 늘 사랑했고, 내게 주어진 생애가 끝날 때까지 사랑하고, 매 순간 아낄 것이다.

후주

1   Susan Adcox, "What Is Family Estrangement?" (n.d.), https://www.verywellfamily.com/breakdown-of-family-estrangement-1695444.

2   Shahida Arabi, *Healing the Adult Children of Narcissists: Essays on the Invisible War Zone* (SCW Archer Publishing, 2019).

3   Stand Alone, "Hidden Voices: Family Estrangement in Adulthood," University of Cambridge (n.d.), http://standalone.org.uk/wp-content/uploads/2015/12/HiddenVoices.-Press.pdf.

4   같은 자료.

5   Henry Cloud and John Townsend, *Boundaries: When to Say Yes, How to Say No, to Take Control of Your Life* (Grand Rapids, MI:Zondervan, 1992, 2017), 37, 40.

6   같은 자료.

7   Sandra Restrepo, dir., *Brené Brown: The Call to Courage* (Netflix documentary, 2019).

8   Susan Forward, *Toxic Parents: Overcoming Their Hurtful Legacy and Reclaiming Your Life* (New York: Bantam, 1990). (《독이 되는 부모》, 수전 포워드 · 크레그 벅 지음, 김형섭 · 지성학 · 황태연 옮김, 푸른육아, 2020.)

9　Kendra Cherry, "Erik Erikson's Stages of Psychosocial Development," VeryWell Mind (2020, June 16), https://www.verywellmind.com/erik-eriksons-stages-of-psychosocial-development-795740/.

10　Forward, *Toxic Parents*.

11　같은 자료.

12　Regina Sullivan and Elizabeth Norton Lasley, "Fear in Love: Attachment, Abuse, and the Developing Brain," *Cerebrum* (2010, September), https://www.ncbi.nlm.nih.gov/pmc/articles/PMC3574772/?report=classic.

13　Bessel van der Kolk, *The Body Keeps the Score: Brain, Mind, and Body in the Healing of Trauma* (New York: Penguin Books, 2014). (《몸은 기억한다》, 베셀 반 데어 콜크 지음, 제효영 옮김, 김현수 감수, 을유문화사, 2016.)

14　같은 자료, 242쪽.

15　Cherry, "Erik Erikson's Stages of Psychosocial Development."

16　Pete Walker, *Complex PTSD: From Surviving to Thriving: A Guide and Map for Recovering from Childhood Trauma* (Lafayette, CA: Azure Coyote, 2013).

17　Tara Westover, *Educated* (New York: Random House, 2018). (《배움의 발견》, 타라 웨스트오버 지음, 김희정 옮김, 열린책들, 2020.)

18　Brené Brown, *Braving the Wilderness: The Quest for True Belonging and the Courage to Stand Alone* (New York: Random House, 2017). (《진정한 나로 살아갈 용기》, 브레네 브라운 지음, 이은경 옮김, 북라이프, 2018.)

19　Susan Anderson, *The Journey from Abandonment to Healing: Turn the End of a Relationship into the Beginning of a New Life* (New York: Berkeley Books, 2014.) (《마음 치유 여행》, 수전 앤더슨 지음, 안인희 옮김, 북하

우스, 2009.)

20 같은 자료.

21 Shannon Thomas, *Exposing Financial Abuse: When Money Is a Weapon*(New York: MAST Publishing House, 2018), 4.

22 H. G. Tudor, *Manipulated* (Oklahoma City: Insight Books, 2015).

옮긴이 제효영

성균관대학교 유전공학과와 성균관대학교 번역대학원을 졸업했다. 옮긴 책으로는 《몸은 기억한다》,《과학이 사랑에 대해 말해줄 수 있는 모든 것》,《버자이너》,《우울에서 벗어나는 46가지 방법》,《펭귄들의 세상은 내가 사는 세상이다》,《또 화내고 늘 후회하고 있다면》,《생각이 나를 괴롭힐 때》 등이 있다.

가족을 끊어내기로 했다

첫판 1쇄 펴낸날 2024년 5월 14일
4쇄 펴낸날 2024년 7월 12일

지은이 셰리 캠벨
옮긴이 제효영
발행인 조한나
책임편집 전하연
편집기획 김교석 유승연 문해림 김유진 곽세라 박혜인 조정현
디자인 한승연 성윤정
경영지원국 안정숙
마케팅 문창운 백윤진 박희원
회계 임옥희 양여진 김주연

펴낸곳 (주)도서출판 푸른숲
출판등록 2003년 12월 17일 제 2003-000032호
주소 서울특별시 마포구 토정로 35-1 2층, 우편번호 04083
전화 02)6392-7871, 2(마케팅부), 02)6392-7873(편집부)
팩스 02)6392-7875
홈페이지 www.prunsoop.co.kr
페이스북 www.facebook.com/prunsoop   인스타그램 @prunsoop

ⓒ푸른숲, 2024
ISBN 979-11-5675-495-4(03180)

* 잘못된 책은 구입하신 서점에서 바꾸어 드립니다.
* 본서의 반품 기한은 2029년 7월 31일까지입니다.